Cases of CNC
Machinery
Equipment

"数控一代"
案例集（广东卷）

中国机械工程学会
广东省机械工程学会 编著

中国科学技术出版社
·北 京·

图书在版编目（CIP）数据

"数控一代"案例集.广东卷 / 中国机械工程学会，
广东省机械工程学会编著 . —北京：中国科学技术出版
社，2016.6

ISBN 978-7-5046-7164-6

Ⅰ.①数… Ⅱ.①中… ②广… Ⅲ.①机械工业—技
术革新—案例—广东省 Ⅳ.① F426.4

中国版本图书馆 CIP 数据核字 (2016) 第 127037 号

策划编辑	赵　晖　郭秋霞	
责任编辑	赵　晖　郭秋霞	
版式设计	中文天地	
责任校对	刘洪岩	
责任印制	张建农	

出　　版	中国科学技术出版社	
发　　行	科学普及出版社发行部	
地　　址	北京市海淀区中关村南大街16号	
邮　　编	100081	
发行电话	010-62103130	
传　　真	010-62179148	
网　　址	http://www.cspbooks.com.cn	

开　　本	787mm×1092mm　1/16	
字　　数	380千字	
印　　张	18.5	
版　　次	2016年6月第1版	
印　　次	2016年6月第1次印刷	
印　　刷	北京市凯鑫彩色印刷有限公司	
书　　号	ISBN 978-7-5046-7164-6 / F·816	
定　　价	118.00元	

（凡购买本社图书，如有缺页、倒页、脱页者，本社发行部负责调换）

编写组织机构

指导委员会

主　任：瞿金平　邵新宇

副主任：宋天虎　陈　新　刘奕华

委　员：罗　平　李　迪　程韬波　曹永军　杨海东

编审委员会

主　任：陈　新

副主任：刘奕华　王　玲

委　员：罗　平　　李　迪　　程韬波　　曹永军　　杨海东　　柳　宁
　　　　范彦斌　　饶启琛　　夏　伟　　张国军　　高福荣　　邵　明
　　　　何和智　　龚德明　　王双喜　　阮　毅　　向　飞　　黄　丹
　　　　周华民　　田茂胜　　隋铁军　　王继武　　蔡炳然　　黄正雄
　　　　姚　科　　李子平　　李昇平　　李　浩　　张碧陶　　王孝洪
　　　　杨金表　　张宪民　　冼志军　　徐地华　　陈天祥　　梅领亮
　　　　陆　川　　蔡向林　　李　宁　　瞿学涛　　叶　峰　　刘　强
　　　　巫孟良　　张　进　　陈　华　　胡　泓　　邓志军　　邹大群
　　　　詹新平　　王　亮　　刘建军　　冯瑞阳　　温怡彰　　韦发彬
　　　　王鸿博　　郭莲芬　　张克丽　　张贵成　　徐光华　　梁　明
　　　　余和青　　宋家春　　刘文锋　　曾　逸　　钱作忠　　乐艳红
　　　　吴义荣　　汤功义　　唐晓兵　　郑栩栩　　杨煜俊　　缪　云
　　　　顾梦元　　陈　江　　栾大凯　　钟永刚　　刘永华

主　审：刘奕华　王　玲　向　飞　缪　云

总　序

实施"中国制造 2025"，加快我们国家从制造大国迈向制造强国，要以科技创新为主要驱动力，以加快新一代信息技术与制造业深度融合为主线，以推进智能制造为主攻方向。

智能制造—数字化网络化智能化制造是新一轮工业革命的核心技术，是世界各国全力争夺的技术制高点，为中国制造业结构优化和转变发展方式提供了历史性机遇，成为中国制造业"创新驱动、由大到强"的主攻方向。

制造业创新发展的内涵包括三个层面：一是产品创新；二是生产技术创新；三是产业模式创新。在这三个层面上，智能制造—数字化网络化智能化制造都是制造业创新发展的主要途径：第一，数字化网络化智能化是实现机械产品创新的共性使能技术，使机械产品向"数控一代"和"智能一代"发展，从根本上提高产品功能、性能和市场竞争力；第二，数字化网络化智能化也是生产技术创新的共性使能技术，将革命性地提升制造业的设计、生产和管理水平；第三，数字化网络化智能化还是产业模式创新的共性使能技术，将大大促进服务型制造业和生产性服务业的发展，深刻地变革制造业的生产模式和产业形态。

机械产品的数控化和智能化创新具有鲜明的特征、本质的规律，这种颠覆性共性使能技术可以普遍运用于各种机械产品创新，引起机械产品的全面升级换代，这也是"数控一代"和"智能一代"机械产品这样一个概念产生的缘由和根据。

2011 年年初，18 位院士联名提出了关于实施数控一代机械产品创新工程（简称"数控一代"）的建议，中央领导同志高度重视、亲切关怀，科技部、工业和信息化部、中国工程院联合启动了数控一代机械产品创新应用示范工程，其战略目标是：在机械行业全面推广应用数控技术，在 10 年时间内，实现各行各业各类各种机械产品的全面创新，使中国的机械产品总体升级为"数控一代"，同时也为中国机械产品进一步升级为"智能一代"奠定基础。

4 年来，全国工业战线的同志们团结奋斗，用产学研政协同创新，数控一代机械产品创新应用示范工程进步巨大、成就卓著，在全面推进智能制造这个主攻方向上取得了重大突破。

中国机械工程学会是实施数控一代机械产品创新应用示范工程的一支重要推动力量。4 年来，学会发挥人才优势和组织优势，动员和组织学会系统包括各省区市机械工程学会和各专业分会的同志们广泛参与，着重于推动数控一代工程在各行业各区域各企业的立地和落实，为企业产品创新助力、为产业技术进步服务。在这个过程中，学会重视发现典型、总结经验，形成了《"数控一代"案例集》。

《"数控一代"案例集》总结了典型机械产品数控化创新的丰硕成果，展示了各行业各区域各企业实施创新驱动发展战略的宝贵经验，覆盖面广、代表性强，对于实现中国机械产品的全面创新升级有着重要的借鉴与促进作用。

衷心祝愿《"数控一代"案例集》持续推出、越办越好，助百花齐放、引万马奔腾，为数控一代机械产品创新应用示范工程的成功、为"中国制造 2025"的胜利、为实现中国制造由大变强的历史跨越做出重要贡献。

周济

2015 年 4 月

前　言

广东省是制造业大省和制造装备大省，经过改革开放 30 多年的发展，业已形成门类齐全、规模和总量较大的产业体系。其中汽车、电工电器、塑料机械、压铸机械、食品，以及印刷包装机械、木工机械、电子机械以及模具等行业的规模居全国前列。2015 年全省机械工业 6400 多家规模以上企业完成主营业务收入 15000 亿元，同比增长 1.20%，机械工业总产值、主营业务收入、利润总额等主要指标连续居全国各省区市的前三位，是广东省制造业的支柱产业之一。但是广东省的机械制造业的核心技术不强，企业自主创新能力也不强，重大装备的产业配套基础薄弱，以轻小机械为主，产业结构不尽合理，关键基础和核心零部件及元器件受制于国外，特别是基础工艺和产业技术基础水平还不高等共性问题，其产品的智能化技术水平还不能适应产业需求，与国际先进水平还存在一定差距，严重制约和影响机械制造业相关行业的发展。抓住新一代电子信息技术和自动化技术与制造业和制造装备的融合，是广东制造业和制造装备水平提升的必由之路。

广东省根据制造业相关行业的迫切需求，积极响应国家提出实施"数控一代"机械产品创新应用示范工程，在科技部、工信部、中国工程院和中国机械工程学会的支持和指导下，2011 年广东省率先被科技部列为全国启动示范省。《"数控一代"案例集（广东卷）》由广东省科技厅牵头组织，广东省"数控一代"专家组联合广东省机械工程学会制定了总体规划及实施方案，先行在塑料机械、电子机械和印刷包装机械三个行业切入，根据全省制造装备实际规划制定完成了涵盖全省高端装备领域的塑料机械、电子制造装备、印刷包装机械、纺织机械、金属成型机械、木工机械、玻璃（电子）机械、建材机械、新能源装备、激光加工装备、数控技术与系统、伺服系统产品等 12 大类相关行业的广东"数控一代"技术路线图；建立了涵盖全省"数控一代"综合服务平台及各相关地市、区镇的"数控一代"专业（行业）服务平台；示范工程的推进引起全省制造业的积极响应和参与，极大地促进了企业产品的数控技术应用和智能化水平的提升，取得了令人鼓舞的一系列成果，极大地提高了企业的制造装备和核心技术竞争力，不少科技成果和技术引起国内外同行的高度关注。

《"数控一代"案例集（广东卷）》收录了广东省 2012—2013 年实施"数控一代"专项以来的典型案例共 33 个项目，其中包括广东省"数控一代"路线图、广东省"数控一代"综合服务平台等平台类项目；示范市区类项目；企业"数控一代"类案例项目包括塑料机械装备应用、电子机械装备应用、印刷与食品包装、建材与成型机械应用、专用数控系统与机器人应用等四大类的具有一定特色的"数控一代"示范应用典型案例，充分体现广东省制造业及制造装备实施"数控一代"的方法、路线及成效。希望以上项目能给各地区、同行及企事业单位提供参考。

广东省作为经济大省和制造业大省，正如李克强总理 2016 年 3 月 9 日在十二届四次人大广东代表团专题会议中对广东代表的谈话中谈道："广东省的经济社会各项指标均处于全国前列，广东人能干、会干，广东人不仅有'敢人为先'的精神，还有'无中生有'的本事。"广东省在全国率先启动示范，勇于探索，通过实施"'数控一代'机械产品创新应用示范工程"，取得了可喜的成效，也为实施"中国制造 2025"和"广东制造 2025"打造了良好的基础，广东省将为在"十三五"期间的重力推进智能制造、实现由制造大省向制造强省，为实现我国的制造强国的中国梦做出新的贡献！

《"数控一代"案例集（广东卷）》编审委员会

2016 年 3 月

广东省"数控一代"案例的启示

2011年国家启动了"数控一代"机械产品创新应用示范工程，广东省委、省政府高度重视，于2011年12月8日率先召开了"数控一代"机械产品创新应用示范工程动员大会，2011年科技部将广东省列为全国首批"数控一代"示范工程先行启动省。

第一，加强组织领导，形成了示范工程实施的合力

广东省制定了"数控一代"机械产品创新应用示范工程的实施规划，"数控一代"机械产品创新应用示范工程启动以来，加强顶层设计和宏观管理，成立了由分管科技的陈云贤副省长为组长，由科技厅、发改委、教育厅、财政厅等省直属有关部门、有关地市科技部门及行业学会／协会负责人为成员的"示范工程"领导小组，统筹推进全省"数控一代"机械产品创新应用工作。成立了以中国工程院院长周济院士为总顾问、瞿金平院士等组成的咨询顾问组，对"示范工程"战略目标、总体方向等提供咨询。特别是成立了以广东省机械工程学会副理事长、广东工业大学校长陈新教授为组长以及相关高校、研究机构、企业、行业学会／协会等专家为成员的专家组，在省市政府科技管理部门的支持下，全程参与对全省"数控一代"机械产品创新应用示范工程的决策参谋、技术指导、绩效考核、技术路线论证、项目实施过程的跟踪及验收等工作。

第二，创新管理机制，形成完善有序的工作机制

为推进示范工程的顺利和有效实施，广东省创新管理机制，一方面充分发挥政府的科学决策和引导功能，另一方面积极调动高校、研究机构、企业、行业学会／协会等社会资源对"示范工程"的支撑作用，形成完善有序的工作机制。工程启动以来，省科技厅先后前往东莞、顺德等市、区和企业开展专题调研，充分了解了广东省机械行业数控化的需求，建立了"下游考核上游、整机考核部件、应用考核技术、市场考核产品"的项目成果用户考核机制。

第三，加大资金支持，带动地方财政和社会投入

为全面推进广东省"数控一代"示范工程示范省建设，广东省政府在2012—2013年省财政预算安排2亿元专项资金用于"数控一代"示范工程的实施，重点用于开展机械装备数控化的关键技术攻关、重点行业和区域应用示范、服务体系和环境建设。省科技厅与省财政厅共同制订了《广东省数控一代机械产品创新应用示范工程专项资金管理办法》，提高加强对专项资金使用绩效的考核。在省专项资金的带领下，多个地市、区均设立了相应的专项资金，如中山市每年设立"数控一代"专项经费2000万元，东莞市设立每年不少于2000万元的"数控一代"科技专项，顺德设立了每年800万元的专项。"数控一代"示范工程也将同时带动各级政府财政资金投入和企业及社会投入超过20亿元。

第四，开展技术攻关，提高机械装备产业自主创新能力

按照广东省"数控一代"示范工程的实施规划，以电子制造装备、印刷包装机械、塑料机械等重点行业为切入口，在东莞市、顺德区等重点区域全面启动应用示范工程。根据突出重点，点面结合的原则，重点针对电子制造装备、印刷包装机械、塑料机械等行业装备的数控化需求，开展数控化装备创新设计、加工工艺、专业化数控系统和集成应用等行业共性关键技术攻关，开发典型装备专业数控系统和数控化机械产品，建立行业示范应用点。

第五，推进应用示范，完善区域数控机械装备产业链

采取省市区镇联动模式，选择在全省装备制造业发达地区，以示范市（区）、示范专业镇、示范创新设计平台等为重点，充分依靠地方政府和科技主管部门组织实施，培育和完善区域内相关数控机械装备产业链。重点建设东莞市、中山市、佛山市、汕头市等4个示范市，惠州市1个培育示范市；建设佛山市顺德区、汕头市金平区、潮州市潮安区、惠州市惠城区、南海区等5个示范县（区）；建设

东莞市的大朗镇、横沥镇、厚街、寮步镇、万江办事处、南城区、东城区，中山市的东升镇、南区、南头镇，惠州市的惠环街道，顺德区的大良街道、伦教街道、陈村镇，佛山南海区的桂城街道，汕头市金平区的石炮台街道，潮安县的庵埠镇共17个示范镇（街）。通过开展数控机械装备在重点区域的应用示范，形成各类数控技术产业联盟，促进机械产品产业链向高端延伸，提高区域的机械装备产品附加值。

第六，完善服务体系，强化数控机械产业发展支撑

针对广东机械产品数控化需求，由广东省机械工程学会牵头规划完成了广东省机械产品数控化的实施技术路线图〔涵盖了全省高端装备领域的塑料机械、电子制造装备、印刷包装机械、纺织机械、金属成型机械、木工机械、玻璃（电子）机械、建材机械、新能源装备、激光加工装备、数控技术与系统、伺服系统产品共12大类相关行业〕；由广东省机械工程学会等牵头规划建立了广东省"数控一代"创新应用综合服务平台；建立了电子、塑料、包装印刷行业装备数控综合服务平台；建立了包含广州市、深圳市、东莞市、佛山市（顺德）、中山市、惠州市、汕头市、潮州市和肇庆市等9个地区，涉及轻工及电子制造机械、塑料机械、包装印刷（含食品包装）机械、建材机械及成型机械、纺织精密机械、木工机械与家具行业装备的数控技术服务平台及可靠性保证与验证技术公共服务平台19个行业装备等各类专业服务平台或数控化综合服务平台，提供全方位的数控设备技术、数控技术研发与培训综合服务、数控机械创新设计等服务。建立了由研究机构、高校、生产企业、用户企业组成的机械产品数控化技术应用产业技术创新联盟。

第七、广东省"数控一代"机械产品创新应用示范成效的启示

（1）广东省"数控一代"示范工程启动以来的实践证明，广东省紧紧抓住了国家"数控一代"机械产品创新应用示范工程实施的契机，紧密围绕着广东省提出的"要加快制造业结构调整，壮大做强先进制造业规模，改造提升传统制造业，延伸完善产业链，提高制造业国际竞争力"战略目标，针对数控技术推广应用的自身特点，以"总体规划、夯实基础、分步实施、重点突破、全面推进"为原则。

（2）广东省"数控一代"示范工程通过省市区镇和高校、学会、行业协会、产业联盟等社会资源的多级互动，建立了以官、产、学、研、用各方协同推进为手段，以数控技术和产品的推广应用为牵引，提高机械设备行业企业的自主创新能力，增加机械设备产品附加值，大力促进广东省机械装备产业转型升级，提高产业国际竞争力。

（3）广东省"数控一代"示范工程由省科技厅统筹组织，充分发挥了广东省机械工程学会作为机械工程及智能制造技术学科组织的专家资源优势：广东省机械工程学会在省数控一代规划研究与制定、省"数控一代"专家组的建立与运营、省"数控一代"技术路线图研究与制定、省"数控一代"综合技术平台的规划制定，以及配合省市区相关科技部门组织企业项目申报、立项评审，在项目过程验收的一系列工作中发挥了主动性、积极性和重要的作用。以上作为实施广东省"数控一代"专项中的基础性工作，也为广东省在"十三五"乃至"中国制造2025"的整个期间的组织实施打下良好的基础，将为广东省在"十三五"期间的重力推进智能制造、实现由制造大省向制造强省，为实现我国的"制造强国"的中国梦做出新的贡献！

在广东省委、省政府的正确领导下，在国家科技部、中国工程院以及中国机械工程学会的指导和各相关单位的支持下，广东省"数控一代"机械产品创新应用示范工程的实施是成功的、成效是显著的。

广东省机械工程学会常务副理事长兼秘书长
广东省"数控一代"专家组副组长　　刘奕华

2016 年 3 月

目录
CONTENTS

路线图与平台

塑料机械装备应用

电子信息机械装备应用

印刷与食品包装、建材与成型机械应用

专用数控系统与机器人应用

广东省机械产品数控化技术路线图

2012 年广东省"数控一代"机械工程创新应用示范工程专项资金计划项目

广东省机械工程学会　广东省自动化研究所　等

该项目作为广东省科技重大专项，制定了涵盖广东省高端制造装备的电子制造装备、印刷包装机械、塑料机械、纺织机械、金属成型机械、木工机械、玻璃（电子）机械、建材机械、新能源装备、激光加工装备、数控技术与系统、伺服系统产品等 12 大类相关行业的技术路线图，为广东省"数控一代"实施以及"十三五"的先进制造发展乃至广东省贯彻实施"中国制造 2025"打下良好的基础。

一、导言

"数控一代"机械产品创新工程是一个复杂的大系统工程，必须依靠有组织创新、集成创新和协同创新。规划制定好广东省机械产品数控化实施技术路线图，加强机械产品数控化的规划、发展和应用，为广东省"数控一代"实施提供从技术、市场到政策环境等方面的指导与决策参谋，这将是广东省机械产品数控化创新发展体系中的一项重要议题。

电子机械、印刷包装、注塑机械三大产业行业是广东省在国内外高端装备占有极大比重和比较优势的产业行业，在实施"数控一代"机械产品创新工程具有先行、突破的重大意义。广东省将《广东省机械产品数控化技术路线图》列入 2012 年广东省数控一代机械产品

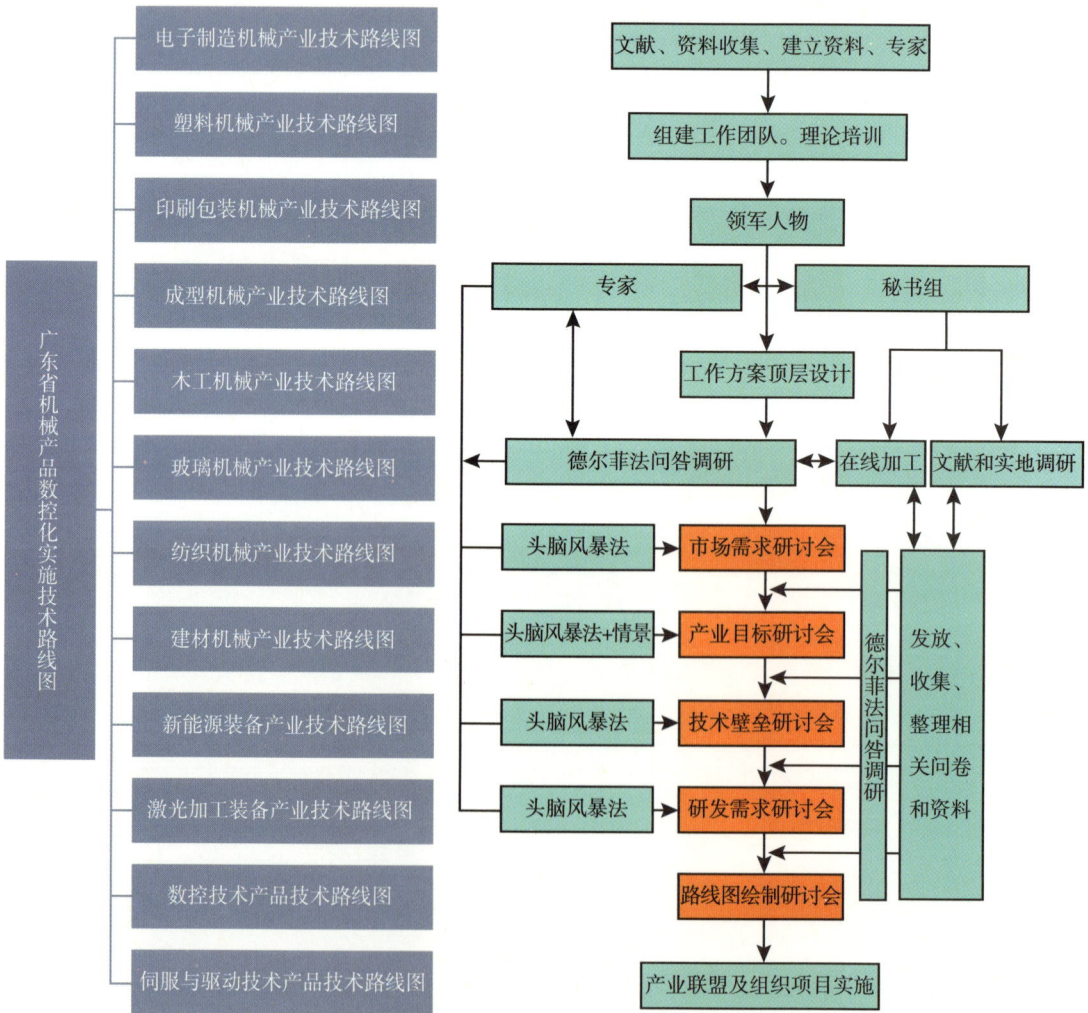

图 1　广东省机械产品数控化实施技术路线图

创新应用示范工程专项资金重大入库项目，项目由广东省机械工程学会牵头，并与广东省自动化研究所、华南理工大学、广东工业大学、暨南大学、清华大学、华中科技大学等共同承担，同时参加单位包含：深圳大学、汕头大学、顺德职业技术学院、佛山科学技术学院、中国电器科学研究院、广东省佛山市顺德区西安交通大学研究院、汕头轻工装备研究院、广东包装机械行业协会、广东省铸造行业协会、顺德木工机械商会、顺德玻璃机械商会、广州数控设备有限公司、深圳市众为兴数控技术有限公司、固高（深圳）科技有限公司、广州博创机械有限公司、威德力机械实业有限公司、广东科达机电有限公司等各相关行业企业参与了该项目制定工作。

《广东省机械产品数控化的实施技术路线图》通过运用技术路线图方法，综合考虑技术、

图2　12大行业产业技术路线图主要负责人及重点企业框图

市场和政策在相关行业的机械产品数控化的过程中的互动关系，沿着"产业链分析—市场需求分析—产业目标确定—技术壁垒分析—研发需求凝炼"的路径，先后制定了电子制造装备、印刷包装机械、塑料机械、纺织机械、金属成型机械、木工机械、玻璃（电子）机械、建材机械、新能源装备、激光加工装备、数控技术与系统、伺服系统产品等 12 大类相关行业的技术路线图。

达成了对广东数控机械产业技术未来发展的共识，以指导全省数控一代机械产品创新应用示范工程实施。本文将广东省的电子制造机械、塑料机械、印刷包装机械三大行业的技术路线图作为范例进行重点阐述。

二、产业链与市场需求分析

1. 产业发展现状

电子制造机械：广东省电子信息工业比重约占全国的 1/3，已连续 20 年位居国内第一，2013 年产值已超过 16000 亿元。全省电子制造机械拥有良好的产业基础和巨大的市场需求，近年来产业发展迅猛，中低端产品国产化率逐年大幅提升（仅深圳规模以上企业达 2800 余家，2010 年产值 950 亿元，年均增长率 30%），广东省电子机械主要集中在量大面广的精密封装、组装、检测设备和片式元器件生产设备，如全自动器件固晶机、焊线机、全自动元件贴装机、插件机、全自动丝网印刷机、氮气保护再流焊机、全自动表面组装成套装备、芯片载体器件封装设备、微型化片式元器件生产设备、视觉、光学自动检测设备。

印刷包装机械：广东省在印刷与食品包装机械是优势产业，产品市场占有率高。其中在包装专用设备方面，2012 年全国有规模以上企业 358 家，广东省占 45 家；全国工业总产值 212.63 亿元，广东省占 32.72 亿元；全国设备产量 90564 台，广东省 17183 台。在印刷专用设备方面，全国有规模以上企业 389 家，广东省占 23 家；全国工业总产值 231.69 亿元，广东省占 17.8 亿元。广东省在吹瓶机、灌装机械、凹印机、卫星式柔板印刷机和瓦楞纸印刷包装机等产品具有领先地位；在冷杀菌技术、冷灌装技术、高阻隔膜共挤技术、双拉伸膜技术、贴标机技术等关键核心技术方面具备一定优势。

塑料机械：广东省是塑料加工设备制造大省。2010 年，全国规模以上企业有 565 家，广东省占 65 家；全国工业总产值 431.7 亿元，广东省占 83.0 亿元；塑料加工专用设备产量全国 350707 台，广东省 77847 台。省内塑机生产企业众多，如生产注塑机的广东震德塑料机械公司、东莞东华机械公司、震雄集团、深圳力劲集团、东莞富强鑫公司、广州博创公司等；生产精密注塑机的广州数控、广东泓利；生产中空、挤出设备的广东金明塑胶设备公司、顺德巴顿菲尔震雄公司、广东联塑机械公司等。

2. 产业链分析

电子制造产业链

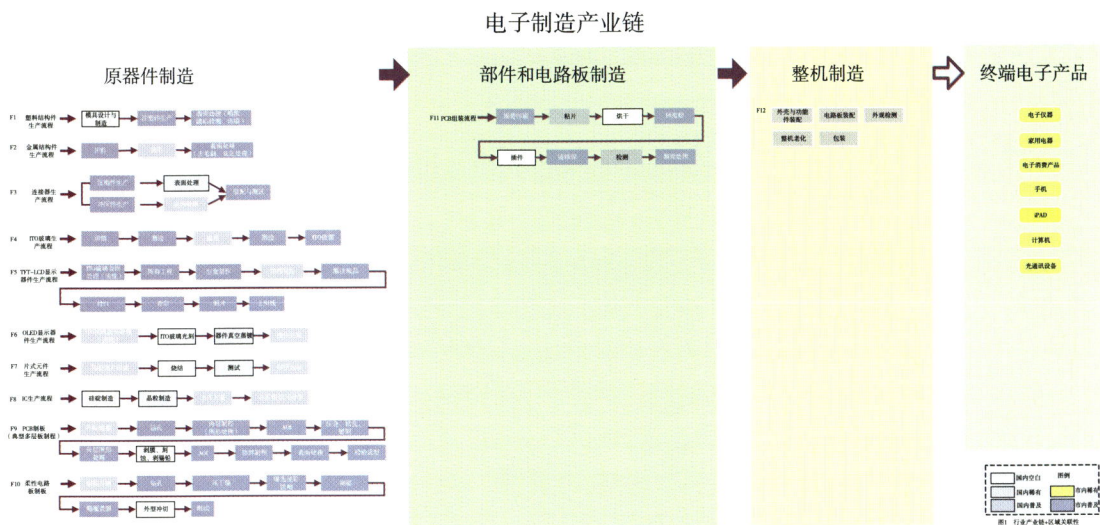

图 3　电子制造产业链分析

印刷包装产业链

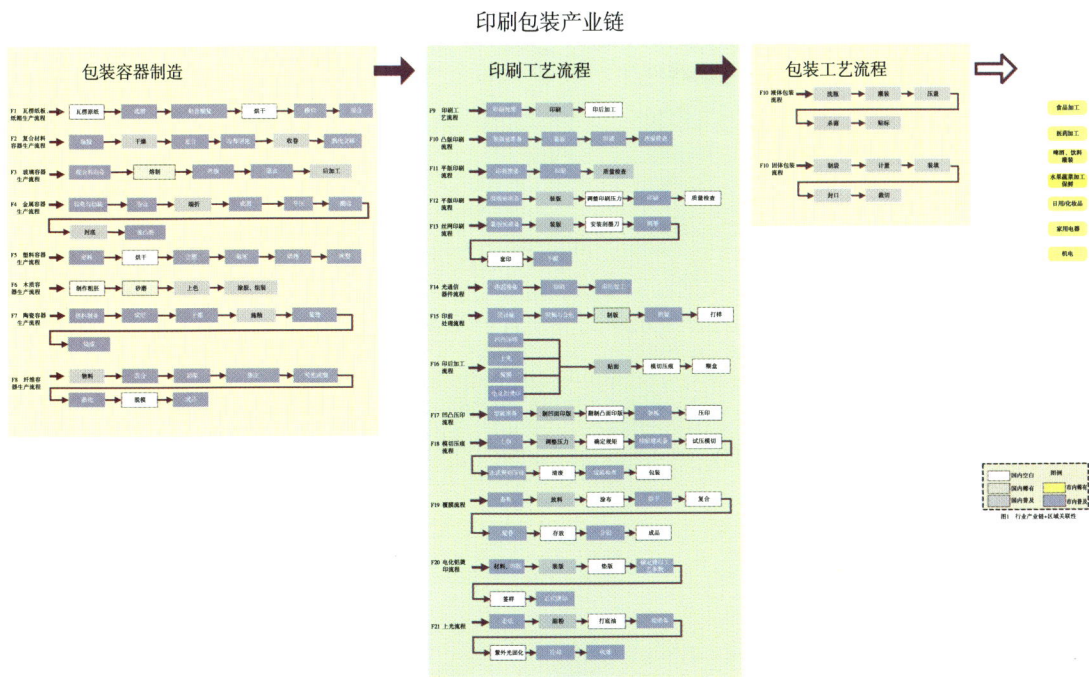

图 4　印刷包装产业链

塑料机械行业产业链

成型制品、成型半制品、成型坯料 → 塑料零件制品 → 塑料完整制品与最终产品 ⇒ 终端塑料产品

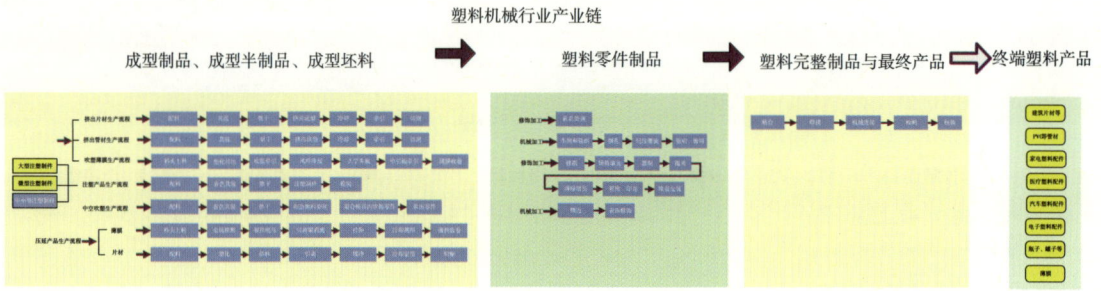

图 5　塑料机械行业产业链

3. 市场需求要素分析

　　"广东省机械产品数控化的实施技术路线图"课题共组织 100 余名专家、学者、企业界代表深入各地市 10 多个行业的 200 余家企业展开深入调研，分别进行了现场走访、技术负责人和企业家参加的座谈等。各分组召开市场需求要素研讨会，形成市场需求要素及演变路径（表 1）。

表 1　市场需求要素及重要度标注

	市场需求要素	重要度标注
电子制造机械	高精度高可靠的封装、组装和高端 PCB 制造装备	***
	高速高精度封装、组装和高端 PCB 制造装备	***
	多功能柔性封装、组装和高端 PCB 制造装备	**
	智能化封装、组装和高端 PCB 制造装备	**
	高精密检测设备	***
	维修方便的电子数控装备	*
	低成本的电子数控装备	*
	售后服务好的电子数控装备	*
	使用寿命较长的电子数控装备	**
塑料机械	大型化塑料机械	***
	微型化、精密化塑料机械	***
	节能型塑料机械	**
	智能化塑料机械	**
	先进控制技术，专用高精度测控设备	**
印刷包装机械	高速、高效、高质量	***
	智能化现代印刷包装机械	***
	低成本的印刷包装数控装备	**
	印刷包装加工一体化	*
	绿色包装与高科技数码化	*

三、广东省产业发展目标

广东省"数控一代"示范工程总体目标：以数控技术提升广东省机械制造装备性能，提高装备制造企业的自主创新能力，增加产品附加值，充分发挥制造装备数控化对区域产业发展的支撑作用，完成国家"数控一代"机械产品创新应用示范工程示范省相关工作任务，促进广东省产业加快转型升级。

广东省"数控一代"示范工程通过未来几年的实施要达到的具体目标应达到（表2）：一是自主创新能力显著提高；二是产业结构优化升级；三是发展的协调性应明显增强；四是发展质量和效益稳步提高；五是可持续能力进一步增强。

表2 行业产业具体目标

产业目标内容		产业目标内容	
电子制造机械	高智能化电子数控装备	塑料机械	塑机工艺参数设置与成形缺陷自动修复系统
	高可靠性电子数控装备		塑料机械远程诊断及维护系统
	提高电子数控装备速度		高可靠性电子数控装备
	提高电子数控装备精度		降低塑料机械的成本
	提高生产过程的高精密高速度自动缺陷检测		提高塑料机械国内市场占有率
	增强电子数控装备可适性		能效目标
	降低电子数控装备成本	印刷包装机械	智能化印刷包装数控装备
	提高电子数控装备国内市场占有率		提高印刷包装数控装备速度
	能效目标		提高印刷包装数控装备效率
塑料机械	先进节能技术		提高印刷包装数控装备质量
	高精度电子数控装备		实现印刷包装加工一体化
	高智能化电子数控装备		降低印刷包装数控装备成本
	微型化专用组件或部件		提高印刷包装数控装备国内市场占有率
	大型化专用组件或部件		能效目标

四、行业技术难点和技术壁垒（表3）

经过20多年的发展，广东省涌现出由多家数控技术骨干企业〔如广州数控设备有限公司（简称"广数"）、深圳市众为兴数控技术有限公司（简称"众为兴"）、固高（深圳）科技有限公司（简称"固高"）等〕、一批中小数控技术服务公司和多所高校研究院所组成的数控技术研发与服务体系。其中广东数控产品在国内市场占据重要的地位，特别是通用经济型和中档数控系统。但在传统机械制造行业中，国产化设备主要以手动和靠模（如木工、玻璃机械等）两种机型的低端机械设备为主，高端设备仍然严重依赖进口，如高性能电脑横机、高档木工数控加工中心、多功能数控异型石材加工中心、多功能数控玻璃加工中心、大型高精密注塑机等。制造装备水平低下成为制约相关行业发展的重要因素。

表3 各行业技术难点、壁垒分析

行业	关键技术难点 / 技术领域	技术难点	差距	
			国内	国外
电子制造机械	高可靠性材料	高端抗震耐磨材料	国内缺乏	国外技术封锁
	新机械结构设计	新型装备的合理化结构设计 高速、高加速、精密定位技术	无专门的设计机构	技术封锁，但可以观摩国外先进装备机械结构
	控制与计划	1）高速响应、专业伺服控制系统 2）关键部件运动控制模型 3）对多个电机进行有效协调控制的方法	拥有精密度一般的伺服控制系统，在控制模型与控制技术上需要改进	国外对所在装备中的关键控制方法是封锁的
	高稳定的传感器与定位	1）高精度的传动部件研制（如高精度滚珠丝杆、导轨） 2）高精度的快速定位方法 3）高精度直驱电机组件	拥有精密度一般的传感和定位技术	国外可查理论文献，但对实际装备中采用关键技术封锁
	模型、仿真与分析	对不同电子数控装备中主要过程的模型建立、运动过程仿真和分析	有前期基础，但缺乏针对电子数控装备具体装备的研究	国外可查理论文献，但对实际装备中采用关键技术封锁
	专用组件或者部件	1）满足多种尺寸和封装形式的高速喂料器 2）高速主轴部件 3）精密真空压缩发生装置	有前期基础，但缺乏高精密的专用部件	国外可查理论文献，但对实际装备中采用关键技术封锁
	精密自动检测、视觉技术	1）飞行视觉技术 2）高速图像采集系统 3）高速高精图像扫描方法 4）高速高分辨率位置传感器自动视觉检测评估系统	有一些前期基础，在检测精度、速度方面需要提高，以及缺乏针对专有用途的检测	国外可查理论文献，但对实际装备中采用关键技术封锁
	优化技术	1）关键部件运动优化方法 2）装备参数自适应优化设置 3）生产过程优化管理	有前期基础，但需要进一步改善	国外可查理论文献，但对实际装备中采用关键技术封锁
塑料机械	高可靠性和耐用性的新型材料	耐高温、耐高腐蚀的新型材料	国内缺乏	国外技术封锁

续表

行业	技术领域 / 关键技术难点	技术难点	差距	
			国内	国外
	创新性机械结构设计	新型装备的合理化结构设计零件与结构失效与安全服役协同设计，装备表面界面与摩擦协同设计	无专门的设计机构	技术封锁，但可以观摩国外先进装备机械结构
塑料机械	先进控制技术	机器人技术 微型化、预固化、响应快的机、电、磁、光、声控制器件技术 数字图谱控制及其与CAD、CAE、CAM系统的集成 基于总线技术的数据传输和数据控制系统	机器人技术及数字化控制技术起步较晚，拥有精度一般的控制系统	国外对所在装备中的关键控制技术封锁
	高稳定的传感器与定位	1）高精度，高负荷的传动部件研制（如高速高负荷滚珠丝杠装备） 2）专用高精度测控组件 3）高精度直驱电机组件	拥有精密度一般的传感和定位技术	国外可查理论文献，但对实际装备中采用关键技术封锁
	先进节能技术	1）低压、低温成型技术的采用 2）热流道技术 3）一模多腔技术	有前期基础，但需要进一步改善	国外可查理论文献，但对实际装备中采用关键技术封锁
	专用组件或者部件	1）大功率伺服电机 2）大功率伺服驱动器 3）无螺杆旋转充模技术关键部件	国内缺乏	国外可查理论文献，但对实际装备中采用关键技术封锁
	基于智能数据库的自动修复系统的开发和应用	1）实例的收集整理与分类 2）实例大功率伺服电机 3）大功率伺服驱动器 4）无螺杆旋转充模技术关键部件信息的确定 5）制品成形缺陷与产生机理的研究、表达与推理	有一定的研究基础，智能数据库开发还处于研究阶段	国外可查理论文献，但对实际装备中采用关键技术封锁
	基于无线Mesh网络技术的开发与应用	1）嵌入式技术与无线网络技术 2）支持远程诊断及维护的技术方法及依托系统	有前期基础，但需要进一步改善	国外可查理论文献，但对实际装备中采用关键技术封锁
	复杂机电系统集成技术	1）复杂机电系统的建模方法研究 2）复杂机电系统的能量转换、传递、分配及控制技术 3）复杂机电系统的可靠性技术 4）复杂机电系统的服役过程监测、故障诊断技术	有前期基础，但需要进一步改善	国外可查理论文献，但对实际装备中采用关键技术封锁

续表

行业	技术领域 / 关键技术难点	技术难点	差距	
			国内	国外
塑料机械	高精度数字化制造技术	1）高精密加工技术 2）难加工材料大型结构件精密加工技术	有前期基础，但需要进一步改善	国外可查理论文献，但对实际装备中采用关键技术封锁
印刷包装机械	新机械结构设计	新型装备的合理化结构设计	无专门的设计机构	技术封锁，但可以观摩国外先进装备机械结构
	多轴联动运动控制技术	将传统的机械联动改变为数控同步技术，提高多轴同步运行的精度，适应换单效率提高的目标，确保成型裁切精度的需求	多轴联动数控机床控制精度和可靠性太差	国外对所在装备中的关键控制方法封锁
	嵌入式数控系统设计	完成高速加工中大量的数据采集、处理和传输任务，又能够提供丰富的图形界面，还能够提供丰富的网络互联等功能	实时性、可靠性控制方面与国外指标差距较大	国外可查理论文献，但对实际装备中采用关键技术封锁
	永磁同步电机伺服系统设计	对各轴进给驱动系统提出了高速高精度抗干扰伺服控制算法等要求	拥有精密度一般的伺服控制系统，在控制模型与控制技术上需要改进	国外可查理论文献，但对实际装备中采用关键技术封锁
	高稳定的传感器与定位	高精度的传动部件研制（如高精度滚珠丝杆、导轨） 高精度的快速定位方法 高精度直驱电机组件	有前期基础，但缺乏高精密的专用部件	国外可查理论文献，但对实际装备中采用关键技术封锁
	模型、仿真与分析	对不同印刷包装装备中主要过程的模型建立、运动过程仿真和分析	有一些前期基础	国外可查理论文献，但对实际装备中采用关键技术封锁
	专用组件或部件	印刷设备 包装设备 涂布复合设备 后道精加工设备	有前期基础，但需要进一步改善	国外可查理论文献，但对实际装备中采用关键技术封锁
	在线视觉检测系统平台	在线监测技术 飞行视觉技术 高速图像采集系统	在检测精度、速度方面需要提高，以及缺乏针对专有用途的检测	国外技术封锁
	成套设备过程优化及节能降耗平台的设计	数据采集平台 实时数据处理平台 设备管理平台 先进控制平台	无专门的设计机构	技术封锁，但可以观摩国外先进装备机械结构

五、研发需求分析（表4）

针对广东省相关行业数控机械装备在创新设计、数字控制、加工工艺等方面的要求，以突破技术瓶颈、掌握关键技术、建设共性技术平台为目标，提高广东省机械装备自主创新能力和数控化技术水平，重点开展以下关键技术研究：①数控机械装备创新设计技术与共性技术开发平台；②数控机械装备工艺技术；③分行业分类型的数控机械装备专用数控系统。

表4 行业研发需求分析

行业	关键技术	研究方向	研究项目	优先级别	时间	研发主体	研究模式
电子制造机械	高端抗震耐磨材料，达到更高的技术要求	高端抗震耐磨材料	电子制造高端抗震耐磨材料研究	中	M	高等院校	合作
	电子数控装备机械结构优化设计	基于关键共性技术的基础理论	面向电子制造装备的高速机构优化与运动平台设计	高	NM	高等院校	合作
			面向电子制造装备的高响应专用控制系统	高	NM	高等院校	合作
			高精密光学检测系统	高 高	NM	高等院校 高等院校	合作 合作
			高速精密光栅尺、传感器技术	高	NM	高等院校	合作
	电子数控装备中的高精密检测及控制技术		运动视觉集成设计开发平台	中 中	NM	高等院校 高等院校	合作 合作
			高精密 x-ray 检测系统	中 中	NM	高等院校 高等院校	合作 合作
			高精密视觉检测系统	中	NM	高等院校	合作
	高稳定传感器，高速高精密定位技术	基于关键共性技术的应用研究	全自动精密曝光机的研制	高	N	产学研用	合作
			新型元器件全自动封装引线焊接设备	高	N	产学研用	合作
			激光直接成像机	高	N	产学研用	合作
	各电子数控装备模型、仿真研究	基于关键共性技术的应用研究	键合机	中	M	产学研用	合作
			划片机	中	M	产学研用	合作
			新型高端器件全自动封焊一体化设备	高	N	产学研用	合作

续表

行业	关键技术	研究方向	研究项目	优先级别	时间	研发主体	研究模式
电子制造机械	电子数控装备中的专用组件或者部件研究	专用组件或部件	片式元器件测试编带机研制及产业化	中	M	产学研用	合作
			数控微型刀具多功能加工中心	中	M	产学研用	合作
	自动光学检测、X-ray检测方法与技术	检测理论与应用研究	全自动PCB线路视觉检测机	高	N	产学研用	合作
			全自动光学检测成套设备	高	N	产学研用	合作
			电子制造在线缺陷检测系统及装备	高	N	产学研用	合作
	关键部件运动优化模型与算法、设备参数自调整系统、优化管理系统	辅助系统研究	系统运动优化与优化管理系统研究	中	M	产学研用	合作
			电子数控装备设备参数自调整系统研究	中	M	产学研用	合作
塑料机械	耐高温、耐高腐蚀的新型材料，提高塑料机械的使用寿命和可靠性	耐高温、耐高腐蚀的新型材料	对螺杆机筒及模具采用新型材料、新的热处理和表面处理工艺，以及采用双金属复合结构等	中	ML	高等院校	合作
	塑料机械设备合理化结构设计	塑料塑化装备机械结构优化设计	塑料机械最小能耗优化结构设计，塑料机械零件与结构失效与安全服役协同设计，塑料机械表面界面与摩擦协同设计	中	NML	高等院校	合作
	先进控制技术	基于关键共性技术的基础应用研究	自适应闭环数字塑机控制系统	高	NML	产学研用	合作
			机器人技术	高	NML	产学研用	合作
			CAD、CAE、CAM系统的集成	高	NML	产学研用	合作
			数据传输和数据控制系统	中	NML	产学研用	合作
			机、电、磁、光、声控制器件技术	中	NML	产学研用	合作
	塑料机械设备中高稳定传感器、高精密定位技术		滚珠丝杠装备	高	NML	产学研用	合作
			齿形同步带	高	NML	产学研用	合作
			直驱电机组件	高	NML	产学研用	合作

续表

行业	关键技术	研究方向	研究项目	优先级别	时间	研发主体	研究模式
塑料机械	塑料机械设备中高稳定传感器、高精密定位技术	基于关键共性技术的基础应用研究	精密传动减速箱	高	NML	产学研用	合作
			高稳定的传感器与定位	高	NML	产学研用	合作
	塑料机械设备中高效节能技术	基于关键共性技术的基础理论	电动式注塑机和电动式吹塑机	中	ML	产学研用	合作
			动态低压注射成型技术	高	ML	产学研用	合作
			基于体积拉伸流变的塑化计量技术	高	ML	产学研用	合作
			热流道技术、一模多腔技术	高	ML	产学研用	合作
			注塑机二次合模技术、气体辅助成型技术、液体辅助成型技术，低温低压成型技术	高	ML	产学研用	合作
			电磁感应加热技术	高	ML	产学研用	合作
			负载感应型驱动与传动技术	高	ML	产学研用	合作
	塑料机械中的专用组件或者部件	专用部件的研究与开发	大功率伺服电机	中	NML	产学研用	合作
			大功率伺服驱动器	中	NML	产学研用	合作
			无螺杆旋转充模技术	中	NML	产学研用	合作
	基于智能数据库的自动修复系统的开发和应用	检测理论与应用研究	全自动光学检测成套设备	高	ML	产学研用	合作
			电子制造在线缺陷检测系统及装备	中	ML	产学研用	合作
	基于无线 Mesh 网络技术系统的开发与应用	辅助系统研究	嵌入式技术与无线网络技术	中	ML	产学研用	合作
			远程诊断及维护的技术方法	中	ML	产学研用	合作
	装备开发	塑料装备产品重点开发	节能型塑料加工和成型装备开发	高	ML	产学研用	合作
			精密塑料制造装备开发	高	ML	产学研用	合作
			大型塑料加工和成型装备开发	高	ML	产学研用	合作
			环境友好型加工装备开发	高	ML	产学研用	合作
			微纳复合和微纳制造装备开发	高	ML	产学研用	合作

行业	关键技术	研究方向	研究项目	优先级别	时间	研发主体	研究模式
印刷包装机械	印刷包装数控装备机械结构优化设计	能耗低、自重轻、结构紧凑、占地空间小、效率高、外观造型适应环境和操作人员的心理要求、环保需求	包装用工业机器人的研发及产业化	中	NM	高等院校	合作
	多轴联动运动控制技术	基于数控关键共性技术的基础理论	瓦楞纸行业高端生产装备数控一代关键技术及产业化	中	NM	高等院校	合作
			全自动高速宽幅瓦楞纸板堆码机的研发及产业化	中	NM	高等院校	合作
			数字化控制直驱式电子轴传动高速凹版彩印机关键技术研究及产业化	中	NM	高等院校	合作
			高速节能智能化数字控制挤出复合机关键技术研究与产业化	中	NM	高等院校	合作
			数字化集成控制高速果蔬浆汁饮料金属罐包装生产线	中	NM	高等院校	合作
	强实时性高可靠性嵌入式控制技术		高速多辊精密涂布机	中	NM	高等院校	合作
	高速高精度抗干扰伺服控制算法		高速挤出复合机或薄膜流涎机组	中	NM	高等院校	合作
	高稳定传感器、高精密定位技术		高速自动跟标精密横切机	中	NM	高等院校	合作
			无刀模数字激光模切机	中	NM	高等院校	合作
	三维建模、动态仿真		网络化数控高速PET瓶装饮料装备关键技术研发及应用示范	中	NM	高等院校	合作
	成型、填充、封口、胶印机、柔印机、印后设备等专用组建或部件研究	印刷包装机械专用组件或部件	直线式多物料瓶装数控成套装备	中	M	产学研用	合作
	CTP技术、在线传输印前图像处理数据	计算机检测理论与应用研究	用于精密功能薄膜材料的智能在线视觉检测技术与装备	高	N	产学研用	合作
	关键部件运动优化模型与算法、设备参数自调整系统、优化管理系统	辅助系统研究	瓦楞纸行业节能降耗关键技术及装备产业化	中	M	产学研用	合作

注：优先级别为高、中、低；研究模式为合作（需标注合作企业）、引进、自主研发。

六、编制技术路线图

1. 电子制造机械技术路线图（图 6）

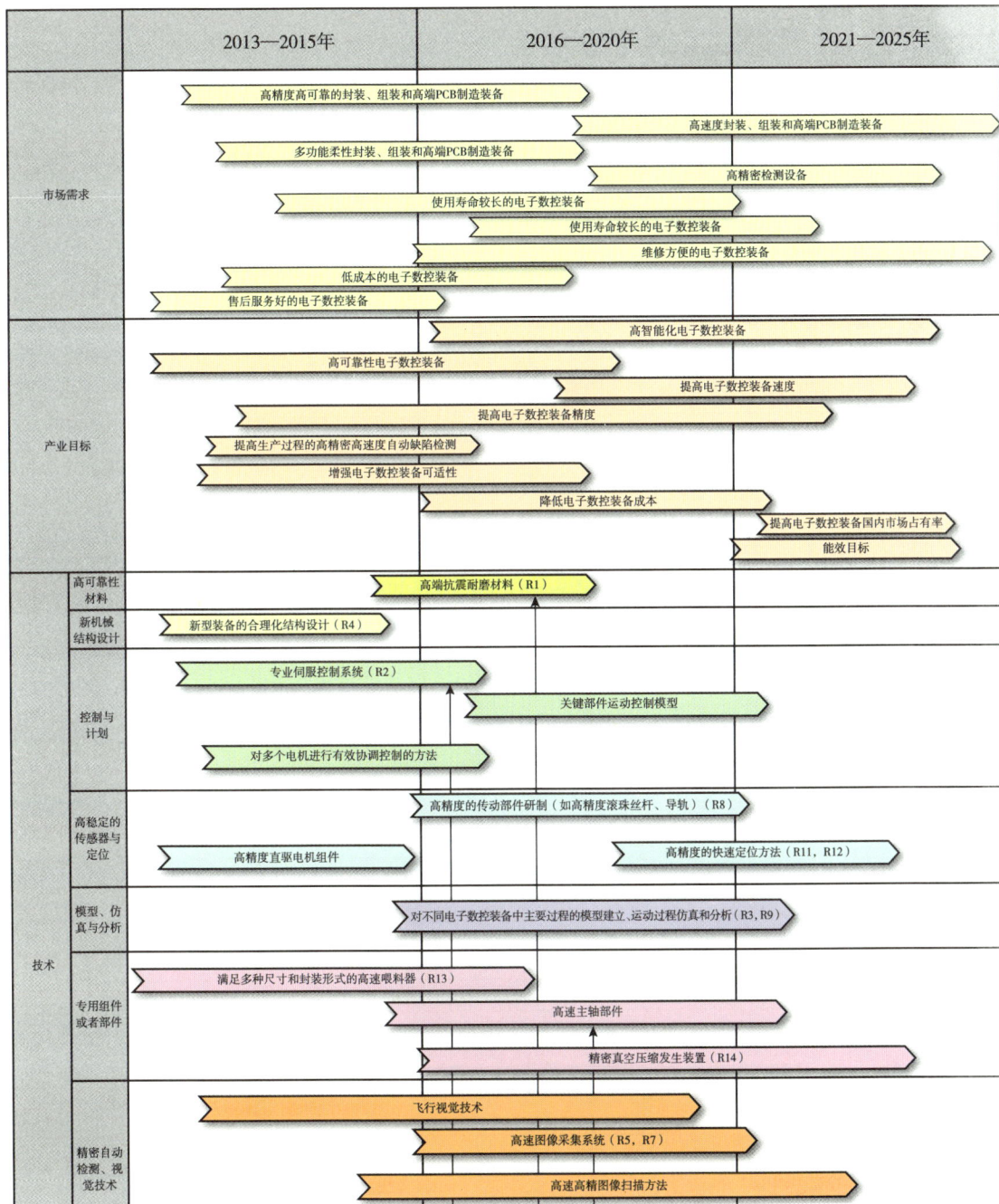

		2013—2015年	2016—2020年	2021—2025年
市场需求		高精度高可靠的封装、组装和高端PCB制造装备		
				高速度封装、组装和高端PCB制造装备
		多功能柔性封装、组装和高端PCB制造装备		
				高精密检测设备
		使用寿命较长的电子数控装备		
			使用寿命较长的电子数控装备	
			维修方便的电子数控装备	
		低成本的电子数控装备		
		售后服务好的电子数控装备		
产业目标			高智能化电子数控装备	
		高可靠性电子数控装备		
			提高电子数控装备速度	
		提高电子数控装备精度		
		提高生产过程的高精密高速度自动缺陷检测		
		增强电子数控装备可适性		
			降低电子数控装备成本	
				提高电子数控装备国内市场占有率
				能效目标
技术	高可靠性材料		高端抗震耐磨材料（R1）	
	新机械结构设计	新型装备的合理化结构设计（R4）		
	控制与计划	专业伺服控制系统（R2）		
			关键部件运动控制模型	
		对多个电机进行有效协调控制的方法		
	高稳定的传感器与定位		高精度的传动部件研制（如高精度滚珠丝杆、导轨）（R8）	
		高精度直驱电机组件		
				高精度的快速定位方法（R11，R12）
	模型、仿真与分析		对不同电子数控装备中主要过程的模型建立、运动过程仿真和分析（R3，R9）	
	专用组件或者部件	满足多种尺寸和封装形式的高速喂料器（R13）		
			高速主轴部件	
			精密真空压缩发生装置（R14）	
	精密自动检测、视觉技术	飞行视觉技术		
		高速图像采集系统（R5，R7）		
		高速高精图像扫描方法		

续图

	优化技术	高速高分辨率位置传感器自动视觉检测评估系统（R6，R15，R16） 关键部件运动优化方法（R18） 装备参数自适应优化设置（R19） 生产过程优化管理（R18）
研发项目	高端抗震耐磨材料	R1：电子制造高端抗震耐磨材料研究
	基于关键共性技术基础理论	R2：面向电子制造装备的专用控制系统 R3：高精密光学检测系统 R4：运动视觉集成设计开发平台 R5：高精密x-ray检测系统 R6：高精密视觉检测系统
	基于关键共性技术应用研究	R7：全自动精密曝光机的研制 R8：新型元器件全自动封装引线焊接设备 R9：激光直接成像机 R10：键合机 R11：新型高端器件全自动封焊一体化设备 R12：划片机
	专用组件或部件	R13：片式元器件测试编带机研制及产业化 R14：数据微型刀具多功能加工中心
	检测理论与应用研究	R15：全自动PCB线路视觉检测机 R16：全自动光学检测成套设备 R17：电子制造在线缺陷检测系统及装备
	辅助系统研究	R18：系统运动优化与优化管理系统研究 R19：电子数控装备设备参数自调整系统研究
资源		已率先在国内具备了整条表面组装生产线所有设备自主研发和生产的能力 拥有一批国内技术力量雄厚的电子制造装备、电器机械及器材制造、交通运输设备制造方面的装备企业 华南理工大学，广东工业大学，广东自动化研究所等科研力量
政策		广东省政府重大科技计划 广东省"数控一代"
风险		
备注		为顶级研发项目

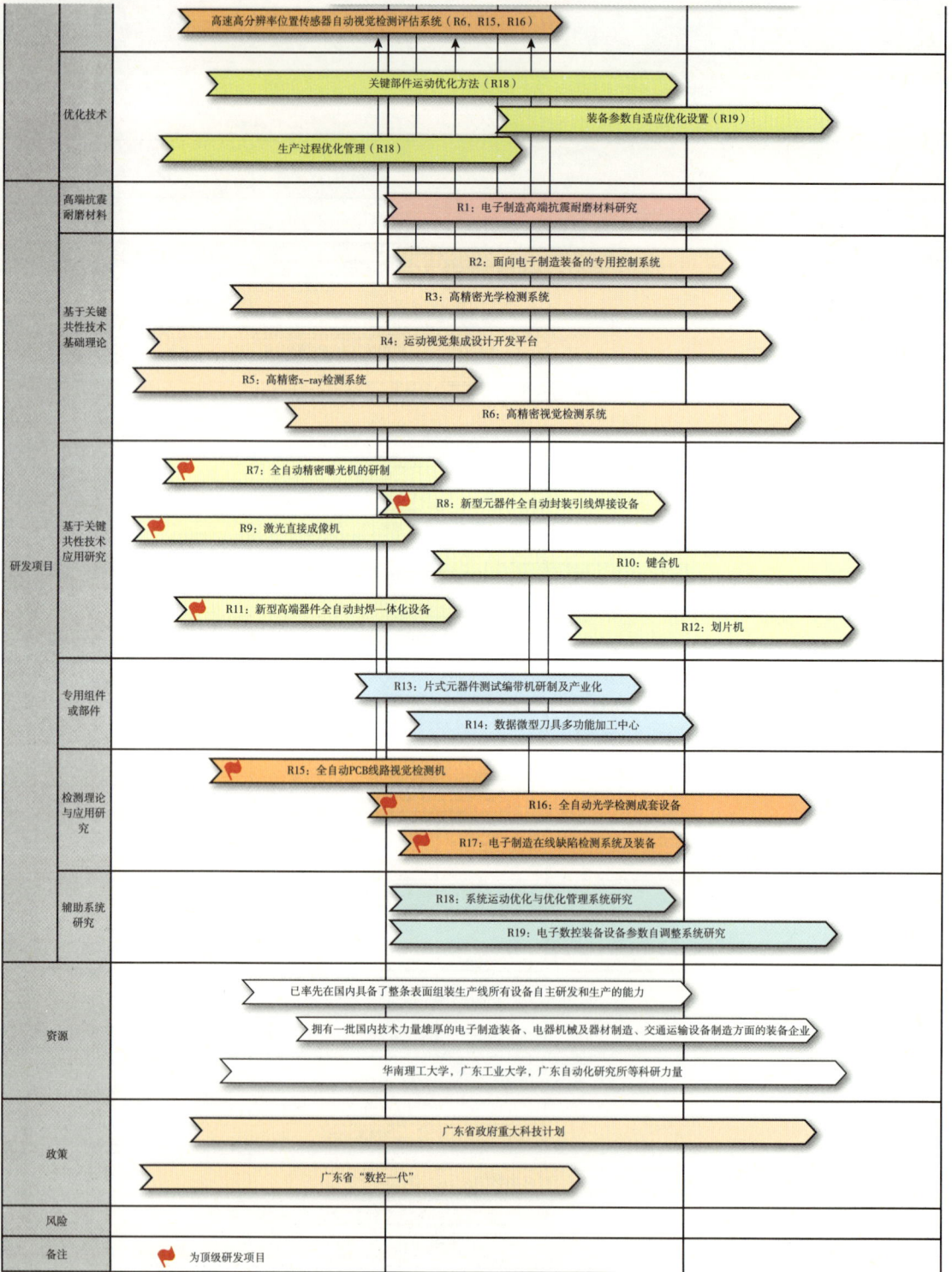

图 6 电子制造机械技术路线图

2. 塑料机械技术路线图（图7）

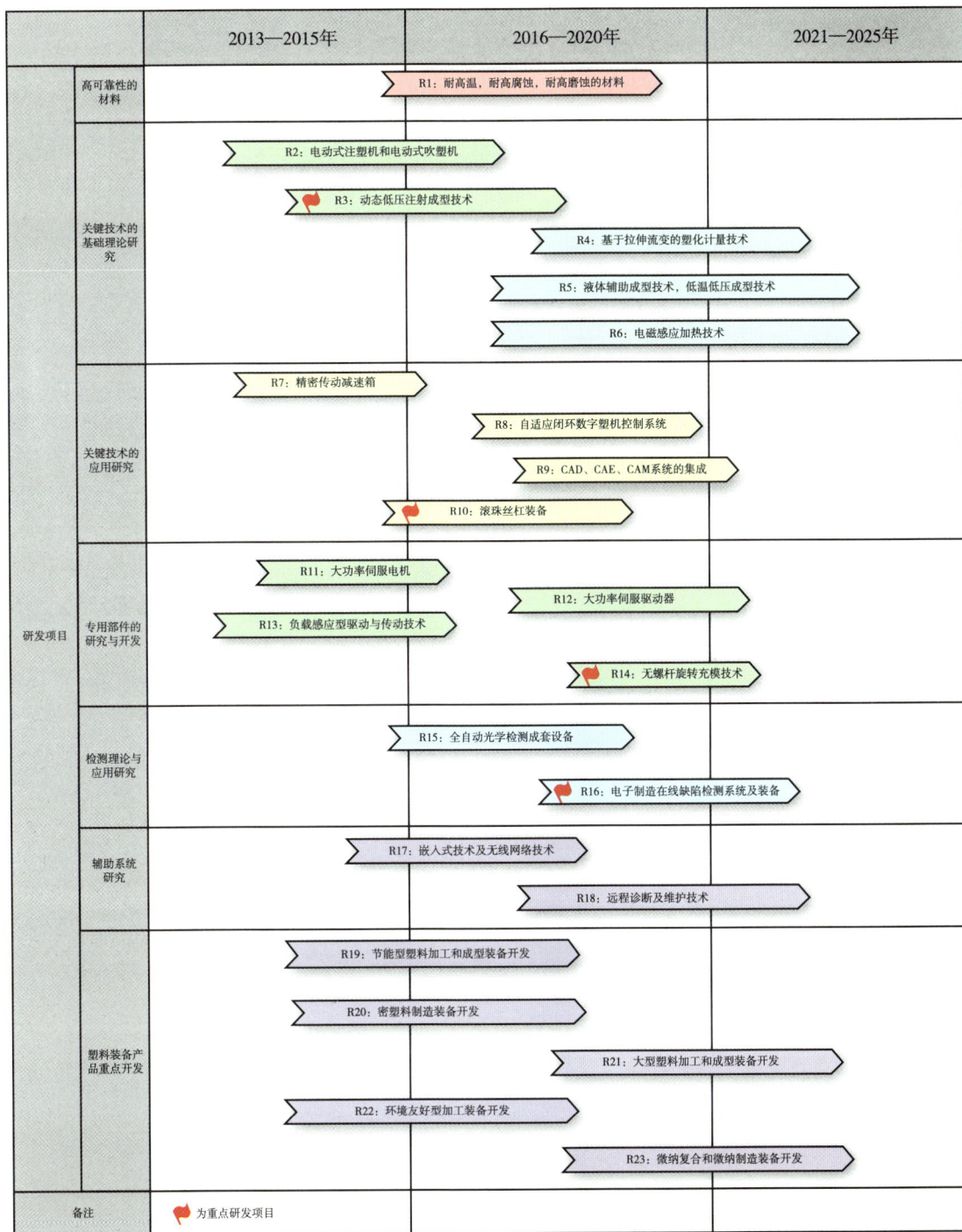

		2013—2015年	2016—2020年	2021—2025年
研发项目	高可靠性的材料		R1：耐高温、耐高腐蚀、耐高磨蚀的材料	
	关键技术的基础理论研究	R2：电动式注塑机和电动式吹塑机		
		R3：动态低压注射成型技术		
			R4：基于拉伸流变的塑化计量技术	
			R5：液体辅助成型技术，低温低压成型技术	
			R6：电磁感应加热技术	
	关键技术的应用研究	R7：精密传动减速箱		
			R8：自适应闭环数字塑机控制系统	
			R9：CAD、CAE、CAM系统的集成	
		R10：滚珠丝杠装备		
	专用部件的研究与开发	R11：大功率伺服电机		
			R12：大功率伺服驱动器	
		R13：负载感应型驱动与传动技术		
			R14：无螺杆旋转充模技术	
	检测理论与应用研究	R15：全自动光学检测成套设备		
			R16：电子制造在线缺陷检测系统及装备	
	辅助系统研究	R17：嵌入式技术及无线网络技术		
			R18：远程诊断及维护技术	
	塑料装备产品重点开发	R19：节能型塑料加工和成型装备开发		
		R20：密塑料制造装备开发		
			R21：大型塑料加工和成型装备开发	
		R22：环境友好型加工装备开发		
			R23：微纳复合和微纳制造装备开发	
	备注	为重点研发项目		

图 7　塑料机械技术路线图

3. 印刷包装机械技术路线图（8）

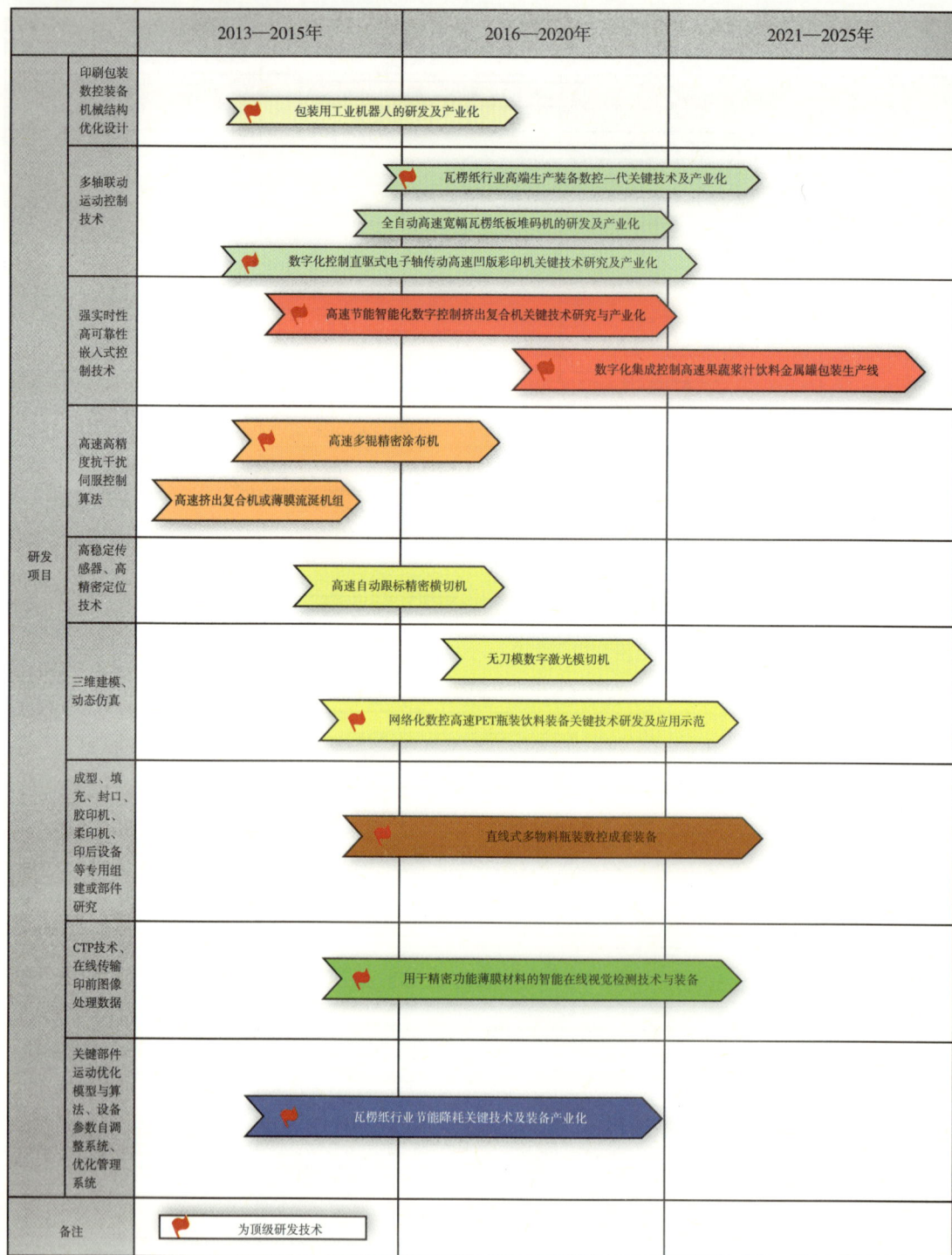

		2013—2015年	2016—2020年	2021—2025年
研发项目	印刷包装数控装备机械结构优化设计	包装用工业机器人的研发及产业化		
	多轴联动运动控制技术		瓦楞纸行业高端生产装备数控一代关键技术及产业化	
			全自动高速宽幅瓦楞纸板堆码机的研发及产业化	
		数字化控制直驱式电子轴传动高速凹版彩印机关键技术研究及产业化		
	强实时性高可靠性嵌入式控制技术	高速节能智能化数字控制挤出复合机关键技术研究与产业化		
			数字化集成控制高速果蔬汁饮料金属罐包装生产线	
	高速高精度抗干扰伺服控制算法	高速多辊精密涂布机		
		高速挤出复合机或薄膜流涎机组		
	高稳定传感器、高精密定位技术	高速自动跟标精密横切机		
	三维建模、动态仿真		无刀模数字激光模切机	
		网络化数控高速PET瓶装饮料装备关键技术研发及应用示范		
	成型、填充、封口、胶印机、柔印机、印后设备等专用组建或部件研究		直线式多物料瓶装数控成套装备	
	CTP技术、在线传输印前图像处理数据		用于精密功能薄膜材料的智能在线视觉检测技术与装备	
	关键部件运动优化模型与算法、设备参数自调整系统、优化管理系统	瓦楞纸行业节能降耗关键技术及装备产业化		
备注		为顶级研发技术		

图 8　印刷包装机械技术路线图

广东省机械产品数控化实施技术路线图的制定有着十分重要的意义：

（1）能够对未来市场需求和新技术发展方向做出预判，识别未来可能会影响广东省机械数控产业发展的机遇、挑战和威胁，有利于提高科技投入效率，降低政策决策、投资决策、合作决策和战略技术决策等风险。

（2）较为完整和系统的技术研发规划，明确技术发展方向与研发重点，满足未来的技术要求，保持市场竞争力，有利于带动相关产业的技术进步，确保达到《广东省"数控一代"机械产品创新应用示范工程"十二五"实施方案》中的要求。

（3）提供广东省机械数控产业未来的技术发展方向与发展途径，有利于组织协调各类社会资源的参与，有利于提升行业的科技管理水平，有利于提高科技成果转化应用效率，为政府决策提供支撑。

（4）进一步完善了广东省"数控一代"示范工程服务体系建设，加快产业升级，对广东省实施"智能制造2025"及"十三五"先进制造和高端装备产业发展规划起到很好的铺垫和夯实基础。

附件：项目主要成员

序号	行业	主要负责人	单位	职务
1	项目顾问	瞿金平	广东省机械工程学会	理事长
2	项目顾问	陈 新	广东省机械工程学会	副理事长
3	项目负责人，总体设计、总体框架设计及数控伺服与驱动技术产品	刘奕华	广东省机械工程学会	常务副理事长兼秘书长
4	项目总体负责人之一，总体框架设计及玻璃机械	程韬波	广东省自动化研究所	所长
5	项目总体框架设计负责人之一及技术方法设计	曹永军	广东省自动化研究所	高工
6	电子制造机械	李 迪	华南理工大学	教授
7	塑料机械	何和智	华南理工大学	教授
8	印刷包装机械	王双喜	汕头轻工装备研究院	院长
9	成型机械	阮 锋	华南理工大学	教授
10	木工机械	夏 伟	顺德职业技术学院	校长
11	玻璃机械	杜建铭	深圳大学	教授
12	纺织机械	王钦若	广东工业大学	教授
13	建材机械	邵 明	华南理工大学	教授
14	LED能源装备	王 洪	华南理工大学	教授

续表

序号	行　业	主要负责人	单　位	职　务
15	激光加工装备	柳 宁	暨南大学	教授
16	数控技术产品	龚德明	广州数控设备有限公司	副总工
17	伺服与驱动技术产品	曾 逸	深圳众为兴技术股份有限公司	总经理
18	路线图框架	周 源	清华大学	副教授
19	综合软件分析	刘怀兰	华中科技大学	教授

广东省"数控一代"创新应用综合服务平台

2012 年广东省"数控一代"机械工程创新应用示范工程专项资金计划项目

广东省自动化研究所　广东省机械工程学会　等

广东省"数控一代"创新应用综合服务平台作为省科技重大专项，与广东省内各地市同步建设的相关"数控一代"专业平台及示范市实现统筹与对接，为广东省"数控一代"实施以及"十三五"的先进制造发展乃至广东省贯彻实施"中国制造 2025"打下良好的基础。

一、导言

广东省"数控一代"创新应用综合服务平台（项目编号：2012B011300066）为广东省科技厅立项，由广东省自动化研究所、广东省机械工程学会、华南理工大学、广东工业大学、广东省自动化学会、广州数控设备有限公司、深圳众为兴技术股份有限公司、东莞市升力智能科技有限公司、顺德职业技术学院、佛山科学技术学院、中山装备研究院、潮安县生产力促进中心等单位共同承担。

本项目围绕广东省"数控一代"示范工程战略需求，聚集政产学研用技术与资源优势，建设包括共性技术研发与支撑平台（研发、知识产权、技术路线）、市场应用推广平台（技术咨询、技术服务、产品应用、成果推广）、创新人才培训平台、面向行业及区域的专用创新服务平台，综合技术、市场、人才、投融资等全方位服务数控技术创新和行业应用创新推广示范，促进企业创新发展、产业转型升级和集群效能提升。

二、建设完成情况及成果

创新应用服务平台的建设和运营是一个复杂的大系统工程，组织落实是实施技术服务的重要保障。为了使服务平台能有计划、有组织地开展，借鉴和吸收国内外技术服务中心平台的经验，采取灵活的管理、运作机制，坚持"开放共享、联合共建"的运营机制（图1）。

1. 重点对接的示范市区及平台

广东省"数控一代"创新应用综合服务平台对接包括东莞市、中山市、佛山市、汕头市共4个示范市，惠州市1个培育示范市；建设佛山市顺德区、汕头市金平区、潮州市潮安区、惠州市惠城区、南海区5个示范县（区）；以及建设东莞市的大朗镇、横沥镇、厚街、寮步镇、万江办事处、南城区、东城区，中山的东升镇、南区、南头镇，惠州市的惠环街道，顺德区的大良街道、伦教街道、陈村镇，佛山南海区的桂城街道，汕头市金平区的石炮台街道，潮安县的庵埠镇17个示范镇（街）等广东省内各地市同步建设的相关数控一代专业平台及示范市实现统筹与对接（图2、图3）。

广东省"数控一代"创新应用综合服务平台对接平台包括佛山综合机械示范应用服务平台、大良塑料机械示范应用服务平台、伦教木工及玻璃机械示范应用服务平台、南头印刷包装机械示范应用服务平台、东升镇塑料机械示范应用服务平台、南区纺织机械和特种装备示范应用服务平台、长安镇电子信息装备技术服务创新平台、寮步"数控一代"机械产品技术

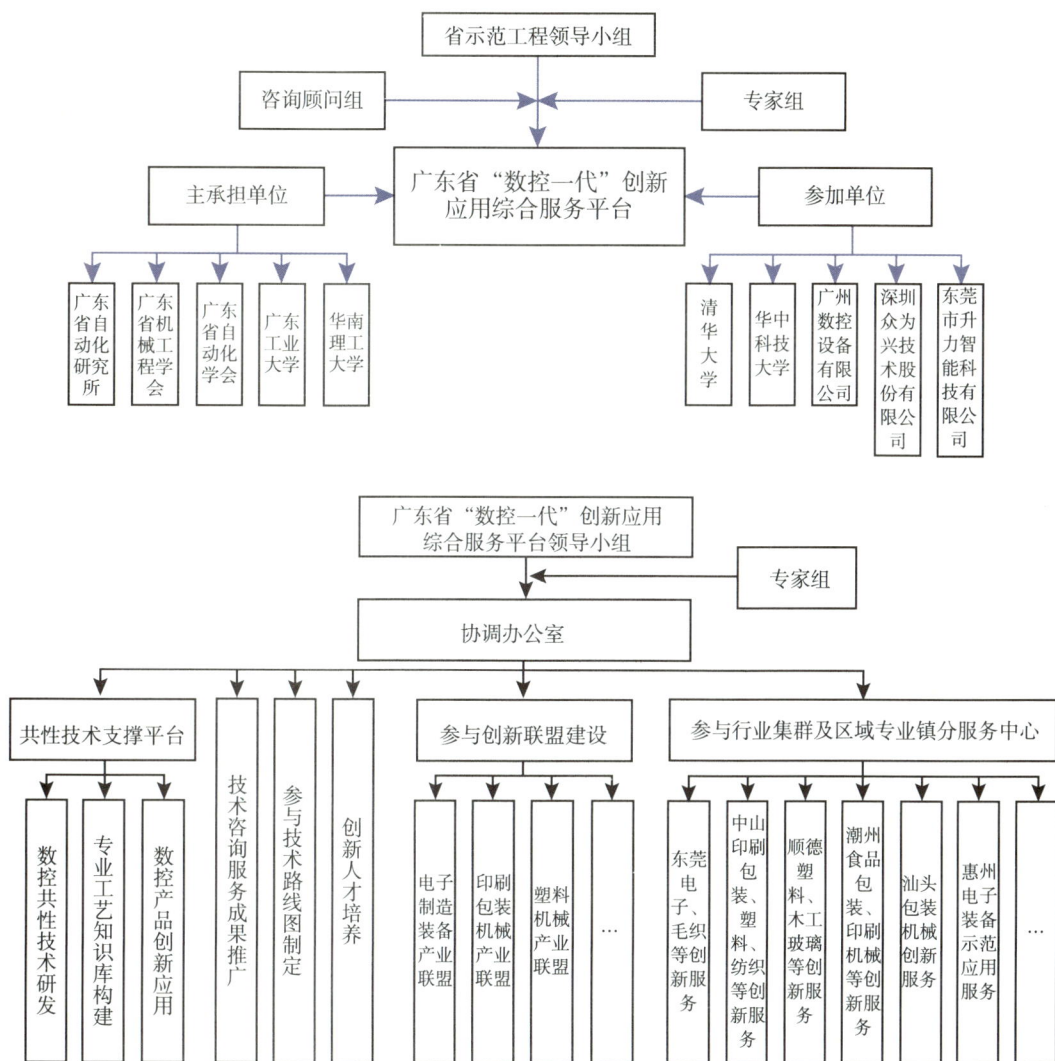

图 1　广东省"数控一代"创新应用综合服务平台组织架构

服务平台、潮安县食品包装及印刷机械产品创新应用示范应用服务平台等（图 4）。

广东省"数控一代"创新应用综合服务平台对接轻工及电子制造机械、塑料机械、包装印刷（含食品包装）机械、建材机械及成型机械、纺织精密机械、木工机械与家具行业装备的数控技术服务平台及可靠性保证与验证技术公共服务平台 19 个行业装备等各类专业服务平台或数控化综合服务平台，提供全方位的以及数控设备技术服务、数控技术研发与培训综合服务、数控机械创新设计等服务（图 5）。

2. 组建产学研联盟

2013 年 10 月 25 日，在广东省经济和信息化委员会指导下，为加快推动广东省工业转型

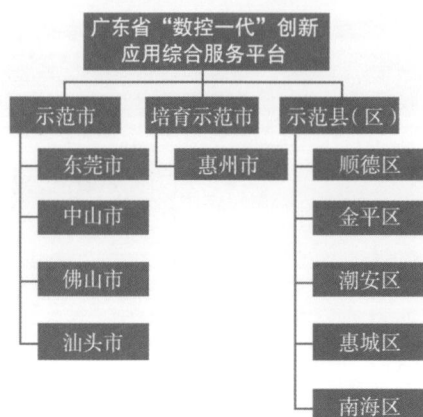

图 2 重点对接的示范市、区

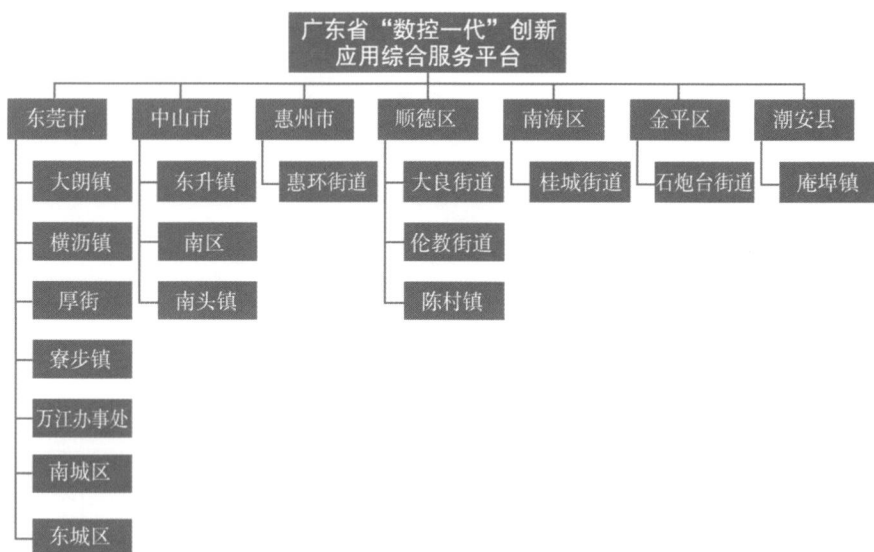

图 3 重点对接的专业镇

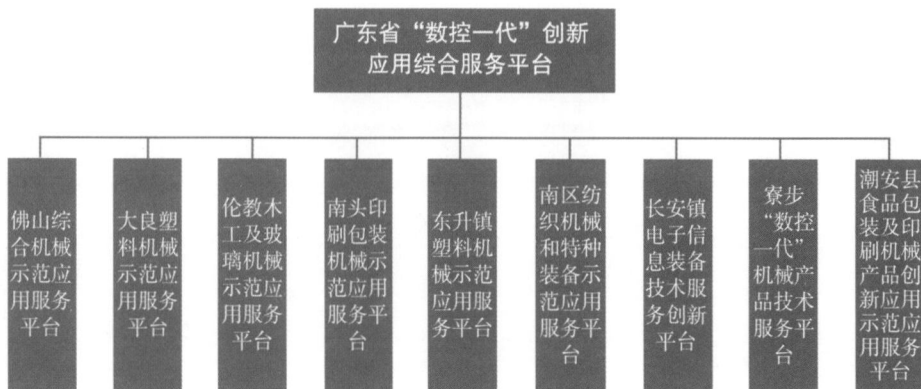

图 4 对接的技术服务平台

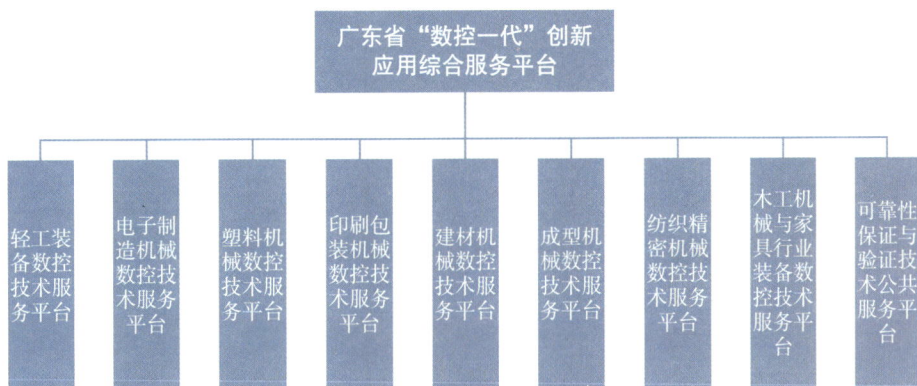

图 5　对接的数控技术服务平台

升级，贯彻落实国务院和省政府大力发展智能装备产业，加快推进广东省信息化与工业化深度融合及实施智能制造的工作步伐，广东省内智能制造有代表性的相关单位和企业发起成立广东省智能制造产业联盟。广东省机械工程学会为理事长单位。综合服务平台体系内共建立了由研究机构、高校、生产企业、用户企业组成的机械产品数控化技术应用产业技术创新联盟 21 个。

3. 建立 8 处分支服务机构

广东省"数控一代"创新应用综合服务平台在东莞市、顺德区等地建立 8 个分支服务机构。在东莞万江、顺德伦教、肇庆端州、南海南电、中山明阳、深圳太科、阳江鸿丰等区域与企业建立科技服务站，在顺德容桂设立自动化应用技术研发中心。

4. 知识库建设、专用系统开发及数控系统的集成解决方案

广东省"数控一代"创新应用综合服务平台建立了各专业开发组，就涉及的各项核心关键技术进行攻关和解决，组织开展数控化机械产品创新设计技术与共性技术攻关，开发专业化数控加工知识库、数控系统及数控化机械产品，制定专业化数控装备技术实施路线。

重点研发技术和产品：数控系统的集成解决方案；运动控制方法与技术，运动控制平台技术，促进数控机械控制系统的提升与改造；视觉测量与检测技术，提高制造企业光机电一体化创新能力，提高产品品质；典型行业加工工艺的数控化实现，实现工艺知识库与装备的深度融合。

项目实施单位在平台建设中开展推广应用：目前数控系统、机械产品推广应用 200 台（套），其中广数全电动数控注塑机控制系统及伺服电机、机器人设备等约 50 台（套）、众为兴运动控制系统及机器人模块等约 100 台（套）、升力智能 PCB 行业精密加工及检测设备等

约 50 台（套），自动化所 CAM 软件、高端电源模块等帮助企业配套升级 20 台（套）等。

附件：项目主要成员

序号	行 业	主要负责人	单 位	职称或职务
1	项目总顾问	瞿金平	广东省机械工程学会 / 华南理工大学	理事长 / 院士
2	项目总顾问	陈 新	广东省机械工程学会 / 广东工业大学	副理事长 / 校长
3	项目负责人，总体设计	刘奕华	广东省机械工程学会	常务副理事长兼秘书长
4	项目负责人，项目总体设计	程韬波	广东省自动化研究所	所长
5	项目总体框架设计负责人之一及平台	曹永军	广东省自动化研究所	高工
6	分中心设计	王钦若	广东工业大学	教授
7	分中心设计	李 迪	华南理工大学	教授
8	分中心设计	何和智	华南理工大学	教授
9	分中心设计	柳 宁	暨南大学	教授
10	分中心设计	龚德明	广州数控设备有限公司	教授级高工
11	分中心设计	钱作忠	深圳众为兴技术股份有限公司	工程师
12	分中心设计	谢长贵	东莞市升力智能科技有限公司	工程师
13	分中心设计	夏 伟	顺德职业技术学院	教授
14	分中心设计	范彦斌	佛山科学技术学院	教授
15	分中心设计	陈崇喜	中山装备研究院	高级工程师
16	分中心设计	陈 宇	潮安县生产力促进中心	教授级高工

面向电子、塑料、包装印刷行业装备数控化综合服务平台

2012 年广东省"数控一代"机械工程创新应用示范工程专项资金计划项目

广东工业大学　固高科技（深圳）　深圳华中数控有限公司　等

该综合服务平台根据三个产业的特色要求，分为技术研发、人才培养和技术服务 3 个层次，其中技术研发又分为控制系统、核心部件等共性关键技术研究、面向不同行业的专业数控系统开发、机械装备数控化改造及行业工艺知识库构建技术、工艺集成关键技术研发等。形成了一个集技术研发、技术服务、人才培养、应用推广等功能于一体的数控综合服务平台。

一、建设背景

"十二五"期间，国家启动"数控一代"机械产品创新应用示范工程，旨在机械行业全面推广应用数控技术，提高自主创新能力和产品附加值，促进机械装备的科技进步。广东省作为制造业大省，电子、塑料、印刷包装是广东省极具优势的行业，亟需制造装备数控升级改造。但长期以来，这三个行业的高档数控设备仍依赖进口，其关键技术也被国外垄断，制造装备水平低下成为制约相关行业发展的重要因素，产业升级形势严峻。因此建立一个集专业数控系统开发、机械装备数控化改造、数控装备开发服务和专业人才培养为一体的综合服务平台已经刻不容缓。

电子、塑料、包装印刷行业装备数控化综合服务平台的建设，提升了相关行业关键装备的数字化设计与制造生产能力，促进行业的产业升级，通过平台的应用示范，培育出一批面向行业的重点数控产品、重点企业和重点集群，实现这 3 个行业关键数控装备的突破，推动数控技术在装备和产品创新中的应用，帮助实现全省机械产品的全面升级换代。

二、平台搭建及运行

1. 平台搭建

以广东省的制造业企业、行业机械最终用户企业以及工程师队伍等为服务对象，结合高校研究单位和数控系统企业，充分利用各方面已有的技术和人才资源，将综合服务平台的任务划分为技术研发、人才培养和技术服务 3 个层次，其中技术研发又分为控制系统、核心部件等共性关键技术研究、面向不同行业的专业数控系统开发、机械装备数控化改造及行业工艺知识库构建技术、工艺集成关键技术研发等。依据此平台结构设计，最终搭建起电子、塑料、包装印刷行业装备数控化综合服务平台。形成了一个集技术研发、技术服务、人才培养、应用推广等功能于一体的数控综合服务平台（图 1）。

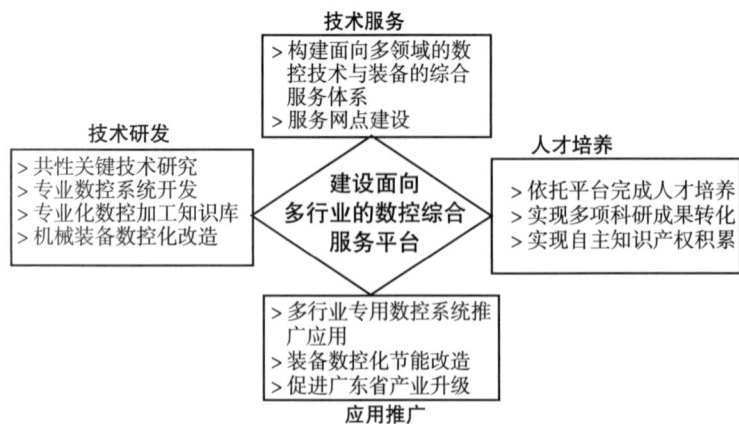

图 1　数控综合服务平台建设架构

2. 建立服务模式和运行机制

电子、塑料、包装印刷行业综合服务平台不仅从技术研发与应用层面实现了行业机械的数控化推广，并建立起专门的服务与培训机制，以便数控技术在行业内向纵深推进。平台还建立技术联盟及共享平台，提供专业化的服务队伍，通过整理总结用户需求，凝练出相关企业亟待解决的关键技术任务，再通过平台为其提供全面的技术服务；同时建立培训基地和咨询服务机构，为相关企业培养专业人才和提供专家指导（图2）。

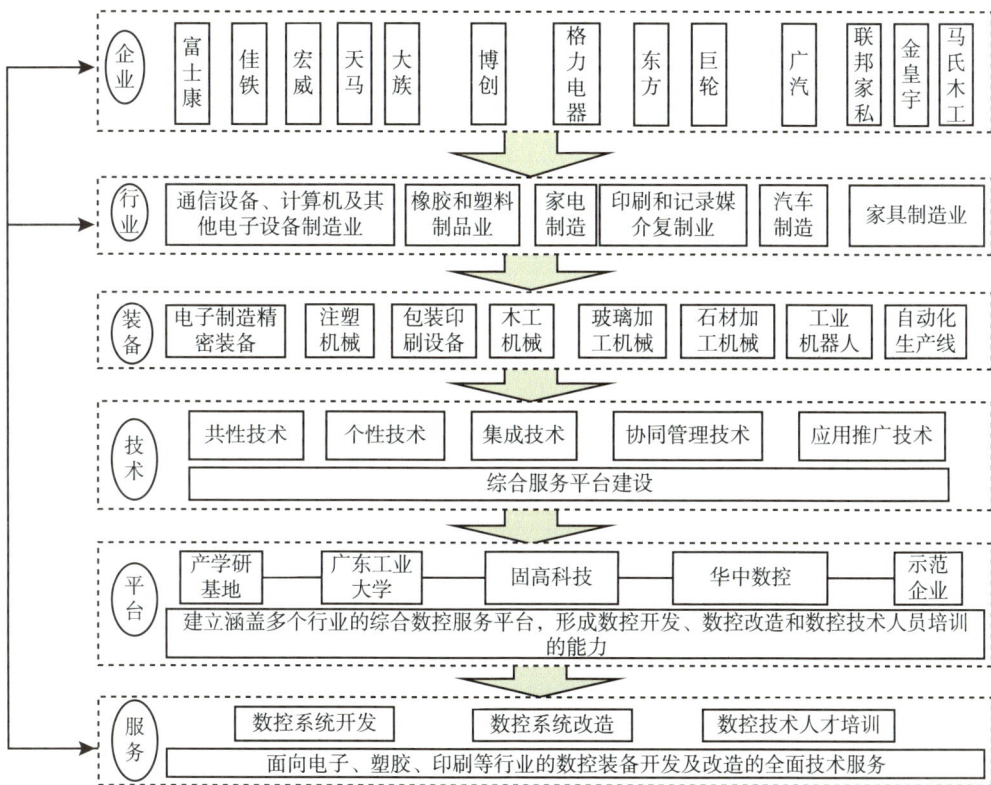

图2 平台服务模式

平台已在广州市、深圳市、东莞市、佛山市等地建立6个分支服务机构，为这些地区的电子、塑料、包装印刷行业装备提供全面的数控化改造、生产线升级改造、机器人应用代替传统人工等。分支服务机构的建立，让服务平台有了更强的辐射能力，带动了整个广东省的电子、塑料、包装印刷行业的装备数控化进程。

三、技术研发及推广

1. 关键技术研究

（1）运动控制技术。

主要研发时变非线性误差的补偿控制技术、基于时变非线性动力学特性的运动优化技术等；负载变化自适应伺服控制，机器人系统中电机负载可能随位姿状态变化很大，在负载在线识别基础上，设计最优自适应鲁棒控制算法保证控制平稳性。

（2）高速精度定位与实时测量技术。

针对电子机械离散多点操作中高速精度定位与实时测量共性难题，研制将运动驱动参数与前一操作点位的运动状态融入高速运动部件的非线性动力学响应优化模型，以此对指定多目标点进行多段非对称运动规划方法，并研发了针对离散目标点高速高精度测量的宏微复合光栅尺新原理以及定点进行定位精度补偿新方法。

（3）行业数控关键技术。

依托广东工业大学计算机集成制造教育部重点实验室、微电子精密制造技术与装备省部共建教育部重点实验室、国家数控系统工程技术研究中心广东分中心、佛山南海广工大数控装备协同创新研究院等重点实验室以及固高科技（深圳）、深圳华中数控有限公司、大族激光等行业龙头企业的科研资源，针对固晶、焊线机等后封装核心装备高速高加速条件下频繁启停，并在极短周期内实现精密定位（3μm）和多工艺协同操作，提出了以执行机构末端振幅最小和运动末段惯性能衰减最快为目标，提出了机构惯性能量时空最优分布的结构动态设计及刚柔综合优化方法，开发了基于柔性多体动力学模型的非对称变加速运动规划新技术。发明了用于缓冲吸能的空间柔性铰链等辅助装置。发明了高响应驱控一体化的新结构控制器，开发了多核并行处理、先占式多任务实时并行调度的软硬件加速技术；开发了模块化 OMAC 架构的控制系统和系列底层专用算法。解决了复杂变加速运动和多工艺协同操作过程的高响应精准控制难题。开发了非线性多工艺参数耦合模型和参数优化配置软件，发明了高速机构定位精度快速检测技术及装置，提出了分区域自整定控制参数快速调节方法及动态图像处理等技术，解决了多工艺优化与调机难题，获 2014 年度国家科技进步二等奖。课题组还针对电子机械离散多点操作中高速精度定位与实时测量共性难题，发明了将运动驱动参数与前一操作点位的运动状态融入高速运动部件的非线性动力学响应优化模型，以此对指定多目标点进行多段非对称运动规划方法，还发明了针对离散目标点高速高精度测量的宏微复合光栅尺新原理以及定点进行定位精度补偿新方法。对开放式的数控系统二次开发平台的构建技术、底层控制系统、系统应用层等进行了开发，实现了行业应用对于数控系统"专业化""轻量化"和"标准化"的要求。多项技术已应用开发出多种高速运动平台、宏微复合光栅尺、多种封装设备、高速精密电子产品检测设备、多台液晶导光板微结构阵列精密加工机床、机器人技术等。

（4）行业工艺库构建。

为支持"专业化""轻量化"和"标准化"，实现电子、塑料、包装印刷等行业的数控系统操作"傻瓜化"，综合服务平台对行业工艺库构建技术进行了深入研究。主要研究项目包括行业工艺流程知识库构建技术、行业工艺加工参数库构建技术、工艺知识库的扩展技术、对工艺知识的建模仿真与测试验证技术、工艺知识库与数控系统的无缝集成技术等。

（5）行业专用数控系统、专用机器人。

开发专用的行业数控系统、行业专用机器人。平台针对电子装备、注塑机械、石材、木工、玻璃、机器人6个行业，研发出6个具有其行业特性的专用数控系统，并研制出支持全电动注塑机、LED焊线机、木工加工装备、玻璃雕铣机、数控制榫机、高速抓取机器人等10余款数控装备新产品。

2. 产品研制及数控化改造案例

（1）固高开放式数控系统软件体系。

该体系由实时控制层、实时调度层以及开发应用层构成，集成了点位、连续轨迹、同步运动控制、PLC控制、人机界面组态等功能模块，广泛应用于CNC、机器人、装备节能、自动化生产线等领域（图3）。

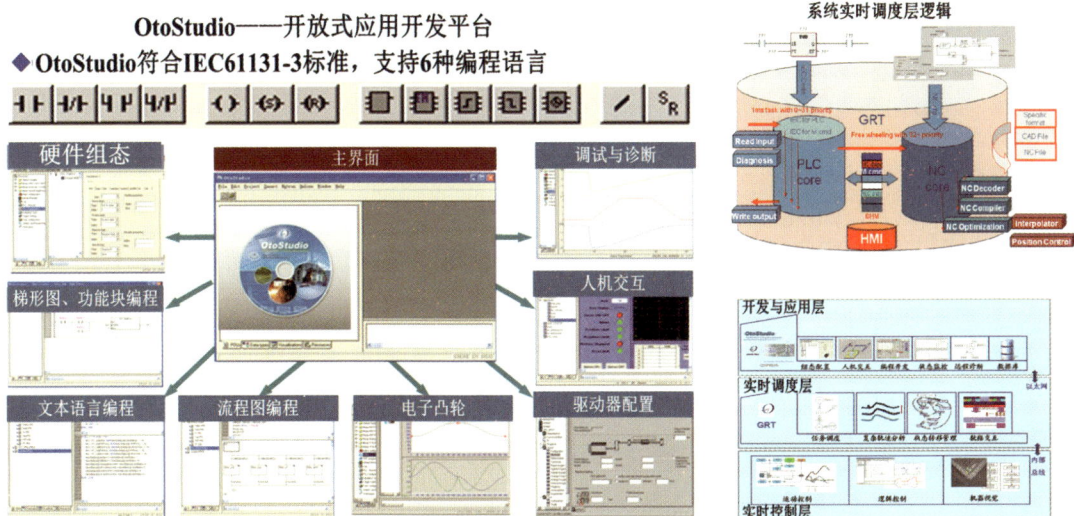

图 3　固高 OtoStudio 平台

（2）华中伺服驱动单元（HSV-180AD、HSV-160B+，见图4）。

HSV-180AD 伺服驱动单元采用专用运动控制数字信号处理器（DSP）和智能化功率模块（IPM）等当今最新技术设计；实现交流伺服电机的位置、速度、转矩闭环伺服控制，具有短路、过流、过压、欠压、过载、过热、泵升等多种故障具有软、硬件保护功能。统一的伺服电机编码器接口，可适配复合增量式光电编码器、全数字绝对式编码器等多种信号类型的编码器。具有双码盘接口，可接光栅尺等位置反馈器件，构成全闭环位置控制系统。

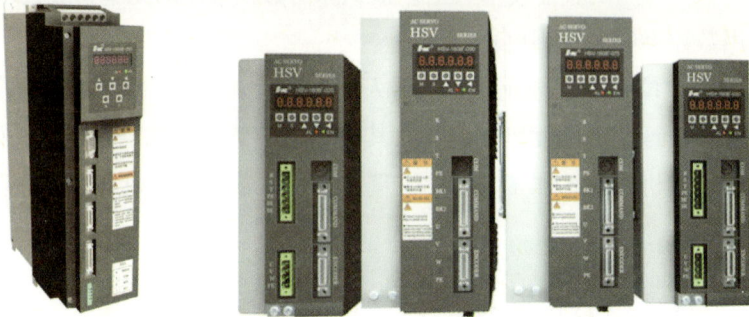

图4 伺服驱动单元 HSV-180AD、HSV-160B+

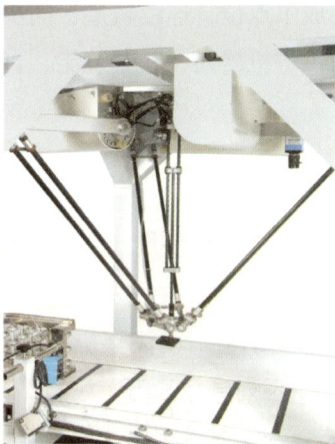

图5 四轴 DELTA 机器人

（3）四轴 DELTA 快速抓取工业机器人。

快速分拣装备的 DELTA 机器人已经在电子产品分拣、包装行业进行推广应用（图5）。机器人配备视觉定位识别系统，精度可达 ±0.1 mm，在运动过程中可以实现快速加减速，最快抓取速度可达 2～4 次/秒。主要面向电子产品等快速分拣、抓取、装配等领域。

（4）喷釉机器人系统。

研制的喷釉机器人系统，解决卫浴、五金、家具、压铸企业换产频繁、劳动人力使用过度、工作环境恶劣、产品质量不稳定、生产效率低下等问题。其中关键技术无动力关节臂喷釉过程示教系统，能够简单快速获取熟练工人的喷釉轨迹，自动生成运行程序，避免复杂的示教盒及 PC 编程，解决普通工人操作喷釉机器人难题（图6）。

（5）抛光打磨机器人。

针对电子装备、玻璃机械、装备等行业研发打磨机器人（图7），灵活度高，能很好地进行各种形状零件表面的打磨；系统重复精度高，能保证打磨效果的稳定性；系统使用以离线编程为主、手动示教为辅助的示教方法，能让机器人快速掌握新工件的打磨方法；系统可存储多套打磨程序，调用方便灵活，可适应多种产品生产计划的调整、满足打磨产品

图 6　喷釉机器人系统

图 7　打磨机器人及离线编程系统

升级换代的需要。

（6）注塑机数控化改造案例。

平台完成了节能型注塑机的伺服系统 7.5 ~ 45 kW 的产品研发，进行了注塑机数控化节能改造，取得明显的节能效果，平均节能约 17%。项目所开发的基于全电动注塑机数控单元和节能型注塑机伺服系统数控单元开发了节能型注塑机伺服驱动系列产品，用于注塑机节能改造，已在震雄、富强鑫等公司的注塑机上得到应用。与传统液压注射机相比，能耗降低 40% 以上，制品重量的重复精度达到 0.3% 以上，注塑机机械手控制系统在格力电器各地注塑厂应用近 400 套。

四、人才培养

电子、塑料、包装印刷行业装备数控化综合服务平台建设期间，依托平台完成人才培养，组织了数控一代机械产品创新示范应用工程推进会、运动控制工程师培训与产学研交流会等培训交流会 10 余次，培训数控人才超千名。培育了一大批数控系统应用和维修的人才，尤其是高端数控系统的开发人才和设备操作人员。其中分平台佛山市南海区广工大数控装备研究院不断探索"产、学、研、用"相结合的人才培养新途径，积极完善人才培养方案，着力于为学校、企业、研究院和广东省制造业培养具有较强专业操作能力的高素质、高技能、创业型专门人才，目前已培养创新人才超过 300 人。

五、平台推广

1. 实现数控技术推广

电子、塑料、包装印刷行业装备数控化综合服务平台现已在广州市、深圳市、东莞市、佛山市等地已形成 6 个分支服务机构。其中电子机械产品应用达到每年 1500 台（套）以上，用户数超过 100 家。帮助机械装备企业开发 10 多种数控装备新产品，实现数控系统改造 1500 台（套）。全面提升了我省装备自动化水平，提高生产效率，提高产品质量和竞争能力。

2. 成立产业联盟，开展行业调研工作，并协助行业推广示范应用

成立机器人产业联盟，开展行业调研工作，并协助行业推广示范应用。进行数控装备需求调研，积极推动"机器人领跑计划"，2015 年 3—6 月，组织专家团队围绕地区主要支柱行业启动为期 2 个多月的数控装备需求调研。经过实地调研、技术研讨、解决方案推广等方式，形成了《机器人产业发展白皮书》，为企业应用机器人技术和政府推动机器人产业发展提供决策依据。

3. 承办广东省"数控一代"推进会、培训交流会等重大活动

承办广东省"数控一代"推进会、工作交流会、成果展示等系列重大活动。如 2012 年 8 月 12 日，"数控一代"机械产品创新示范应用工程推进会，由科技厅和东莞市政府举办、广东工业大学等协办，在东莞召开推进大会（图 8），中国工程院院长（中国机械工程学会理事长）周济院士等做了重要讲话，并举行了国家数控系统工程技术中心广东分中心授牌仪式。

2013 年 7 月 17 日，举办惠州市数控一代机械产品创新应用技术培训与交流

图 8　广东省数控一代创新应用示范工程推进大会

会，固高科技（深圳）有限公司吴宏总经理、武汉华中数控股份有限黄彤军博士、广东工业大学杨海东教授做专题演讲。全市共计 40 多家装备制造业企业的 80 多名代表参加了会议。

运动控制工程师培训与产学研交流会：2012 年 10 月 24—31 日，固高科技（深圳）有限公司李泽湘教授等作为期一周的运动控制技术系列培训及产业研一体化经验交流。共计 150 余名本科研究生参加了交流会，53 名参加了一周的培训课程（图 9）。

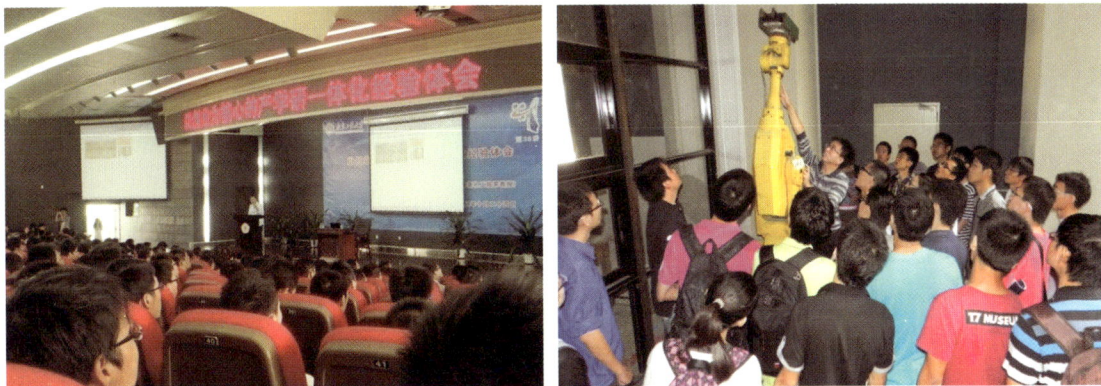

图 9　运动控制技术培训及产学研经验交流活动

4．案例库建设

建设了"数控一代"门户网站和案例库，其中网站主要进行需求发布、成果展示等，所建设的案例库中包括企业原有的非数控设备进行数控化改造、数控化设备升级及代替进口、企业生产线升级改造、行业应用机器人等案例超过 100 个。

5．成果展示推广

积极组织参加展会，推广数控产品成果：包括首届珠江西岸先进装备制造业投资贸易洽谈会、中国（广东）国际"互联网+"博览会暨第二届世界机器人展及智能装备产业大会等展会，进行技术和产品推广。

东莞市"数控一代"机械产品创新应用示范

2012 年广东省"数控一代"机械产品创新应用示范市项目

东莞市科学技术局

东莞市制造业发达，尤其在电子机械等高端制造装备等方面具有巨大的"数控一代"应用需求，东莞市作为广东省首批数控一代机械产品创新应用示范工程示范市，按照相关专业镇的特色要求，先后建设了大朗镇、横沥镇、厚街、寮步镇、万江办事处、南城区、东城区等 7 个"数控一代"应用示范区 / 镇，在"数控一代"核心技术攻关、关键装备研发、服务平台建设、人才培养、区域应用示范等方面已取得了一系列成效。

一、引言

随着创新资源的聚集以及政府对科技创新活动的支持，东莞市已逐渐成为知名的国际加工制造基地，制造业已经成为东莞市的重要支柱产业。目前全市已基本形成了电子信息、服装、家具、毛织、五金模具等一批传统特色产业集群，在国际上占有重要地位。自2012年，东莞市被认定为广东省首批"数控一代"机械产品创新应用示范工程示范市以来，积极实施"数控一代"示范工程。2012年4月，东莞市华中科技大学制造工程研究院承担了第一个国家"数控一代"专项项目"面向纺织、木工及模具行业的机械设备数控化应用示范"；2012年8月，东莞市承办了广东省"数控一代"机械产品创新应用示范工程推进大会。2014年12月，承担了全国"数控一代"机械产品创新应用示范工程工作交流会，在"数控一代"核心技术攻关、关键装备研发、服务平台建设、人才培养、区域应用示范等方面已取得了一系列成效。

二、具体的工作内容

"数控一代"机械产品创新应用示范工程示范市（东莞）建设项目坚持以企业应用为主体，以市场需求为导向，以产业结构优化升级和提高核心竞争力为目标，全面推广应用数控技术，实现机械产品的转型升级，提高机械产品的自主创新能力和产品附加值，大力促进东莞市机械工程的科技进步。

建设国家"数控一代"机械产品创新应用示范城市，以数控技术提升东莞市机械制造装备性能和产业竞争力。针对东莞市产业现状，攻克一批关键核心技术，研发一批具有竞争力的数控机电产品，建设一批代表性示范工程，建设包括研发、设计、检测、培训等一系列公共技术服务平台，培养一批数控技术研发与应用优秀人才，充分发挥制造装备数控化对区域产业发展的支撑作用，推动东莞制造业基础装备的升级换代。具体工作如下。

1. 搭建相关组织架构

成立了东莞市推进"数控一代"机械产品创新应用示范工程领导小组、专家组。领导小组负责制定东莞市"数控一代"机械产品创新应用示范工程发展规划、出台相关政策与法规、统筹解决示范工程中的各项重大问题。专家组负责对全市"数控一代"机械产品创新应用示范工程的决策参谋、技术指导、项目评审、绩效考核和技术路线论证等工作。

2. 成立了东莞市数控装备行业协会，依托协会，开展行业技术路线图调研工作，并协助行业推广示范应用

东莞市科技局作为指导单位，广东华中科技大学工业技术研究院（原东莞华中科技大学制造工程研究院）作为会长单位，主导成立了东莞市数控装备行业协会，由协会组织，从2012年9—12月，开展行业调研，调研组共发放和回收问卷298份，实地走访了16个镇街和48个企业，并与86家代表性企业进行座谈，最终形成了《东莞市"数控一代"机械产品发展情况报告》，全面反映东莞市机械装备产业发展总体情况，并制定了"数控一代"机械产品发展的技术路线图，为东莞市机械产品数控化提供了明确的指导方向。

目前，东莞市数控装备行业协会已有会员100多家，全部为数控装备类的企业，依托协会内的企业，开展数控核心技术攻关，创新装备研发，推动东莞市"数控一代"示范工程发展。

3. 承办国家和广东省"数控一代"系列重大活动

承办了国家和广东省"数控一代"启动会、工作交流会、成果展示等系列重大活动。如2012年8月12日承办了广东省"数控一代"机械产品创新应用示范工程启动大会，东莞华中科大工研院作为牵头单位正式启动争创"数控一代"机械产品创新应用示范市的工作；2014年12月2日，承办了全国"数控一代"机械产品创新应用示范工程工作交流会，并同时举办了"数控一代"示范工程成果展，相关成果获得了中国工程院院长周济、科技部副部长曹健林的高度评价。

4. 设立"数控一代"专项，资助一批项目；并组织申报广东省"数控一代"专项，立项一批项目

东莞市承担了广东省"数控一代"机械产品创新应用示范工程示范市以来就积极开展工作，并于2013年9月，正式设立东莞市工业攻关（数控一代）科技计划项目，首年设立1200万元"数控一代"专项资金，并已成功立项15项，立项金额达到1040万元，2015年，拟立项14家，立项金额达到900万元。

积极组织企业申报广东省"数控一代"专项，已成功获批21个项目，其中2012年获批10项，2013年获批11项，立项金额达到2190万元。

5. 人才战略，聚合和培养一批人才资源

通过各项人才政策，引进数控技术高端人才，引进了四批次共22个处于产业前沿的广东省创新科研团队，占全省引进团队数量近1/4，其中包含海内外院士、千人计划、海外终身

教授等一流学术带头人 22 名，高层次团队成员 142 名。开展相关数控技术培训，努力为东莞市机械产品数控化提供人才保障。已开展了 27 次推广应用及培训活动，培养 2223 人。

6. 举办"数控一代"成果展览

2013 年 11 月 12—16 日，举办了中国（东莞）国际科技合作周"数控一代"成果展，重点展示东莞市自 2011 年国家启动"数控一代"机械产品创新示范工程以来的实施成果，分为成果展和行业展，展示面积达到 330 平方米，展示企业有 14 家，展示重点装备达到 19 种。

2014 年 12 月 2—5 日，承担了国家"数控一代"机械产品创新应用示范工程成果展，展出了从 2011 年国家科技部在全国推进"数控一代"机械产品创新应用工程以来各省、行业"数控一代"工程的实施成效和经验推广，包括全国"数控一代"实施的总体情况、16 个"数控一代"示范省以及五大行业的实施情况和成果。

三、主要工作成效

（1）搭建相关组织架构，保证本项目顺利执行。成立了东莞市推进"数控一代"机械产品创新应用示范工程领导小组、专家组。由领导小组负责制定东莞市"数控一代"机械产品创新应用示范工程发展规划、出台相关政策与法规、统筹解决示范工程中的各项重大问题；专家组负责对全市数控一代机械产品创新应用示范工程的决策参谋、技术指导、项目评审、绩效考核和技术路线论证等工作。

（2）开展"数控一代"调研工作，充分了解东莞市装备产业情况。从 2012 年 9—12 月，由协会组织，开展东莞市的行业调研，形成了《东莞市"数控一代"机械产品发展情况报告》，全面地反映东莞市机械装备产业发展总体情况，并制定了"数控一代"机械产品发展的技术路线图，为东莞市机械产品数控化提供了明确的指导方向。

（3）建立了一批公共服务平台与示范专业镇。在公共服务平台方面，目前，已经建成 1 个省级"数控一代"综合服务平台，2 个省级"数控一代"专业化服务平台，2 个市级"数控一代"专业化服务平台，东莞市企业提供在纺织、电子、注塑、模具、印刷包装等行业的技术攻关、装备研发、检测、技术培训、数字化设计等多方位的服务。

在示范专业镇方面，共搭建了 7 个"数控一代"示范专业镇，分别建立了电子、毛织、模具等几大行业的示范专业镇。充分发挥东莞市现有专业镇产业集中的优势，引导各专业服务平台开展数控系统的专业化工作，并在专业镇开设分支服务机构。同时，利用专业镇平台，培育了一批小型专业化数控技术服务公司，针对该镇的产业基础，深入应用研究该产业的装备数控系统。

（4）突破了一批关键技术与关键装备。在电子制造领域，突破后道工序装备的关键技术，研发邦定机、固晶机和检测设备；选择特色鲜明的电子制造辅助装备，通过结构创新和数控化改造，示范"数控一代"机械装备的创新。如东莞市广东华中科技大学工业技术研究院研发的LED系列装备、RFID自动封装生产线，科隆威公司和凯格公司生产的SMT封装设备、神州视觉公司生产的全自动光学检测设备、正业电子公司生产的PCB板检测设备等，都占有相当的市场份额。

在机械加工制造领域，针对智能终端产品的爆发式增长和数控加工工艺的革新，通过大力发展上下料机器人和产品质量检测系统和机构分析技术，为各种行业专机的机构设计、优化提供了技术平台和技术服务。如艾尔发公司生产的多自由度多关节工业机器人等产品，都在国内处于领先地位。

在塑胶产品制造领域，通过大力发展取料机器人，突破机器视觉品质检测技术瓶颈，研发并推广视觉智能取料机器人。针对特定行业产品的模具开发需求，开发柔性模具生产线。针对传统注塑机高耗能的情况，广东华中科技大学工业技术研究院依托华中数控的数控系统、伺服电机等成果开展注塑机节能改造，节能效果可达40%～80%，目前已改造了数千台注塑机，在东莞的市场占有率达60%，服务企业数量名列榜首。

在家具制造领域，突破了打磨、抛光、喷涂的自动化加工技术瓶颈，开发出打磨抛光柔性生产单元和喷涂机器人柔性生产单元。如东莞厚街欧文公司研发的喷涂机器人，广东华中科技大学工业技术研究院研发的高速木材复合加工中心，已经取得多项专利，完全可以替代进口。

在包装印刷领域，选择制盒/制袋机进行技术创新，开发出高性能数控柔性制盒/制袋机。

在毛织领域，通过机构创新，广东华中科技大学工业技术研究院开发出多款新型高性能电脑横机，生产效率高，大大节约人工，在缝盘机的数控系统等方面也有重大突破，并逐步投入市场。

通过"数控一代"示范工程推动，促进企业申请专利100多项，其中发明专利30项，实用新型专利70多项，技术标准增加了30多项，在国内核心期刊发表论文20多篇。

（5）推广了一批示范行业与示范产品。在示范行业方面，从2012年开始，东莞市就积极推进数控一代示范推广，目前已经在电子制造、印刷包装、纺织服装、木工家具、塑料成型、模具6大行业进行了示范推广。

在示范产品方面，推广如PCB板自动检测设备、全自动LED封装设备、全自动电脑横机、全电动注塑机、高速木工加工中心、RFID自动封装设备等10类以上关键装备，并形成了不少于5000台（套）的行业示范应用。

（6）培育了一批高级专业人才与技术工人。在高级专业人才方面，东莞市引进了四批次共 22 个处于产业前沿的广东省创新科研团队，占全省引进团队数量近 1/4，其中包含海内外院士、千人计划、海外终身教授等一流学术带头人 22 名，高层次团队成员 142 名，其中拥有正高职称 94 名，拥有博士学历 129 名。团队项目涉及医药、半导体、云计算、物联网、民用核技术、新材料、新能源、先进制造等新兴产业领域。

在数控技术工人方面，依托东莞理工学院、东莞职业技术学院等大专院校开展培训，一方面是开设相关课程，加大专业学生的培养力度，为社会提供充足优秀的毕业生；另一方面由东莞市数控装备行业协会组织会员企业的工人到学校里进行培训，提高工人的技术水平，已培训各类技术人才 2000 多人次。

四、下步规划

东莞市已实施"数控一代"示范工程 3 年多来，已取得了一系列成效，但数控装备产业转型升级仍任重道远，东莞市数控装备自主创新能力、示范推广力度都还需进一步加强。进入"十三五"时期，东莞市将重点从以下两方面组织实施"数控一代"示范工程：

1. 加大示范推广，全面实施"机器换人"计划

通过市场带动和推广应用相结合，扩大以"机器换人"为主的技术改造，在东莞市电子、机械、食品、纺织、家具、鞋业、化工等重复劳动特征明显、劳动强度大、有一定危险性的行业领域，率先推动"机器换人"，实施以下九大计划：

（1）设立"机器换人"专项资金计划。2014—2016 年连续 3 年，市政府计划每年专门投入 2 亿元，用于培育和扶持"机器换人"实施企业、服务机构和平台建设、实施应用示范推广、宣传培训等领域实施重点应用项目。

（2）加大金融政策扶持计划。积极推动科技、金融、产业三融合在"机器换人"中的有效实施。借助公共科技创新平台、金融机构或第三方服务机构的力量，加大对"机器换人"试点企业的信贷支持。

（3）促进企业进口先进生产设备计划。通过实施促进专项资金扶持，推动企业进口先进生产设备实施"机器换人"。

（4）支持本地智能设备研发生产计划。引导和鼓励企业通过自主研发、引进消化、合作研发等方式，对东莞市机器人设备及智能装备主机和关键零部件核心技术进行研发，加强协同攻关和持续创新。

（5）引导企业加大信息化投入计划。贯彻落实两化深度融合政策，将"机器换人"和企业信息化建设有机结合，鼓励企业加大对企业信息化的投入，提高制造过程信息化水平。

（6）加大产业招商引智力度计划。瞄准国内外知名设备制造企业、系统集成企业和第三方服务机构，开展产业链招商引资；鼓励本土企业与国内外相关科研院校和机构战略合作，加强智力引进，推进技术引进吸收再创新，有效提升"机器换人"实施水平。

（7）完善行业服务组织建设计划。积极培育全市"机器换人"服务机构组织，推动成立东莞市机器人产业联盟、机器人产业协会、"机器换人"推广服务中心等。

（8）加强"机器换人"应用示范推广计划。每年选定 1 ~ 2 个行业领域组织"机器换人"示范推广和对接活动，推动工业机器人的应用示范推广，搭建行业企业和相关服务机构、行业组织有效交流对接平台，积极探索机器人商业化推广和应用模式，建立推广服务中心等。

（9）实施"机器换人"培训工程计划。每年以若干重点行业领域和关键环节为重点，举办全市"机器换人"专题培训班，组织到"机器换人"典型项目参观学习，普及"机器换人"技术知识，介绍"机器换人"典型案例，推广先进经验，提高企业对"机器换人"必要性和可行性认识，助推传统企业加快实施"机器换人"。

2. 突出重点，大力发展机器人产业

为进一步加快东莞市机器人产业发展，我们将围绕机器人产业创新能力提升，实施九大行动：

（1）制定产业创新规划行动。针对机器人产业发展规律以及东莞市产业基础情况，制定机器人产业创新规划，整合创新链条各要素，配套创新链条全环境。

（2）建设产业创新平台行动。建设松山湖国际机器人协同创新研究院，招引集聚国内外研究资源和力量，通过市场化运营、理事化管理、协同化创新、国际化发展，建设成为东莞市新型科研机构试点单位。建设东莞市机器人技术创新与应用服务中心，下设体验中心、技术中心和服务中心三大中心，以实现服务企业、孵化企业、培育人才三大目标。

（3）推动产业孵化服务行动。选取伺服驱动、运动控制等具备一定技术基础的领域，建立机器人机构、机器人视觉、机器人力控制、机器人控制系统、机器人智能手爪等产品的中试平台和专业孵化载体。分阶段、分步骤地建立机器人各模块产业园，如运动控制产业园、伺服电机 / 驱动器产业园、传感器产业园等。

（4）招引龙头科技企业行动。注重完善机器人产业链，瞄准国际知名企业进行科技招商，引进机器人模块与整机研发生产企业。发布《东莞市机器人产业发展白皮书》，整理出招商清单，让各园区、各镇街有针对性地开展机器人产业科技招商。

（5）设立产业创新专项资金行动。参照 LED 产业发展专项资金，探索设立机器人产业创新能力建设专项资金，扶持机器人产业科技创新项目，加强机器人产业关键技术攻关。与此同时，吸引民间资金投向机器人产业，争取成立东莞市机器人产业基金。

（6）突破产业核心技术行动。重点突破机器人机构技术、运动控制技术、伺服驱动技

术、高性价比传感技术等以及机器人安全技术、系统集成与应用技术等关键技术和共性技术，将机器人产业纳入重大科技专项支持范围，支持一批机器人产业重点科研项目。

（7）建设产业人才队伍行动。针对东莞市机器人产业技术缺失部分，有针对性地引进创新团队，重点瞄准美国加州理工学院、宾夕法尼亚大学、卡内基梅隆大学及国内香港科技大学、哈尔滨工业大学等高校科研机构的机器人产业研发人才。同时，加大力度培育机器人产业高端研发人才，扩充机器人产业研究人员从业人数，确保人才储备。

（8）保护产业知识产权行动。实施机器人产业专利导航工程项目，建立机器人专利数据库，掌握东莞市在运动控制技术、机器人机构设计技术和机器人应用等方面已经逐渐建立起来的专利优势，以及在减速器、伺服驱动、传感器等方面的专利技术缺失环节，开展机器人专利信息分析，促进机器人专利交易，建立机器人产业专利池。

（9）举办产业专题展览行动。以本届中国（东莞）国际机器人展览会为契机，在接下来的每一年都举办机器人展，组织东莞市工业企业参观，宣传机器人产品在各行业领域的应用，形成推广带动效应。

佛山市顺德区"数控一代"机械产品创新应用示范

佛山市顺德区经济和科技促进局

作为广东省首批数控一代机械产品创新应用示范工程示范区，顺德区先后建设了大良街道、伦教街道、陈村镇等3个"数控一代"应用示范街/镇，结合其装备制造业的产业优势，尤其是特色支柱产业优势，将重点开展塑料机械、印刷包装机械、陶瓷机械、木工机械及玻璃机械等行业进行重点应用示范，攻克一批行业关键核心技术，研发一批具有竞争力的数控机电产品，建设相关专业服务平台、人才培养等代表性示范工程。

一、引言

近年来，佛山市顺德区的装备制造业发展迅猛，已形成了家电、塑料机械、建材机械、纺织机械、木工机械、玻璃机械、印刷包装行业及汽车零部件等一批特色产业集群，机械装备逐步形成规模化、集约化生产，已成为广东省重要的装备制造业制造基地和顺德区的工业支柱产业之一。2012年，顺德区获批被认定为广东省"数控一代"机械产品创新应用示范区。在国家科技部和广东省大力推动"数控一代"机械产品创新应用示范工程的大背景下，顺德区认真贯彻《广东省"数控一代"机械产品创新应用示范工程"十二五"实施方案》精神，结合顺德区"数控一代"机械产品创新应用示范工程实施规划，组织重点和重大项目实施，建设综合性、专业化服务平台和特色数控机械示范专业镇，扎实推进省"数控一代"机械产品创新应用示范工程。

二、具体工作内容

1. 成立示范区工作组，保障示范工程顺利推进

顺德区政府高度重视"数控一代"示范区建设，专门成立"数控一代"示范区工作组，由副区长担任项目主要负责人，区经济和科技促进局主要领导和各有关镇街经济和科技促进局主要领导作为项目组成员。区经济和科技促进局作为项目实施单位对数控机械装备产业发展中的重大政策、重大项目、重大问题组织研究，并负责协调各部门相互配合，以保障"数控一代"示范工程顺利推进。

2. 制订"数控一代"示范工程实施规划，明确目标思路

根据广东省科技厅的统一部署，顺德区制订了《顺德区数控一代机械产品创新应用示范工程实施规划》，以企业应用为主体，以市场需求为导向，以产业结构优化升级和提高核心竞争力为目标，全面推广应用数控技术，实现机械产品的转型升级，提高机械产品的自主创新能力和产品附加值，大力促进顺德区机械装备数控化技术应用。其发展目标和思路为：建立顺德区"数控一代"机械产品创新应用示范工程重点示范区，结合顺德区装备制造业的产业优势，尤其是特色支柱产业优势，将重点开展塑料机械、印刷包装机械、陶瓷机械、木工机械及玻璃机械等行业进行重点应用示范，攻克一批行业关键核心技术，研发一批具有竞争力的数控机电产品，建设一批代表性示范工程。

3. 完善数控机械装备业相关发展政策

佛山市顺德区认真贯彻落实国家、省、市关于"数控一代"机械装备产业发展的各项政策，根据《佛山市打造万亿规模先进装备制造业产业基地工作方案》，结合顺德区实际情况，完善并落实支持数控机械装备产业的政策措施。2014年发布了《顺德区关于推进"机器代人"计划全面提升制造业竞争力实施办法》和《顺德区打造珠江西岸先进装备制造产业带核心区指导意见》等政策性文件，深化推进"数控一代"技术在传统装备制造业中的应用，加快机械装备产业的升级转型。

4. 建立数控技术专家咨询队伍

邀请相关细分行业领域专家成立专家咨询委员会，负责示范区建设期间的规划研究、提供信息咨询和交流策划专家咨询队伍；并邀请了行业知名技术专家、服务平台负责人、企业负责人及政府管理部门相关负责人组成，负责决策参谋、技术指导、项目辅导、绩效考核等工作。

三、主要工作成效

1. 组织实施广东省"数控一代"重大项目，攻关行业关键技术

"数控一代"示范区建设期间，顺德积极发动装备制造企业申报省"数控一代"示范专业镇、专业化服务平台、综合服务平台、重大和重点项目40多项，其中共有20项成功获得广东省"数控一代"机械产品创新应用示范工程专项资金的扶持。通过组织一批"数控一代"重大和重点项目的实施，攻克和突破了木工机械、塑料机械、包装印刷机械、玻璃机械、建材机械和成型机械等行业关键技术，开发出数控木工曲线锯床、多轴同步加工木材数控异形榫槽机、双工作台双工位木工雕铣加工中心、基于"数控一代"系统塑料挤出设备、智能数控伺服省电注塑机、高端瓦楞纸板生产线、数控化高效节能平玻璃钢化设备、嵌入式数控陶瓷深加工机械装备、开放式高速高精铝型材复合数控加工中心等一批具有核心知识产权的系列产品，形成了针对木工机械、塑料成型机械和包装机械的多种专用数控系统。

2. 推动"数控一代"示范专业镇和专业化服务平台建设

"数控一代"示范区专项实施期间，结合大良街道电气装备、伦教街道木工玻璃机械、陈村镇建材锻压机械的专业镇装备产业特色，顺德区建立了大良、伦教和陈村"数控一代"机械产品创新应用示范专业镇，全面打造塑料机械、木工机械、玻璃机械、建材机械及成型

机械、包装印刷机械、纺织精密机械等行业装备"数控一代"示范区域。同时依托佛山市顺德区伦教木工机械商会建立伦教木工机械数控技术创新服务平台，依托广东省顺德区西安交通大学研究院建立顺德区数控技术与装备专业化服务平台，依托佛山市顺德区生产力促进中心建立顺德区"数控一代"成型机械专业化服务平台（如图1所示）。

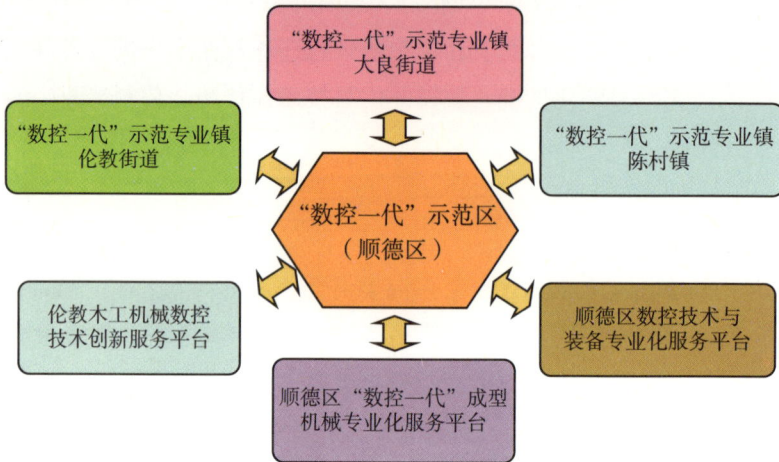

图 1　顺德"数控一代"示范专业镇和专业化服务平台

通过建立"数控一代"专业化咨询服务平台，为不同行业领域的企业提供数控系统与伺服驱动装置等的基础工艺数据采集、技术标准制定、技术咨询和应用推广、产学研对接、科研成果转化和技术转移、专利策划和信息咨询等数控技术咨询和服务，同时围绕机械装备数控技术的研发、机械装备数控化和优化升级、机械装备创新研究与开发方法等，开展数控专业技术人才培训，组织开展企业与高校科研院所间的技术交流，搭建"数控一代"产学研合作的桥梁。

3. 搭建装备成果展示平台，营造"数控一代"高端技术发展氛围

图 2　成果展示

示范区建设期间，为进一步扩大"数控一代"机械产品创新应用示范工程的影响力，顺德区举办了一系列的装备成果展览会，通过高端智能制造和数控装备技术成果的展示，营造智能化高端技术应用氛围，力促顺德区装备制造业的转型升级和发展，如图2所示。

2013年11月，举办了第二届国家装备工业两化深度融合暨智能制造试点成果展示会。以"智能制造引领两化深

度融合，物联应用助推智慧城市建设"为主题，多方位引入国内外及顺德区知名企业参展，充分展示了顺德区智能制造和经济转型升级的发展方向，全面展示顺德区信息化和工业化深度融合、促进工业转型升级的顺德区模式，向企业展示和推介智能制造、智慧生活和智慧城市的整体解决方案。

2013 年 12 月，举办了第十四届中国顺德（伦教）国际木工机械博览会。以"智能、精密、家具装备自动化——创新木机中国梦"为主题，将木工机械行业最新的信息、最尖端的技术和最前沿的产品汇聚在一起，并希望借此大力推动木工机械向智能化、信息化、自动化、网络化的方向发展，如图 2 所示。

2013 年 12 月，由广东省机械工程学会、顺德区机械装备制造业商会联合主办了全国性高端装备零配件专业展会——首届华南高端装备零配件交易会。

2015 年 9 月，顺德区承办了中国（广东）"互联网+"国际博览会。中国（广东）国际"互联网+"博览会加快了顺德区"互联网+"进程，将加速顺德区制造业的智能制造进程，推动顺德区各产业的转型发展，与国际进一步接轨。

4. 搭建"数控一代"技术交流平台，加强产学研合作

为加强顺德区企业与高校科研院所的产学研合作，推动"数控一代"示范专业镇及专业化服务平台的建设，顺德区采取区镇联动，与大良、伦教街道分批次组织一系列数控技术相关的技术研讨和学术交流等活动，引领区内装备制造企业"走出去"开拓思维，提高数控技术的应用水平，寻求更多的产学研合作机会。其中包括：伦教经科局组织企业赴西安交通大学进行培训和考察；大良经科局组织企业与西安交通大学和上海交通大学进行技术对接；顺德区经科局组织区高企协会、区两化融合创新中心及有关企业赴西安交通大学参加机械装备行业数控技术高级研修班；顺德区高新技术企业协会组织企业赴江西理工大学进行产学研交流等。

5. 组建华南智能机器人研究院

2015 年 5 月，由佛山市顺德区人民政府、广东省自动化研究所、广东省机械工程学会及美的集团股份有限公司四方共同牵头组建了华南智能机器人创新研究院。研究院面向智能机器人产业重大科技问题、区域重点产业重大需求，以工业和服务类智能机器人关键技术突破及产业孵化、检测评估与标准化、高端人才培训与国际合作等为重点，立足佛山、服务广东、辐射华南，实现机器人产业链、创新链和资金链的深度融合，形成高水平的核心成果，促进行业智能化制造能力提升，孵化优良企业，汇聚和培育高端优秀人才，推动广东省及华南机器人核心技术突破及智能装备等重点产业升级。

四、总结

当前，顺德区正积极响应国家、省、市各级政府大力推进"数控一代"机械产品创新应用示范工程的号召，认真按照顺德区"数控一代"机械产品创新应用示范工程实施规划，扎实推进顺德区"数控一代"示范工程，目前已在特色优势行业数控化关键技术和功能部件攻关，典型行业和重点区域创新应用示范，以及应用和培训服务体系建设方面均取得明显成效，同时也在培育自主创新能力、攻克核心技术等方面取得了可喜成绩。在未来的工作中，顺德区将结合机械装备特色产业群发展，努力打造科技创新软硬件环境，将推广"数控一代"示范工程成果摆在全区科技工作的重要位置，推动机械装备企业的技术创新，引领顺德区机械装备产业的升级发展。

节能型数控化塑料注塑装备研发与应用示范

2012 年广东省"数控一代"机械工程创新应用示范工程专项资金计划项目

博创智能装备股份有限公司　华中科技大学　广东工业大学

以开发节能、数控化、精密三位一体的塑料注塑机为目标，开展注塑机数控系统平台与装置、注塑机专用伺服驱动装置及伺服电机、注塑工艺及其与数控系统的集成、注塑机结构优化与快速变异设计中关键技术的研究，开发出节能注塑机数控系统成套产品，并集成上述成套产品研发节能数控化塑料注塑机，推动了我国节能注塑机的数控化及其核心控制部件的国产化。

一、导言

目前，国外中小吨位的注塑成型装备以全电动式注塑成型装备为主，大吨位注塑成型装备以电液伺服注塑成型装备为主。国内注塑龙头企业也开发了全电动注塑成型装备，但是控制系统、伺服驱动与电机等核心产品都依赖进口，是制约国产全电动注塑成型装备推广应用的瓶颈。但全电动注塑成型装备并不是我国注塑成型装备的现有主流产品。目前国内龙头企业的注塑成型装备产品均以电液伺服注塑成型装备为主，占其产量的65%以上。综上所述，全电动注塑成型装备将是注塑成型装备当前的发展方向之一，但是在未来的3～5年内，国产注塑成型装备产品仍然以电液伺服注塑成型装备为主。国产全电动注塑成型装备产量将不断增加，同时传统液压注塑成型装备产量将会减少，在今后相当长的一段时期内，国内注塑成型装备市场将会是全电动注塑成型装备和电液伺服注塑成型装备并存的状态，特别是对于一些特殊的应用需求，全电动注塑成型装备无法完全取代电液伺服注塑成型装备。

中国注塑成型装备行业拥有自己的控制系统的企业很少，绝大多数注塑成型装备企业都是直接从第三方购买注塑成型装备控制系统。目前国内研制、生产注塑成型装备控制系统的企业也很少，仅有的几家也以研制普通液压注塑成型装备控制系统为主，控制信号也多采用模拟量，控制系统性能低，还不是严格意义上的数字化控制系统，这直接限制了我国注塑成型装备的技术含量，可以说目前国产注塑成型装备控制系统基本上不具备与国外系统抗衡的核心竞争力。目前注塑成型装备控制系统主要向以下几个方向发展：①控制系统通用化、模块化；②控制系统全数字化；③多通道控制技术；④网络化；⑤智能化。采用自适应控制、模糊控制、神经网络控制、专家控制、前馈控制等技术，与加工工艺紧密结合，如工艺设计的专家系统、故障诊断的专家系统、参数自动设定等自适应调节系统等，可使智能控制系统的控制性能大大提高，从而达到最佳控制目的。

本项目以开发节能、数控化、精密三位一体的塑料注塑机为目标，开展了以下几个方面的研究和开发工作：①注塑机总线式数控平台关键技术研究；②注塑工艺及其与数控系统的集成技术研究；③注塑机专用数控装置产品化开发；④注塑机专用伺服驱动装置及伺服电机设计与制造技术研究；⑤注塑机结构优化与快速变异设计技术研究；⑥节能数控化注塑机装备开发。在成功完成上述几个方面的研究之后，对节能型数控化注塑机成套装备进行了推广应用。

图1为节能型数控化塑料注塑装备研发与应用的技术路线图。

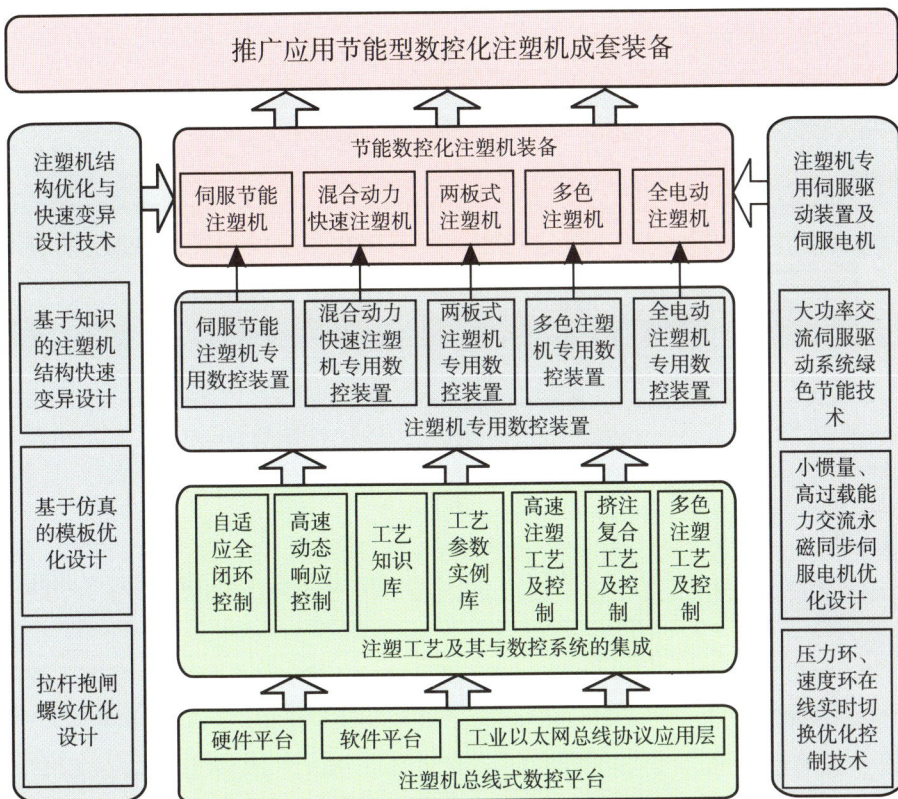

图 1　节能型数控化塑料注塑机技术路线图

二、主要研究内容

1. 注塑机总线式数控平台关键技术研究

（1）注塑机数控系统硬件平台。

注塑机数控系统硬件平台基于完全自主知识产权的实时工业以太网（NCUC-Bus）技术实现，硬件平台的核心控制部件就是一台通用的工业计算机，其核心处理器采用通用的工业微处理器，硬件平台结构框图如图2。硬件平台具有通用工业计算机的所有外设接口，可工作于 Windows、WinCE 或 Linux 操作系统。采用通用微处理器，可继承通用计算机的开发平台及其丰富的软件资源，有利于系统升级换代，更有利于提高开发速度。数控装置还可以通过现场总线对伺服驱动系统等外设进行参数设置、参数辨识、参数自整定等工作，从而可以减少伺服驱动系统的调试时间，提高伺服驱动系统的性能。

（2）注塑机数控系统软件平台。

注塑机数控系统软件平台采用模块化开放式的多层次软件架构，为系统软件功能的扩

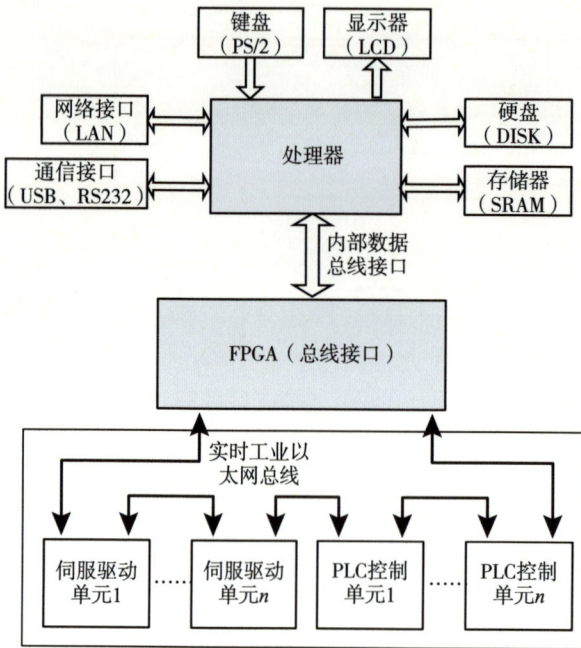

图 2   注塑机数控系统硬件平台

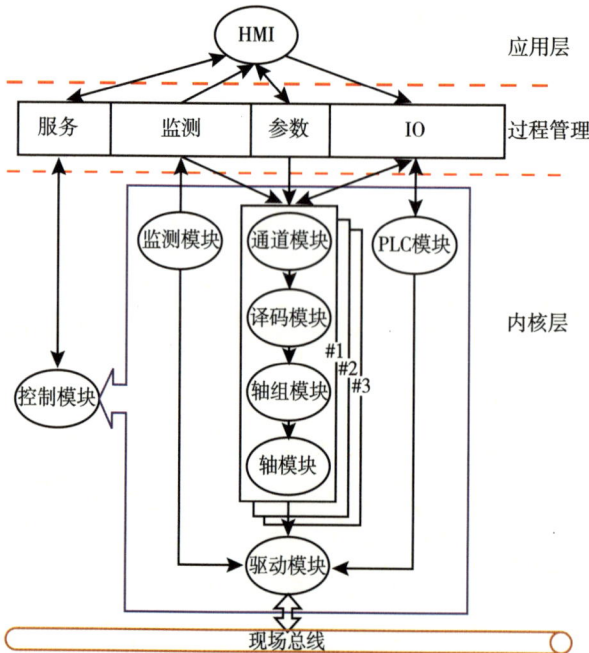

图 3   注塑机数控系统软件平台

充、裁剪和置换提供有力支持，实现系统从应用层、过程管理层到控制核心层软件功能接口的全面开放，图 3 为系统软件平台的层次结构图。通用软件平台提供从应用层、过程管理层到控制核心层软件层标准接口规划，方便实现从用户专用工业的 HMI，到在注塑机运行过程中，各种运行状态和信息数据与用户程序进行实时交互，以及专用的插补与运动控制算法二次开发，提供一个自由开放的接口以及二次开发接口规范，实现多层次的二次开发。基于此通用平台进行二次开发，可满足不同注塑机的控制需求。

（3）面向注塑机数控系统的工业以太网总线协议应用层开发。

系统使用具有完全自主知识产权的实时工业以太网总线协议（NCUC-Bus）。NCUC-Bus 总线协议的物理层、数据链路层等具备完全的通用性，针对不同的应用时，只需要对应用层协议根据需要进行自定义即可。在本项目研发过程中，为了实现注塑机的压力、位置全闭环控制以及高速动态响应控制和高精度温度控制，对 NCUC-Bus 总线协议的应用层进行了定义，在应用层中加入压力、电流、温度等控制信号及反馈信号的定义，并根据重定义的应用层，开发了相应的驱动程序，实现了工业以太网总线技术与注塑机专用数控系统的集成。

2. 注塑工艺及其与数控系统的集成技术研究

注塑工艺及其与数控系统的集成技术，包括自适应全闭环控制及高速动态响应控制、工艺参数实例库及自动设置、工艺知识库及工艺参数优化、高速注射工艺及控制、多色注射工艺及控制、挤注复合工艺及控制等多个方面。

（1）自适应全闭环控制及高速动态响应控制。

注射与保压过程的压力、速度和位置控制是影响注射精度的主要因素。本项目通过实时工业以太网总线技术实现全闭环压力、位置等信号的实时采集与反馈，各种实时控制信号、反馈信号可以通过实时工业以太网总线在数控装置、伺服驱动装置、PLC 控制单元等部件之间实时地传递，数控装置直接对所有的反馈信号进行运算处理，并输出控制信号，实现真正意义上的全闭环控制，同时，通过总线的强实时性，大幅度提升系统的高速动态响应能力。

位置全闭环的实现：射胶、计量、开合模、顶出等过程中的实际位置信号由数控装置直接进行实时监控和处理，通过实时位置控制指令注塑机的动作，从而保证位置控制的精度。

压力全闭环的实现：通过对注射压力的实时监控，实现压力全闭环控制。并对模具浇口、型腔末端等部位的压力进行监测，根据检测到的模具型腔内部压力状态，动态调整射胶压力参数，保证型腔内关键部位压力的恒定，以一致的速度填充和补缩，并且补缩到稳定一致的型腔压力，从而保证成形的精度与稳定性，如图 4 所示。

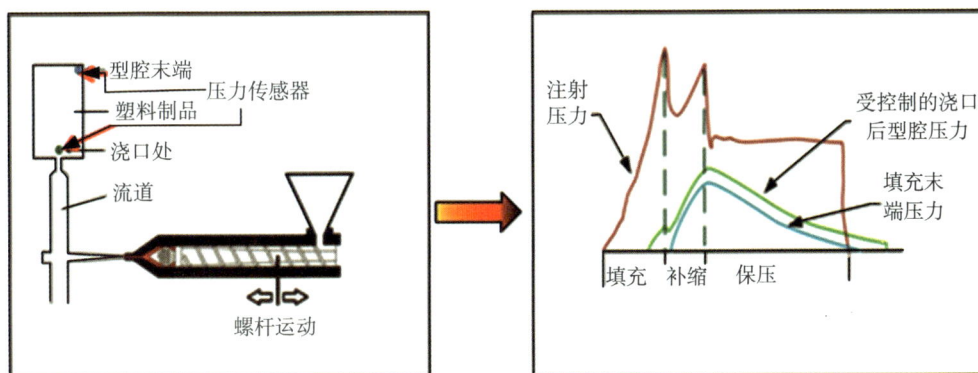

图 4　压力控制原理示意图

（2）工艺参数实例库及自动设置。

注塑机工艺参数的关联性很强，影响因素很多，传统工艺参数的设置依据操作者的经验和直觉。由于塑料熔体流动性能的千差万别，模具结构的千变万化，仅凭经验和直觉难以奏效，本项目研究了工艺参数实例的重用模型，构建了工艺参数实例数据库，完成了工艺参数的初始设置。

初始工艺参数通过创建工艺参数实例库数据库，以实例推理的方法获得。实例库中的实例除在实践中收集的成功案例外，主要来源于塑料注射成形模拟软件的分析方案和制品质量影响模型。实例匹配中实例的相似度由制品、模具和塑料性能的局部相似度加权平均后组合得到，各局部相似度的权值系数和灵敏度系数采用基于模拟分析样本的机器学习方法获得。

鉴于实例库在创建初期的不完备性，在第一阶段需要采用实例库和简化模拟分析计算的协同，实例库中的实例将主要来源于自主开发的多尺度、三维塑料注射成型模拟软件的模拟方案。同时，采用简化模拟分析计算对实例推理进行必要补充，通过对制品、模具进行合理简化，既满足实时模拟分析的前提，也可以达到参数设置的正确性要求。随着项目的深入，在推广应用中广泛收集实例，逐步采用生产实例取代分析计算实例，逐步提高推理的准确率。初始工艺参数设置的流程，如图5。

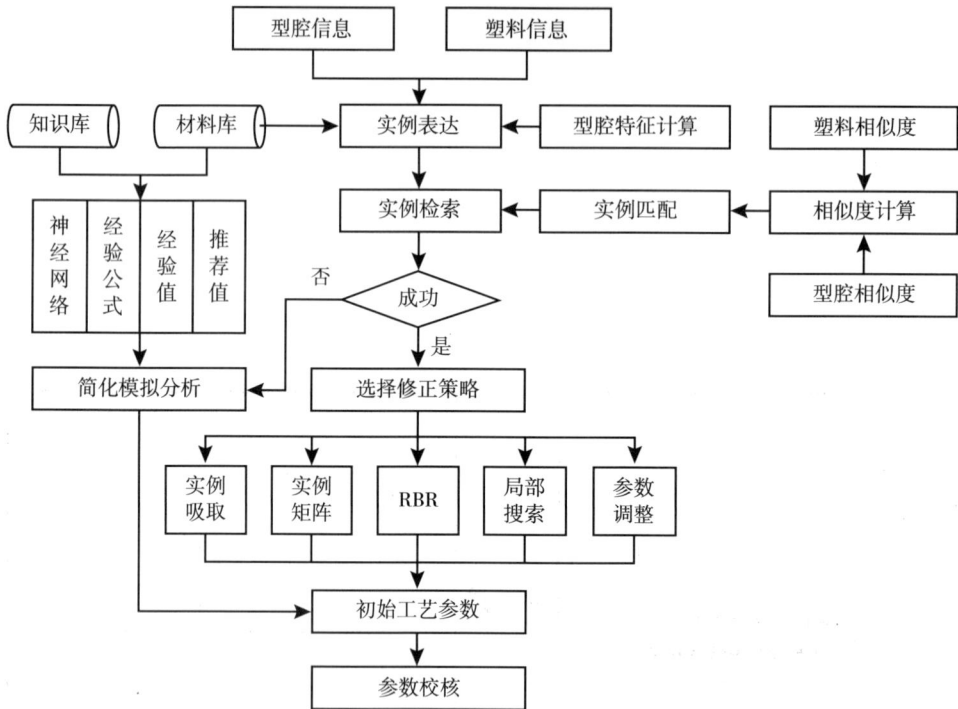

图5　工艺参数自动设置模型

（3）工艺知识库及工艺参数优化。

因为初始工艺参数设置时主要考虑塑料制品几何特征、材料等影响因素，机器和环境因素并未完全涉及。同时，由于质量影响模型的误差，并不可能保证初始工艺参数总能高效注塑出合格制品，因此根据成型缺陷对初始工艺参数进行修正和优化在所难免。

成型缺陷采用人机交互的方式描述，修复过程采用基于规则的模糊推理。工艺参数和产品缺陷首先经过模糊化处理，然后根据产品缺陷修正的规则库，对工艺参数的方向和幅度进行调整。一次注塑成型可能形成多种产品缺陷，为了对多个缺陷同时处理，系统首先对多个缺陷的处理采用"分而治之"的策略，分别对各缺陷、工艺参数模糊化处理，进行模糊推理获得下次试模的工艺参数，然后进行冲突消解和合并，得到各工艺参数最终的综合调整幅度和调整量。模糊推理的过程如图6所示。

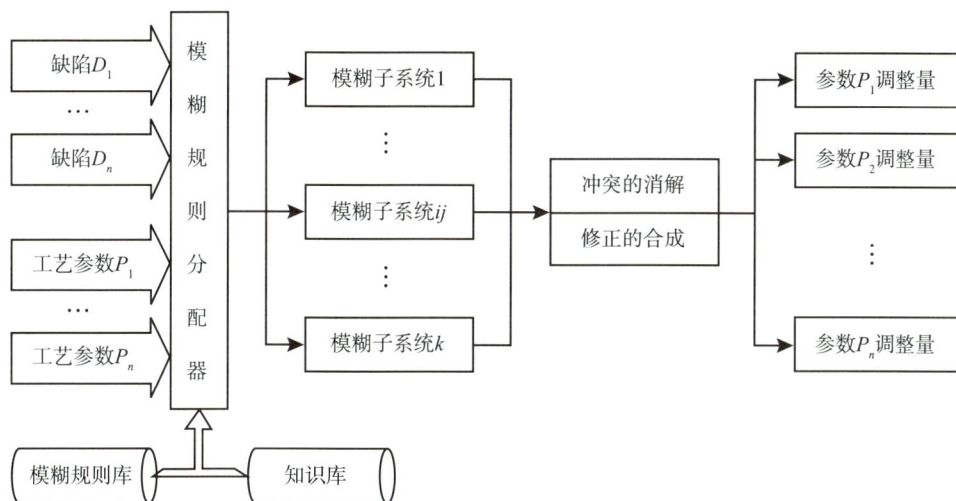

图 6　模糊推理的计算框架

在采用模糊推理修正工艺参数时推理过程可能产生振荡，不能收敛获得正确的参数值。通过引入机器学习对工艺参数修正过程进行实时调整，解决了推理收敛的问题。机器学习过程如下：当模糊推理陷入振荡时，前几次失败的参数设置数据和缺陷描述可以作为训练样本，采用支持向量机对样本数据自主学习，推理最可行的工艺参数区间并进行新的试模，前几次的试模数据均作为样本输入，当存在成型工艺窗口时，推理过程会逐步收敛到工艺窗口内。通过运用模糊推理与机器学习，华中科技大学材料成型与模具国家重点实验室已经成功实现了注射成型缺陷的自动修复，并在一定范围的生产中进行了验证。但是模糊推理的规则、机器学习的专家知识、系统的经验参数还需要在项目实施中完善和调整。

（4）高速注射工艺及控制。

当提高注射速度后，液压系统的控制和驱动方面都会遇到很大问题。首先，必须保证注射过程中液压系统能够提供足够的液压流量和液压压力，液压系统还需要具备快速响应能力，在短时间里能够使注射速度从零加速到比较大的值，同时能够在比较短的时间里使注射速度从一个比较高的值减速到一个比较小的值，成功实现分阶段的注射速度控制，此外，在注射过程中液压系统必须保持稳定。

由于缓冲蓄能器的存在，高速注射过程中注射速度变化时各个器件的工作顺序和工作过程都会不同。项目从高速注塑机的液压系统的结构出发，分别对电液压系统中的液压缸、蓄能器和伺服电机的物理原理进行理论分析，建立了高速注射过程中加速过程和减速过程的数学模型并进行系统仿真，获得了注射速度关于注射压力和注射流量的阶越响应曲线。然后根据仿真结果对控制算法进行改进，如采用模糊 PID 参数自整定的控制方法，提高了高速注射的控制精度，并通过实验来验证控制算法。

（5）多色注射工艺及控制技术。

多色注射成型是多组分注射成型工艺中最为复杂的一种。由于每种组分物料在注射完成之后，完成部分成型的制品仍然保留在模腔之中，然后进行下一组分物料的后续注射，两次注射的工艺参数设置以及两者之间的衔接是多色注射工艺的关键。

项目将自主开发专用的多色注塑工艺程序，使注塑机构注射顺序任意搭配，同时满足单色、双色、三色、四色注塑成型机的要求，提供多元化功能服务。并自主开发专用模具控制程序，RPA、RPB、TPA、TPB、TPC 和 TPD，能配合绝大部分多色模具，满足各种多色注射成型工艺的需求。

（6）挤注复合工艺及控制。

挤注复合工艺是把挤出塑化和柱塞射出两者组合起来的一种新型的塑化注射系统，根据塑化注射的需要组合成各种形式，发挥和挖掘两者各自的功能及性能。项目将开发交流伺服电机节能驱动的挤注复合工艺控制程序，采用交流伺服电机直接带动减速机驱动螺杆塑化，采用液压动力驱动螺杆注射，实现挤出塑化独立驱动，提高节能效果和成型产品的精度。

3. 注塑机专用数控装置产品化开发

基于所开发的注塑机数控系统通用控制平台，针对不同类型的注塑机控制功能及其注塑成形工艺需求，开发了应用软件并与控制平台进行集成，使其满足不同类型注塑机的基本控制功能需求，最终形成了 5 种注塑机专用数控装置产品，包括：全电动注塑机专用数控装置、伺服节能注塑机专用数控装置、混合动力快速注塑机专用数控装置、两板式注塑机专用数控装置、多色注塑机专用数控装置。图7、图8、图9分别为伺服节能注塑机专用数控系统方案、混合动力快速注塑机专用数控系统方案、两板式注塑机专用数控系统方案示意图。

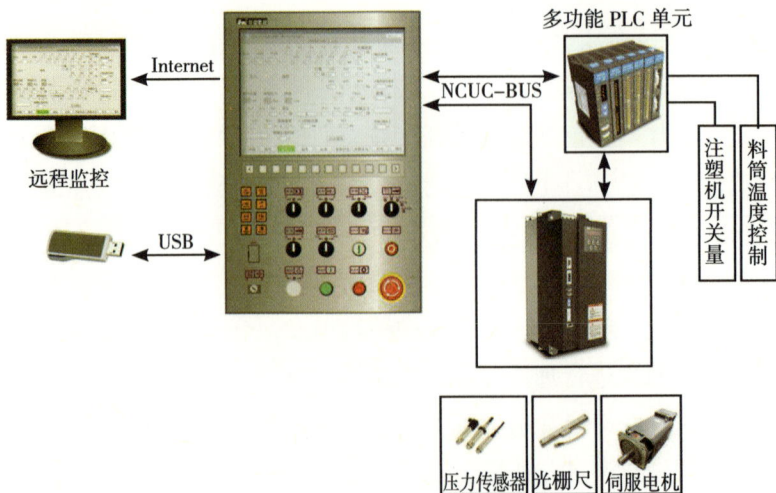

图 7　伺服节能注塑机专用数控系统方案

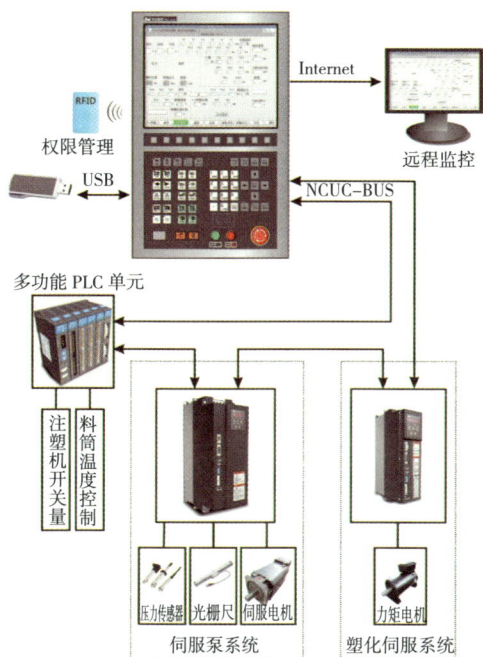

图 8　混合动力快速注塑机专用数控系统方案

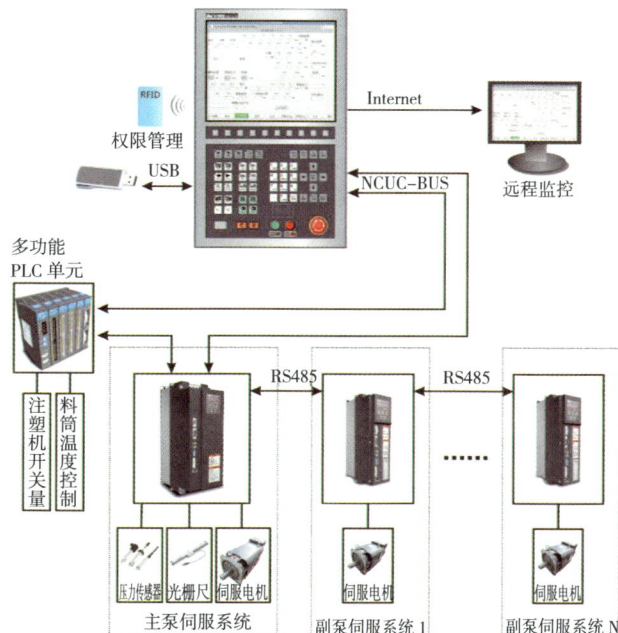

图 9　两板式注塑机专用数控系统方案

5 种注塑机专用数控装置的硬件原理及其硬件框架基本相同。专用数控装置主要由 HMI 和工控单元两部分构成，两部分均采用全密封结构。HMI 用于实现友好的人机交互功能；工控单元是整个数控装置的核心控制部件，它主要由 IPC 和 NC 模块组成，其中，IPC 使用低功耗高性能的 CPU 作为核心处理器，NC 模块采用 FPGA 实现自主知识产权的 NCUC-Bus 实时工业以太网总线功能，两大模块设计于同一块 PCB 上，这种方案可提高工控单元的集成度，降低生产工艺难度，同时也可降低成本，有利于规模化生产。

5 种注塑机专用数控装置的主要区别在于其应用软件不同。为了满足不同的注塑成形工艺的需求，不同类型的注塑机本身所需要控制的对象互有差别，所需的驱动系统的数量、规格等均不同，系统的互联方式也不一样，所有这些差别，均通过数控装置的应用软件来实现。

4. 注塑机交流伺服驱动装置及伺服电机产品化开发

（1）压力环、速度环在线实时切换优化控制技术。

在注塑成形过程中，为了满足成形工艺的需求，注塑机数控系统的控制方式需要在压力、速度或位置模式下频繁切换，特别是注射过程压力模式与速度模式的切换，是影响成形产品质量的重要因素之一。系统控制模式的切换，主要由交流伺服驱动执行，本项目利用实时工业以太网技术，系统的压力和速度信号在 1 ms 周期内完成刷新，交流伺服驱动装置以小于 0.05 ms 的周期对切换信号进行采样控制，从而保证了切换信号的实时性与准确性；在交流伺服驱动装置中，集成在线模式切换优化控制算法，减小了模式切换时所产生的振荡，提升系统的稳定性。

（2）大功率交流伺服驱动系统绿色节能技术。

伺服驱动系统作为节能型注塑机运动的动力源，是实现能量转换关键部件。在注塑成形过程中，伺服系统将会有频繁的启动、刹车动作，普通的制动方式会消耗大量的电能，特别是对大功率伺服驱动系统而言，制动能耗尤其大。本项目采用了可关断的电力电子器件 IGBT 并实施 PWM 控制，解决了大功率应用场合中电源模块部分存在的谐波污染、无功消耗和能量回馈等问题；通过实时监控各个驱动轴的运动状态及能量消耗状态，进行智能化的能量调节，提高了能量转换效率和性能，提高了输入电源的功率因数，消除对电网的谐波污染，降低能耗、减少设备对电网的污染，营造绿色用电环境。

（3）小惯量、高过载能力交流永磁同步伺服电机优化设计。

围绕伺服电机的机、电、磁多领域综合仿真分析与优化设计，开展了电机动力学、电磁学、热力学仿真分析，研究了电机宽域调速及过载技术、大功率密度电机结构设计技术等。建立了不同类型、规格的电机磁路仿真模型，分析了不同的电机磁路方案与不同负载情况下的磁场分布及每极气隙磁通畸变，结合电机定、转子材料特性与动力学特性，规划电机磁路尺寸，优化磁路设计，选择合适的定、转子（动子）槽型及适合的定子绕组和转子结构，削弱谐波损耗和杂散损耗；采用独特的结构设计，在电机动力学特性的基础上，结合定、转子（动子）槽磁、气隙磁路仿真，电机参数、电机温升仿真等优化技术，采用了新型绝缘材料及高精度动平衡调整技术，结合材料特性，合理选择稀土永磁材料、用量、贴装方式等，使电机具备转动惯量小、功率密度高、过载能力强、温升小、动态响应特性高、运行平稳等特点，满足注塑机的动力需求。

5. 注塑机结构优化与快速变异设计技术

（1）基于知识的注塑机结构快速变异设计。

注塑机同一系列的不同产品，在机械结构上存在一些差异，如在合模力相同的情况下，合模行程不同、拉杆间距不同、注射量不同等。为了满足注塑机产品快速开发的需求，需要研究适合节能注塑机的结构快速变异设计方法。

本项目通过建立设计知识库、产品可变异基型模型库，通过需求与结构的关联，实现了产品变异过程的知识响应与支持。

（2）基于仿真的模板优化设计。

本项目采用有限元分析方法，建立了注塑机锁模机构的有限元模型以及动模板参数化有限元优化模型，并对锁模机构进行整体结构分析，获得锁模机构的应力、位移、变形分布情况。以分析结果为依据，对动模板结构进行优化设计，使动模板的结构变形大大减小，同时使其最大应力值有所下降。

（3）拉杆抱闸螺纹优化设计。

两板式注塑机当移模到位后开合抱闸环槽或旋转螺母与拉杆环齿相扣，高压油建立高压，实现锁模功能。拉杆在两板注塑机中是关键零件，螺纹部分的强度直接影响着整台设备的使用寿命。

本项目基于有限元数值分析，建立了注塑机抱闸机构的有限元模型，并对抱闸机构进行整体结构分析，获得了抱闸机构和拉杆螺纹的应力、位移、变形分布情况，识别了薄弱环节，对螺纹连接与新产品的设计研发和优化提供依据。

6. 节能数控化注塑机装备开发

基于上述多个方面的技术研发，博创公司已经开发出 BU、BS、BH、BE、BM 系列 40 多种机型的节能型塑料注射系列产品，如图 10 所示。其中的主要技术指标已经达到国内领先、国际先进水平。

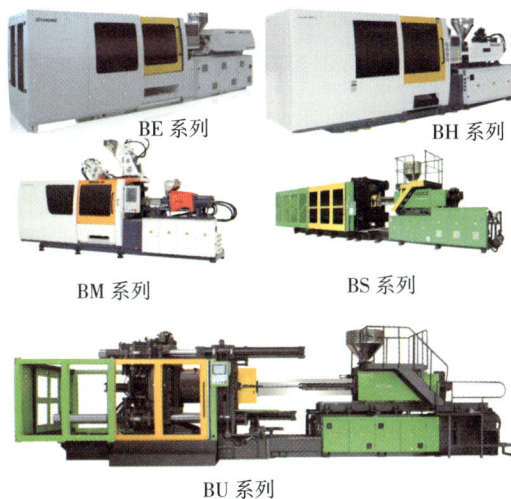

图 10　博创公司节能数控化注塑机装备

三、主要成果及经济效益

（1）通过本项目研发与实施，申请与授权相关专利 16 项，发表高质量学术论文 6 篇，获得国家软件著作权登记 3 项，形成相关技术规范与标准 3 项。

（2）本项目成果及相应成套装备已经成功推广应用于汽车、家电、电子等多个行业。项目执行期间博创智能装备股份有限公司实现注塑机生产示范线销售 604 台（套），年新增产值 18481 万元。随着规模生产能力的形成、市场的进一步扩展、技术的进一步成熟，预计项目将会更上一台阶。

四、展望

本项目研发的节能型数控化塑料注塑装备达到了国内领先水平，注塑机专用数控系统具有自主的知识产权，数控系统成套产品的平均价格低于国外主流同类型产品。本项目的创新性和优势体现在如下几个方面。

1. 节能、数控、精密三位一体的集成技术

项目通过数控技术实现注塑机动力系统、机械结构、成型工艺的有机集成来降低注塑机能耗，同时提高注塑机精度，同步发展数控化、节能化、精密化具有创新性。所开发的塑料注塑机的节能和精密特性体现在如下几个方面：①采用精密的数字化伺服控制系统实现执行机构、执行功率与驱动系统输出功率的自适应调配；②通过与工艺数据库与知识库结合，实现速度、压力、温度等参数的准确控制；③对模板、拉杆等机构设计进行优化，并针对合模、螺杆等机构的特点，结合工艺进行控制，使执行机构受力均匀、运动平稳、迅速、精确。

2. 核心技术的自主知识产权与成套产品的国产化

在节能注塑机中，由于伺服驱动、电机、数控装置等数控系统关键技术的制约，数控系统占据了很大比例的成本。本项目推进了数控技术成套技术向注塑机行业的注入与应用，降低了注塑机装备的成本，为我国注塑机企业冲击高端市场提供了动力。

3. 基于总线技术的全数字化注塑机通用控制平台

将实时工业以太网总线技术与塑料注塑机数控系统进行集成，实现了注塑机数控系统真正意义上的全数字化，系统抗干扰能力大大增强，系统稳定性和可靠性大幅度提升。系统能够实现的功能更加灵活多样，从根本上改变了注塑机的控制方式，全面提升了注塑机的性能水平。同时，所开发的注塑机数控系统具有通用性、开放性，可以满足不同类型注塑机的需求。

"互联网 +"塑料注射成型装备——注塑机智能制造流程

2012 年广东省数控一代机械工程创新应用示范工程专项资金计划项目

广东伊之密精密机械股份有限公司

当今社会，成本有效控制、质量和效率快速提升已成为企业生存和发展的关键因素。企业通过互联网统筹客户需求并通过 IT 技术创新对整个制造流程进行重组，确保从需求到交付整个过程快速有效，实现按时、按质、按量交付。IT 技术创新和制造流程相关设备的技术创新，确保整个制造流程可视化、自动化、一体化。

一、导言

2013年德国在汉诺威首次提出了"工业4.0"的概念，并宣布第四次工业革命的开始。第四次工业革命以智能制造为核心，塑料注射成型装备作为这次工业革命的重要角色，其将结合互联网技术优势从自身智能制造（内部智能制造）和客户生产（外部智能制造）两个方向进行研究创新，推动行业和下游产业向自动化、信息化的高端智能制造业发展。

地球村式商业竞争和需求多样化、个性化的市场趋势，成本有效控制、质量和效率快速提升已成为企业生存和发展的关键因素。企业通过互联网统筹客户需求并通过IT技术创新对整个制造流程进行重组，确保从需求到交付整个过程快速有效，实现按时、按质、按量交付。IT技术创新和制造流程相关设备的技术创新，确保整个制造流程可视化、自动化、一体化，系统干练和运作灵活并形成"工业4.0"最具代表性的柔性制造系统。

广东伊之密精密机械股份有限公司，是专注于"模压成型"专用机械设备的设计、研发、生产、销售及服务的高新技术企业，以高精度注射成型机、高性能铝镁合金压铸机、高品质橡胶机为主导产品。

二、内部智能制造

内部智能制造是指塑料注射成型设备的制造流程智能化过程，是企业快速有效地满足市场多样化、客户个性化需求的过程。自注塑机诞生至今，从手工单件、机械化小批量到机械化大批量大规模生产过程，所用工具和加工设备都变得越来越先进，但这个过程都是非连贯、非系统、非可视化的过程，各个环节信息传递缓慢、失真、低效，客户的需求得不到及时有效的响应，制造成本得不到有效控制，生产质量波动过大等一系列问题，面对多样化、个性化的市场需求，企业变得被动和无所适从。

1. 现有制造流程分析

从现有的制造主流程（图1）来看，从客户需求的输入，根据客户需求制定方案，签订合同，营销系统下单，技术中心根据订单要求设计相关功能部件，生产系统安排计划排产，采购部门根据需求下达采购任务，之后加工、安装、质检、运输交付等各个环节，从整个流程来看其是单一的流程，面对"工业4.0"的要求存在很多的缺陷。具体包括：

（1）流程单一，对客户需求管理比较困难，客户需求统计分析缺乏充足有效的依据。

（2）信息流脱节，制造流程各个环节容易出现信息孤岛，对制造流程出现的问题得不到

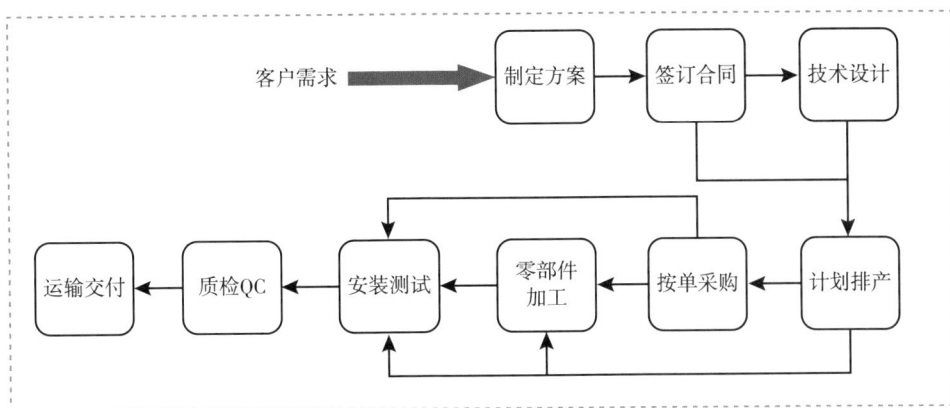

图 1　现有制造主流程图

及时的反馈和处理。

（3）交付周期长且质量风险高，面向多样化和个性化的需求，按订单生产，接单后再设计图纸和按图纸加工零部件，周期长且因紧急交付，产品质量很难控制或控制成本高，甚至两者同时出现，直接拖累或拖垮企业。

（4）制造流程效率低，每个产品按订单生产存在唯一性，制造流程达不到标准化和统一性，无法上规模，以零碎作业的方式导致制造效率低下，无法应对多样化、个性化大规模的市场需求。

（5）非标零部件导致维护困难，按订单生产，每个交付物均存在特殊的零部件，其中特殊部分，一旦出现故障维修困难而且周期长，直接损坏客户利益。

（6）仓库零部件种类繁多管理困难，管理成本高。

2．内部智能制造流程简述

企业转型升级走向信息化智能制造就必须对制造流程进行变革、优化和重组，以上规模的标准化来应对市场的多样化和个性化，以云数据库来管理客户需求，以配餐中心来完成客户个性化多样化的服务，以计划管理中心来对整个制造流程指派任务和进行监控，并基于客户需求来制订标准模块和标准接口实现堆积木的方式流水线组装机器，最终实现产品高品质快速交付。智能制造主流程，又叫柔性制造系统（flexible manufacturing system，FMS），如图2所示。

FMS 说明：

客户通过向云端提出需求，由配餐中心提供解决方案或通过授权直接从云端获得解决方案，业务人员根据方案与客户签订合同，IT 系统自动将任务下达给计划管理中心（plan

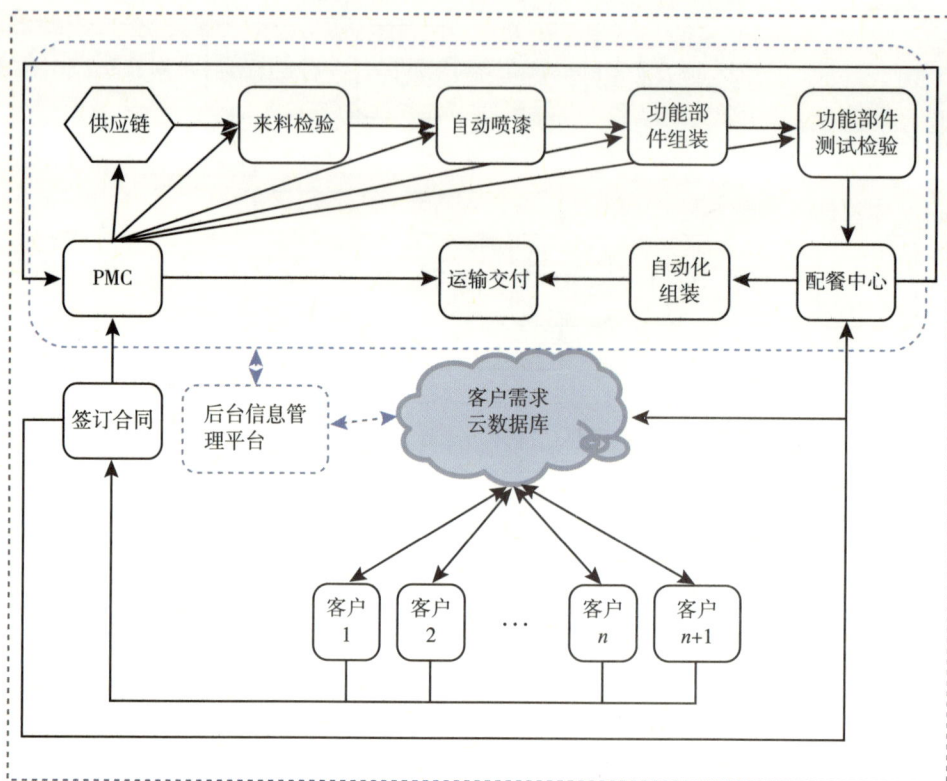

图 2　智能制造主流程图

management center，PMC），由 PMC 对整个零部件供应流程下达指令，并通过后台信息管理平台实现流程监控；从供应链、来料检验、自动喷漆到功能部件组装和功能部件测试属于计划预排产流程，用于补充配餐消耗的零部件和功能部件，并通过供应商的协同实现零配件的快速交付从而降低库存；配件中心主要负责根据客户需求及时制定有效的解决方案，并对客户需求云数据库进行维护、分享案例和统筹综合分析客户需求为新产品、新功能开发提供需求依据。客户需求云数据库是一个面向客户的半开放式沟通平台，具有多种功能，包括：①塑料制品成型工艺、成型缺陷分析、注塑机维护等学习和技术交流；②客户可向云端就塑料制品咨询注塑机配置方案或直接获得授权分享以往案例；③统筹需求信息等；④客户可以查询订单的交付进程，随时了解制造动态。

FMS 优势：

（1）实现快速交付：由于流程配餐中心直接对客户需求进行配餐进入组装环节，而不是需要通过设计、计划排产、采购、安装检测等一系列环节，制造流程大大缩短，制造效率明显提升，交付周期明显加速。

（2）产品品质更加稳定：由于标准化作业，配餐前，各个功能模块均通过测试，同时各个模块均属于成熟技术，没有任何新的未经认证的设计进入流程（产品开发、功能模块的设计、基础和高端技术研究均按专属的产品研发流程进行），使得整个流程使用的零配件和功能模块的品质得到了有效的保证。

（3）成本得到有效控制：标准化大规模的零部件生产必然产生规模经济效益，加上产品品质稳定，无论是从客户和制造商的角度维护成本都会减低。

（4）客户需求统计更加全面有效：全面有效的客户需求统计分析为产品开发、技术研发等方面提供准确的依据。

（5）客户获得更佳的价值体验：通过云端沟通平台，可以获得一站式的购买服务，也可以为培训、学习和问题咨询等提供专业的课程、资料和答案。

三、智能制造流程实施的初步结果

伊之密自德国"工业 4.0"宣布以来一直致力模压成型装备的智能化制造解决方案的研究。2013 年启动 A5（如图 3）产品研发项目，基于智能制造的需求，A5 产品研发采取了大量标准化和模块设计，同时引入信息化管理系统，尽管未能全面满足智能化制造需求，但从 A5 系列产品的市场化结果来看，其获得了比较显著的经济效益和应用效果，包括新机 3 个月故障率由行业的 6% 降低到了 3% 以下，下降超过一半；交付周期对同一吨位，40 天的交付时间变成了 25 天，大大缩短了制造时间；信息化方面的引入提升了客户的对设备的管理水平，包括电子化下单，在线监控当前任务完成率和后续任务安排以及设备加工精度、稳定性、效率、维护、能耗、产能等均可以通过网络平台直接获得，实现整个制造流程可视化，并通过数据分析为制造流程优化提供准确有效的数据。

图 3　A5 产品实物外观图

四、总结

综上所述，智能制造流程有着明显的制造优势，其将是第四次工业革命追求的重要目标之一。但无可否认中国乃至世界，整个制造业对于智能制造还是处于起步探索阶段，其存在的问题也十分明显，包括标准接口和协议，专用的成熟软件和网络安全，塑料机械企业对标准化模块化的概念不清晰，对整个制造流程重组存在人才短缺等，均需要一个成熟和培育过程。

展望未来，从制造走向智造，重要的还是企业的顶层设计，根据企业规模和产品自身特征如何打造一个有利于提升产品质量、提升效率、缩短交付周期的方法和路径才是关键，其中整个智造流程离不开市场需求和技术设计，应以市场需求为导向，以技术设计为手段，系统思考制造流程各个环节重组制造流程是主要的研究方向。

超高速精密注塑成型机的数字化控制技术

2012 年广东省"数控一代"机械工程创新应用示范工程专项资金计划项目

中山力劲机械有限公司

传统的注塑成型机及其成型工艺技术已很难满足目前精密塑料制品的高标准要求,基于此,研发超高速、超精密注射的数字化控制技术,研制成功了超高速精密注射机。

一、导语

　　超高速精密注塑成型机的数字化控制技术是由中山力劲机械有限公司与武汉理工大学、中山市武汉理工大学先进工程技术研究院合作研发的省部"数控一代"项目，主要针对人们对薄壁化和结构复杂化制品的需求越来越多，对塑料制品精度的要求也越来越高，而传统的注塑成型机及其成型工艺技术已很难满足目前精密塑料制品的高标准的要求而制定的主要研发超高速、超精密注射的数字化控制技术。

　　中山力劲机械有限公司隶属于力劲科技集团，是广东省高新技术企业、广东省装备制造业 100 家重点培育企业、中山市装备制造业重点企业、中山市企业技术中心、中山市工程技术研究开发中心、两个密集型企业、中国机械 500 强企业。

二、主要研究内容

　　（1）研究适于数字化精密控制的高速注射成型机。
　　（2）选用合适的闭环控制油阀，以满足数字化控制系统的要求。
　　（3）液压伺服控制技术。
　　（4）电液混合控制技术。
　　（5）精密位置控制技术。

三、采用的解决方案和技术路线

图 1　单缸式注射结构

1. 高速注射

　　（1）采用氮气射胶，注射速度可以达到 523.35 mm/s。

　　（2）注射单元的结构，采用单缸式注射结构（如图 1）。

　　（3）采用直压式锁模机构，以直推油缸（高压缸）作用在锁模中板的中心部位，模板的变形与传统机铰模板的变形相比，变形非常小。

2．精密控制

（1）注射动作的控制，采用目前世界上先进的 MOOG 伺服闭环阀（图 2）。

（2）熔胶塑化：采用伺服电动熔胶。

（3）位置监测装置采用悬浮式不接触电子尺，其监测精度可以达到 0.01 mm，精度提高 10 倍（图 3）。

（4）螺杆的止逆元件，采用特殊结构的止逆件（三小件），在熔胶完成后，通过伺服电动机的微量反转（可控），将通道提前主动封死，那么在注射过程中就不存在胶料回流现象，从而实现非常精确的注射控制，确保产品的尺寸精度及重量偏差。

图 2　伺服闭环阀

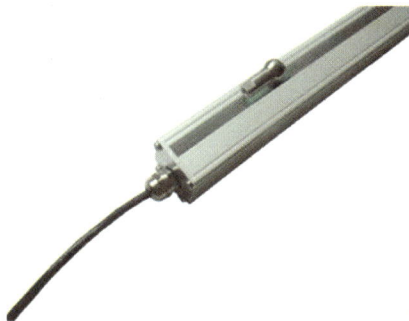

图 3　电子尺

3．控制系统

（1）采用世界上先进的控制电脑，即欧洲奥地利的 KEBA 电脑（如图 4）。

（2）采用伺服优秀控制系统，即蒙德的伺服驱动系统（如图 5）。

图 4　KEBA 电脑

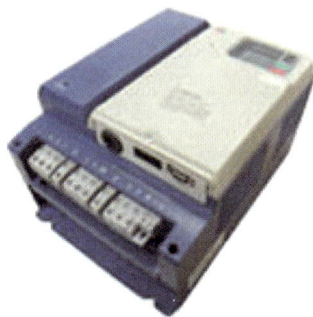

图 5　伺服驱动系统

四、取得成果

（1）新产品：超高速精密注射机一台，锁模力 920 kN，注射速度 523.35 mm/s（图 6）。

图 6　超高速精密注射机

（2）主要应用于电脑、手机、光盘、3C 数码、医疗设备及微电子通信产品。

（3）专利：实用新型专利 6 件。

（4）累计经济效益：450 万元。

（5）社会效益方面：该项目进行产业化可以新增一批就业岗位，吸引一批专业的技术人才；在前期工作的基础上，契合专用化、大型化伺服发展的动向，以庞大的市场为支撑，迎合汽车工业、光电子及生物医学行业飞速发展的需求，开发出的超高速电动注塑装置，薄壁产品有效降低了企业生产成本（塑料的成本通常占了成品成本的 50%～80%），这也符合对环保日益重视和提高核心竞争力的产业结构调整的国家政策。

智能节能型全电动数控注塑机研发及应用示范

2012 年广东省"数控一代"机械工程创新应用示范工程专项资金计划项目

广州数控设备有限公司

随着新型合成材料的涌现、高精度注塑件使用范围的扩大及节能环保意识的日益增强，人们对注塑机的要求进一步提高，塑料制品行业正面临空前的技术改革。本文基于全电动数控注塑机核心技术的研究，分析全电动数控注塑机的核心功能部件，包括机械本体、控制系统、大功率伺服驱动及电机、高速高负荷的滚珠丝杆和高效高频感应加热装置，借此，带动我国塑料机械行业向着高技术含量方向发展。

一、导语

全电动式注塑机作为节能环保、高速、高精密注塑机代表，其与传统的液压注塑机相比，全电动注塑机具有良好的环境友好性、无油污染、低噪音、低振动、极高的制品重复精度、高可靠性、易于操作维护、省电力、省冷却水、省运转费用等特点。自主研制全电动注塑机及关键功能部件，既符合了现代塑机行业发展方向，对中国塑制品行业的经济发展也具有重要的战略意义。广州数控设备有限公司围绕智能节能型数控注塑机，在核心技术与关键部件方面进行了攻关和应用研究，包括注塑机本体结构的优化设计、自适应闭环伺服控制系统、工艺参数智能化设置系统、大功率伺服驱动及伺服电机、高效高频感应加热装置和高速高负荷滚珠丝杆的研发，完成了拥有完全自主知识产权的 AE50（图 1）、AE80、AE100、AE160、AE350 五个型号智能节能型全电动数控注塑机的研发生产，产品技术水平达到国内先进水平，并实现了在医疗产品、卫浴产品、电脑周边产品、塑料日用品、化妆品包装行业、电子产品、通信产品等行业的示范应用，取得了较好的经济效益。

图 1　AE50 全电动数控注塑机

二、技术及主要创新点分析

1. 总体技术路线

本项目的总体技术路线如图 2 所示，基于全电动数控注塑机核心技术的研究，研发出全电动数控注塑机的核心功能部件，包括全电动数控注塑机机械本体、全电动数控注塑机控制系统、大功率伺服驱动器及伺服电机、高速高负荷的滚珠丝杆和高效高频感应加热装置，开发出高性能、低成本的全电动数控注塑机。

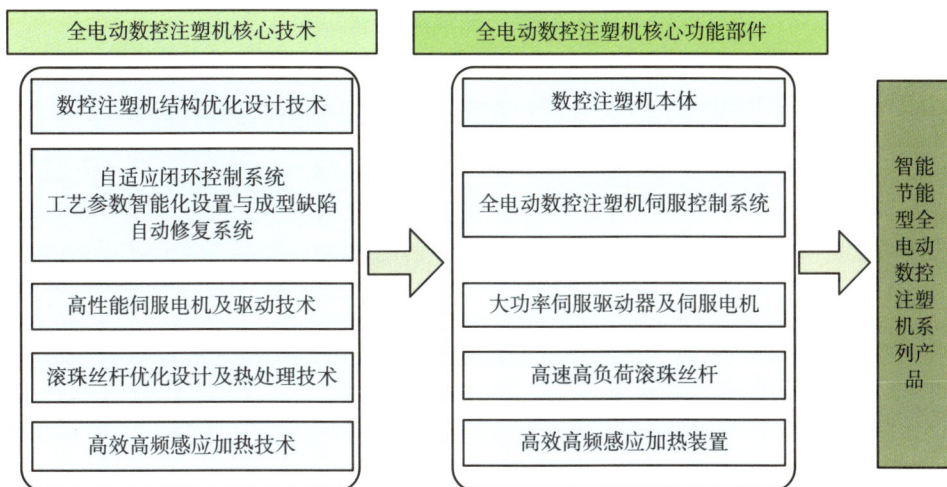

图 2　智能节能型全电动数控注塑机总体技术路线

2. 机械本体优化设计

建立完善的全电动数控注塑机 3D 模型，应用有限元分析软件 ANSYS，对全电动数控注塑机的关键零部件进行有限元分析。在满足零件使用要求的情况下，实现各个部件有优化的结构和较轻的重量，达到提高机器性能、节约生产资源的目的。

建立开锁模机构动力学模型，根据注塑成型工艺对锁模机构特性的要求，基于 MATLAB 软件分析锁模机构的速度特性、加速度特性、力的放大特性，以达到开锁模速度变化平稳，启动时无速度突跳现象，加速度在合模开始与合模结束时接近于零，并具有优良的力的放大特性。

注塑机的合模装置、顶出装置、塑化装置及注射装置的驱动方式均采用高性能永磁同步伺服电机通过同步带传动驱动滚珠丝杆的方式。开发了 50 t、80 t、100 t、160 t、350 t 共 5 个吨位机型，每种吨位的机器可配 3 个射台、5 种螺杆。

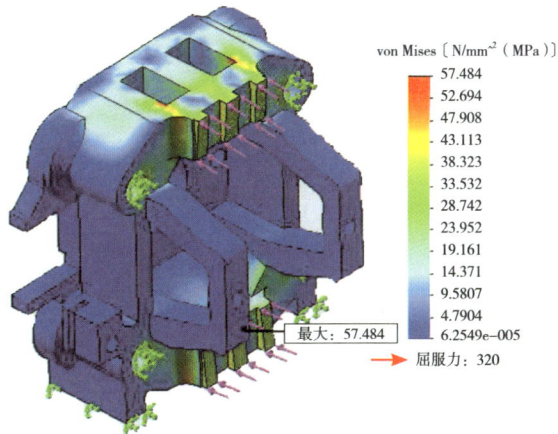

图 3　后模板受力分析图

3. 注塑机控制系统研发

完成 GSK6000 全电动注塑机控制系统及 3 个功能模块（温度控制模块、精密压力检测模块、高效高频电磁感应加热装置）的研发。

GSK6000 全电动注塑机控制系统实现的主要技术指标如表1。

表1　GSK6000 全电动注塑机控制系统实现的主要技术指标

项　　目	技术参数	项　　目	技术参数
电机控制周期（ms）	1	顶针位置重复精度（mm）	0.1
电机控制轴（轴）	4	开模位置重复精度（mm）	0.03
PLC I/O 点	64 输入 /64 输出	控制方式	位置、速度、扭矩控制，速度 / 扭矩控制可随时切换
位置控制精度（mm）	0.05	扭矩、速度	采用加减速处理，避免电机振动
速度控制精度（%）	0.1	位置控制	采用 PID 控制
温度控制精度（%）	0.5	计量、注射	采用多环控制
压力检测精度（%）	1	开模、锁模、推顶	采用双环控制
注射位置重复精度（mm）	0.02		

（1）高性能控制系统设计。

项目平台采用 ARM9+DSP 的双 32 位处理器结构，ARM9 主要用于操作界面和文件的处理，实时性要求不高，基于 Win CE 操作系统进行开发，利用 Win CE 的图形界面优势，使用户界面做得美观、方便。DSP 主要完成复杂的实时控制运算，利用 DSP 强大的数据处理能力，实现了较高的处理速度，提高了控制性能和控制精度。采用了具有自主知识产权的工业以太网通信技术，数控系统显示操作面板采用 15′ 液晶屏完成工艺触控输入、操作和显示。

（2）高精度温度控制器开发。

电动注塑机对温度控制有着特殊的要求，存在加料时温度突变的情况，通用型温度控制器在这种情况下很容易产生报警，因此要求温控器具有较强的智能化功能。项目采用意法半导体 STM32F103VC 的 ARM7 芯片作为 CPU，轮流测量采集加热器的实时温度，并根据温度控制指令和温度实时反馈，经过自适应模糊控制的 PID 数字控制器调节输出的加热器的功率（图4）。由于工业现场的各种干扰非常严重，所以各路热电偶的温度测量都采用独立的电源，避免了信号之间的

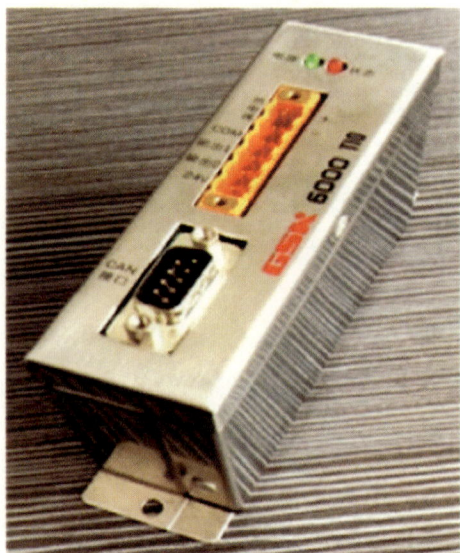

图 4　温度控制模块

串扰。AD 转换后的数据进行了光电隔离。

（3）精密压力检测模块开发。

注塑机在注塑过程中，需要根据不同注塑件的需要控制相应的注塑压力。注射背压通常需要由装在注塑机上的压力传感器进行检测，通过转换后送给控制系统，由控制系统调节电机的速度，实现压力的精确控制。压力检测模块主要完成背压检测，并将检测信号传递给 DSP 进行运算控制。作为反馈通道，注射压力检测的性能，直接影响到注塑成形的质量。项目开发的压力检测模块（图 5）替代了进口模块，性能达到了全电动注塑机的精确控制要求。

图 5　精密压力检测模块

（4）高效高频电磁感应加热装置。

电磁感应加热是基于涡流工作原理，通过高频电流使导体发热，从而达到加热导体内材料的目的。由于磁加热是直接作用于材料导体，因此比起传导加热来，加热速度快，热量散失少，是一种高效、节能技术（图 6）。

4. 大功率伺服驱动器研发

项目伺服驱动开发硬件（图 7）采用 DSP+FPGA 的结构，DSP 主要完成电机控制和信号处理，而 FPGA 主要完成报警、AD 电流采样、模拟量输入信号、绝对式编码器和以太网信号通信。控制软件基于 DSP 进行电机的矢量控制，实现速度、转矩实时控制；并通过工业以太网与主机完成控制信号传递。功率变流采用智能功率模块 IPM 完成变流控制。具有过压、欠压、过流、制动故障、模块故障的报警

图 6　电磁感应加热装置

图 7　AE50 注塑机用伺服驱动

功能。目前开发 DTS01A–050 等共 8 个型号，配套不同型号注塑机，每台注塑机需要 4 个伺服驱动单元，分别是注射伺服单元、塑化伺服单元、锁模伺服单元、顶针伺服单元。

5. 伺服电机研发

利用有限元仿真软件对电机参数进行分析，通过分析调整磁钢厚度及偏心距、极弧系数、

图 8 注塑机专用伺服电机产品

气隙长度以及铁芯长等电机零部件结构参数，对交流永磁伺服电机进行电磁优化设计，通过电磁优化设计减小电机反电势谐波及转矩波动，从而提高电机效率和运行性能。

项目研制了 130SJT、175SJT、220SJT 和 265SJT 4 规格 11 种型号伺服电动机（图 8），其最大功率为 37 kW，额定转矩 236 N·m，实现批量生产并成功应用于公司各型号的全电动注塑机。

6. 高速高负荷滚珠丝杆的研发

通过基本参数的优化，对重载产品实施均载设计（即让外加载荷"平均"分摊到每个受载滚动体，实现"无零载""无过载"的等负载传动），对"返向机构"进行"顺畅性"优化设计，滚道内钢球隔离处理（可显著降低滚珠丝杠副的噪声，延长钢球寿命），丝杠螺母的热处理工艺等手段来克服滚珠丝杆开发中的技术难点。采用增大钢球，增加钢球列数，减小曲率半径的设计方法，大大提高丝杠承载。采用丝杠粗加工滚道后，再中频淬火的方法保证淬火层深度和硬度，提高丝杠的耐磨性，延长丝杠的寿命。目前已开发重载滚珠丝杠 9 种（图 9），根据丝杠加载实验机的实验和在电动注塑机上的工作情况，达到设计要求。

图 9 高速高负荷滚珠丝杆产品

三、项目主要成果

1. 整机性能

项目完成了拥有完全自主知识产权的 AE50、AE80、AE100、AE160、AE350 5 个型号智能节能型全电动数控注塑机的研发生产，国家机械产品安全质量监督检验中心对本项目的 4 个型号全电动注塑机进行了检测，检测结果显示注塑机的整体性能达到项目规定指标。根据近几年全电动注塑机的研发和客户的使用及反馈情况来看，产品与日本同类型产品相比较，功能和性能达到其 60% ~ 80%。

2. 取得的发明专利等知识产权情况

通过项目的实施，累计取得知识产权 4 项，其中实用新型专利 2 项，软件著作权 2 项；制定技术标准 2 项，其中国家标准 1 项；发表论文 5 篇。

3. 人才培养及队伍建设

通过本项目的实施，有计划地培养和锻炼科技人员和人才，在实践中发挥技术人员的作用，提高科研开发水平。同时培养开拓型经营管理人才，形成具有经营管理能力、熟悉国内外市场和法律的管理和营销队伍。项目参与单位广东工业大学紧密与企业结合，为企业的骨干技术人员提供了良好的培训机会，同时也向企业输送了大量的高分子材料加工专业高层次技术人才，项目实施期间，共培养 4 名硕士研究生。

4. 成果应用及转化情况

本项目数控注塑机已全面推向市场，主要的客户集中在华南地区（东莞市、深圳市、珠海市、中山市等地），同时建立了深圳区域的样板客户，华东区域在江苏省发展了代理商，同时出口到东南亚部分国家。目前应用广数注塑机的客户群体主要有：医疗产品、卫浴产品、电脑周边产品、塑料日用品、化妆品包装行业、电子产品、通信产品等行业（图 10），这些产品主要是洁净性能、稳定性要求高。公司的注塑机还涉及了一部分相对高端的产品，如连接器、要求不高的光学镜头、手机外壳等。

5. 其他经济效益和社会效益分析

项目的研究提高了我国具有节能、环保、高效、精密特性的塑料注射成型装备的研发能力，使得我国的塑料注射成型装备制造行业具有和国际塑料注射成型装备企业竞争的技术基

图 10　全电动注塑机加工的产品

础。该项目产品具有较高的投资回报率，对满足国内需求和海外市场具有广泛的推广价值。

项目研究的成果增加了国内节能、环保、高效、精密塑料注射成型装备的市场占有率，部分替代了进口，提高我国塑料注射成型装备在国际市场的竞争力，提高自主知识产权的技术含量，带动我国塑料机械行业向着高技术含量方向发展。

四、市场前景

我国是塑料制品的消费大国，而且每年以 7% ~ 8% 的速度快速增长。在这期间，油压机械式注塑机扮演了重要角色，但在能源日益匮乏、生态环境日益恶化的今天，油压机械式注塑机所消耗的能源，越来越受到人们的重视和关注，环保式绿色伺服电动注塑机的开发已经越来越紧迫和重要。

随着新型合成材料的涌现、高精度注塑件使用范围的扩大及节能环保意识的日益增强，人们对注塑机的要求进一步提高。在各种新型精密注塑机中，最具代表性的为全电动式精密注塑机。如电子零件、数码相机、手机外壳以及光学器件的精密性不仅对材料的要求很高，而且对成型技术也提出了相当高的要求。伺服电动注塑机在解决这类问题上具有得天独厚的优势，有减轻环境负荷和高性能两大显著特点。它不仅在节能（耗电量约为一般油压机的 1/3）、低噪声、省水（耗水量约为一般油压机的 1/12）及电源设备表现出极大的优势，而且在性能方面具有高注射率、高应答、稳定的注射速度、稳定的背压系统、精确的定位控制、精确的压力闭环、高重复精度、周期短等优点。因此，作为绿色节能注塑机，它的发展不仅符合社会生产力发展的趋势，而且对发展民族塑机工业并参与国际竞争，提升整个注塑机行业技术水平具有非常重要的意义。

基于塑料挤出加工过程高性能数控装备的研发与产业化

2012 年广东省"数控一代"机械工程创新应用示范工程专项资金计划项目

广东联塑机器制造有限公司　广州市香港科大霍英东研究院

本项目针对国产挤出生产线加工精度差的普遍问题，研发挤出生产线精密智能控制系统。该系统利用国际领先的控制技术对料筒温度进行高精度控制；利用模头压力控制取代传统的螺杆转速控制，大幅提高了挤出率的稳定性，同时也降低了挤出机对伺服电机的严苛要求。该系统无须改变现有挤出生产线的机械硬件，系统的推广应用可使国产挤出设备实现快速升级，达到国际高端挤出设备的加工精度。

一、导言

塑料和橡胶、纤维等高分子材料已经与钢铁、木材、水泥一起，构成现代社会中的四大基础材料，广东省的塑料制品产量居全国第一，也是塑料原辅材料的重要集散地。随着塑料应用的高速发展，塑料加工机械也有了长足的进步，我国塑料机械年制造能力约 20 万台（套），门类齐全，在世界排名第一。中国塑料机械虽然发展很快、生产品种也较多，基本上能供给国内塑料原料加工与塑料制品加工、成型所需的一般技术装备，个别产品也进入世界前列，但与工业发达国家如德国、日本、意大利相比，中国塑料机械的主要瓶颈问题是：①高档机械设备国产化率低，自主创新设计能力差；②量大面广的专用机械设备数控化率低；③国产数控系统的应用推广不够，市场占有率较低；④缺乏数控技术在相关行业的技术标准及服务培训体系。

受制于国内塑机发展的现状，虽然珠三角塑胶产品产量巨大，但统计资料表明，珠三角的产品加工大都集中在中低端市场，难以生产高质量、高附加值产品，缺乏在国际高端市场的竞争力。因此，为了提高企业的技术含量，缩小与发达国家的差距，关键之一就是研发具有自主知识产权、技术先进的加工机械装备。这也完全符合国家提出的"数控一代"规划：以数控技术和产品的应用推广为牵引，提高机械设备行业企业的自主创新能力，改变生产方式，提高生产效率，增加机械设备产品附加值，实现产品转型升级和机械装备的更新换代，大力促进我国机械工程领域的科技进步。

本项目主要针对塑料挤出加工过程研发一套集过程精密控制、过程监测和故障诊断于一体的高性能挤出机智能控制系统。该系统采用全新的控制理念，利用国际领先的控制技术对料筒温度进行高精度控制；利用模头压力控制取代传统的螺杆转速控制，一方面降低了高端挤出机对高性能电机的要求，从而降低了成本，另一方面也进一步保证了挤出产品质量的稳定性。系统还集成了国际领先的过程监测技术，能够及时准确地发现过程异常状态，并进行故障诊断，从而提高生产效率，降低浪费。该系统整体架构上采用嵌入式系统设计，运算能力强、性能稳定。系统的推广应用可使国产挤出设备实现快速升级，在加工性能方面可媲美国际高端挤出设备，而整机成本却更低。

广东联塑机器制造有限公司成立于 1998 年，是国家高新技术企业，广东省机械行业协会副会长单位，是一家专业研发、生产塑料挤出设备、挤出模具的企业，拥有完善而先进的技术研发、生产及产品测试等相关的系统。

合作单位广州市香港科大霍英东研究院是香港科技大学设立在内地的成果研发转化平台，一直以成为公共技术服务的核心力量为目标，肩负着产业化的责任。参与本项目的团队为高分子成型过程及系统中心，该团队由多名教授、博士领队，在塑料加工过程控制、监测、故障诊断、质量检测等领域已积累了 20 多年的研发经验，拥有多项国际领先的技术，在相关领域具有国际领先水平，同时与国内外相关领域的学术界与工业界保持密切合作关系。

二、主要创新点分析

1. 生产中存在的问题与难点

挤出机是塑料机械的主要品种之一，占塑料机械总产值的 30% 以上。挤出成型主要用来成型热塑性塑料，可成型的制品包括管、棒、板、丝、薄膜、电缆电线的包覆及各种截面形状的异型材。为了保证挤出产品质量和生产的稳定性，必须要保证精确的过程控制。但是，国产的机器还普遍采用开环控制，或者是引用一些比较简单的闭环控制，没有考虑到系统的非线性，耦合性等因素，造成机器性能不稳定，控制精度不高，产品质量波动范围大，生产效率低，废品率高等问题，性能上的差距也正是国产挤出机单价远远低于进口机器的主要原因。另外，挤出生产的过程中，受到各种复杂因素的影响，过程可能会出现异常，如果发现不够及时，会导致大量废品的产生；即便能及时发现异常，但去正确判断导致异常的具体原因对一线操作人员有较高的要求，对一些经验不足的人员来说，会耗费大量的时间，也就降低了生产效率。

2．解决方案

本项目针对现有国产挤出成型设备存在的问题研发一套集过程精密控制、过程监测与故障诊断于一体的高性能挤出机控制系统，该系统将与国产挤出设备有机结合，使国产挤出机在加工性能方面可媲美国际高端挤出设备，而整机成本却更低。系统的整体架构如图 1 所示。

（1）过程控制。

1）温度控制。

在开机启动阶段，温度控制要求快速，同时又不能出现很大的超调，否则一些热敏材料可能会存在降解的危险。上升时间和超调量是相互矛盾的两个指标，必须找到一个折中点。本项目使用一种最优的温度启动段控制策略，可以达到在很小超调前提下上升时间最短的控制效果。

挤出机的料筒一般分为多段，每段由独立的电加热圈进行加热，由独立的冷却装置进行冷却，靠热电偶进行测温。各段之间具有很强的耦合作用，如果对各段温度采用单回路的控制方案，那么对一段温度的调节会对相邻段有较大影响，结果会导致过程的震荡加大，不容易稳定。本项目采用多变量的控制结构，对各段实现很好的解耦，从而提高控制精度。

2）模头压力控制。

传统的控制策略是通过控制挤出螺杆的转速恒定，以达到控制产品挤出速率的目的。但

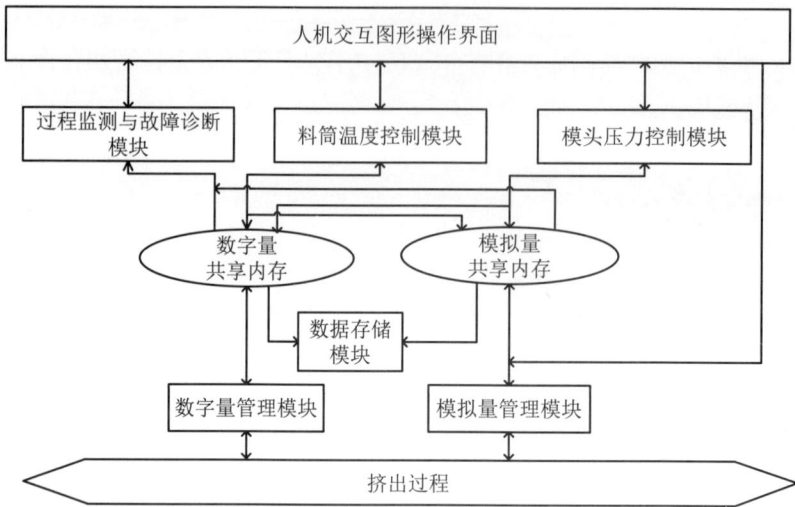

图 1　高性能挤出机控制系统架构图

是，由于机筒内物料的黏度不可避免存在一定的波动，不同黏度的流体的流动特性不同，所以即使控制螺杆的转速恒定不变，也不能精确保证挤出率的稳定。本项目采取一种新颖的控制策略，即选择模头压力为被控对象，而调节变量则是螺杆旋转电动机的驱动信号。模头压力直接决定了挤出速度，不论物料的黏度如何波动，只要保证了挤出压力的稳定，就可以保证产品质量的稳定。

（2）过程监测与故障诊断。

在挤出过程中，温度、压力等各变量不是独立存在，它们之间具有很强的耦合关系。在实际生产中，这种变量之间的关系往往会非常重要，要保证获得精密的产品质量，必须对过程变量的相关性同时做出监测。本项目利用以主元分析（PCA）和偏最小二乘（PLS）为代表的多变量监测方法对多个变量以及变量之间的相关性进行有效监测，可以做到提前预警，避免出现大量废品的生产事故。

在现代生产中，专家的知识是异常宝贵的财富。有经验的专家在遇到生产过程中发生的问题时，可以轻易解决，而普通工人往往耗费了大量时间也毫无头绪。但是，并不是每个普通的加工企业都有工艺专家，所以本项目融合大量的专家知识建立故障库，在过程出现异常时，智能找出导致异常的具体原因，可大幅提高企业故障排查效率。

项目的特色与主要创新点如下：

1）项目研发的挤出机高级控制系统将装配于传统的挤出机，在大幅提高国产挤出机性能，达到进口高端机性能的同时，不需要对原有机械和驱动系统做任何改动，此系统属于国内缺少的装备技术，且软、硬件完全具有独立知识产权且具有较低的成本。

2）考虑了料筒初始加热时间段的最优控制问题，使温度的上升时间最短且没有明显超调，与传统的挤出机相比，缩短了加工开始的准备时间，提高了生产效率。

3）对挤出机料筒温度进行多变量自适应控制，能够自动对不同工况进行控制器的校正，精确控制各段料筒温度，与传统的挤出机上简单的 PID 控制相比，控制方法更高级，控制结果更稳定，进而使加工的产品质量更稳定。

4）提出通过控制挤出模头压力而保证产品的挤出率的全新控制策略，与传统挤出机上控制螺杆转速的方法相比，使加工的产品质量更稳定，而且降低了高性能挤出机对驱动电机的高要求。

5）采用基于主元分析的挤出过程多变量过程监测，不仅看单个变量的自身变化，而且分析多个变量之间的相关性，与传统挤出机上针对单个变量的监测方法相比，可以更准确、更及时地对生产过程予以监测。

6）通过专家知识，建立故障模式库，辅以主元分析的方法，对已发生的故障进行诊断，自动判断导致故障的原因所在，解决了传统挤出机上需要靠人工经验判断故障原因的问题，提高了工作效率。

3. 实施结果

本项目开发的控制系统与挤出机结合后，各项技术指标与国内外同类机对比如表 1。

本项目的实施产生如下社会效益：

（1）项目成果可取代进口机械，其推广应用可对广东省乃至我国塑料挤出加工行业的升级以及生产成本的降低起到巨大的促进作用。

（2）项目成果为国产挤出机生产企业快速实现技术升级，使国产挤出机具有同国外进口高端设备抗衡的优势，参与国际市场竞争，从而扩大出口与内销份额，为相应企业带来直接经济效益，进而增加地方与国家的税收收入。

（3）塑料挤出产品生产企业技术的提升和成本的降低，会直接带动起下游行业的发展。

（4）本项目由国内挤出装备的龙头企业和具有国际顶尖水平的科研单位，在地方政府的支持下联合实施，由于主申报单位所属集团同为挤出产品（主要为各类塑胶管道）生产的龙头企业，为该技术的推广应用起到十分便利的条件，所以项目为数控技术的政产学研用融合机制起到良好的示范作用。

（5）在项目的数控产品技术研发、测试、项目管理、产品推广过程中，培养了大量的数控人才，推进高端数控人力资源的开发。

表1 项目技术指标对比表

条 目		本项目达到的技术指标	国外挤出机	国产挤出机
料筒及模头温度控制	初始升温	达到最短升温时间且超调小于2℃	超调3～5℃	超调10～20℃
	稳态波动范围	±0.5℃以内	±2～±5℃	±10～±15℃
挤出率控制		通过控制模头压力实现（闭环），稳态波动小于±0.1MPa	通过控制螺杆转速实现（闭环）	通过控制螺杆转速实现（开环）
故障监测功能		多变量监测，更及时准确（故障误报率在工业可接受的范围内，例如，在统计控制限设定为99%的情况下，误报率控制在1%以下）	单变量监测，不够及时	单变量监测，不够及时
故障诊断功能		出现故障时，自动判断问题出处	靠人工查找故障出处	靠人工查找故障出处
控制系统硬件架构		嵌入式系统，运算能力强，成本低	PLC，成本高	使用国外PLC产品
挤出产品质量稳定性		高（达到高端进口设备的稳定性）	高	低
挤出机价格		可采用普通电机进行驱动，价格低	采用高性能伺服电机，价格昂贵	采用普通电机，价格低

三、主要成果

本项目主要成果如下：①数控化装备新产品3种；②检测报告；③申请发明专利4件，申请实用新型专利4件；④备案的企业数控技术标准3项。

本项目将使承担单位的数控装备创新产品达到250台（套），形成6000万元的应用示范基地，为公司年新增利税780万元，年出口创汇570万美元；销售到南美、东南亚等地区。

四、当前存在问题和展望

除了挤出机外，基本的挤出生产线上还包括冷却、牵引与切割装置，这些装置，特别是牵引机与最终挤出产品质量有很大的相关性。当前的控制大多为单台挤出机的控制，为进一步提高产品质量，应考虑挤出机与生产线上其他辅机的协同控制，同时利用各类挤出产品质量在线感知手段，实现在线质量闭环控制。另外，在"工业4.0"与云技术的大背景下，应研究如何提高挤出机的智能化水平，包括参数的智能设定技术、远程控制技术以及机器与机器之间的智能学习等。

数字化高性能智能多层共挤吹塑机组

2012 年广东省"数控一代"机械工程创新应用示范工程专项资金计划项目

广东金明精机股份有限公司

新一代数字化智能多层共挤吹塑机是以自动控制、工业互联网、数据分析等技术为基础，以数字化智能制造为核心，将生产线的制造、工艺、质控、维护等过程都融入智能生产制造中。突出制造工艺与控制技术结合、机械装备与企业生产制造系统结合，使生产过程中从产品原料到最终制品都达到数字化信息管理和流程控制，实现智能化生产制造，让用户成为数字化智能生产技术的受益者。

一、导言

随着互联网、数字化和信息化技术的不断发展，在装备制造领域，自动控制技术与信息技术的融合越来越紧密。在塑胶设备制造行业，数字化智能控制与装备结合，对传统的吹塑设备将产生创新性设计理念，新一代数字化智能多层共挤吹塑机是以自动控制、工业互联网、数据分析等技术为基础，以数字化智能制造为核心，将生产线的制造、工艺、质控、维护等过程都融入智能生产制造中。突出制造工艺与控制技术结合、机械装备与企业生产制造系统结合，使生产过程从产品原料到最终制品都达到数字化信息管理和流程控制，实现智能化生产制造，让用户成为数字化智能生产技术的受益者。

二、主要创新点分析

智能多层共挤吹塑机组是在研究吹塑设备及加工工艺的基础上，结合自动化、数字化、信息化技术研发的高性能吹塑机组，设计理念是以提高吹塑机组资源利用效率为目标，强调高效率、低成本、快速响应、个性化生产等。突出数字化与智能化设计，机组关键技术在吹塑行业取得了较大的突破，其机组及工艺流程，如图 1 所示。

智能多层共挤吹塑机组在生产工艺流程的关键环节如厚度控制、工艺配方控制、生产管理控制等融入了新的设计理念，开发成功了动态调节薄膜厚度控制技术、基于芯片控制的张力控制技术、支持多协议的工业数据连接网络和智能运行管理控制等技术，实现了吹塑机组生产运行过程数字化、智能化控制，是吹塑行业未来的发展趋势。

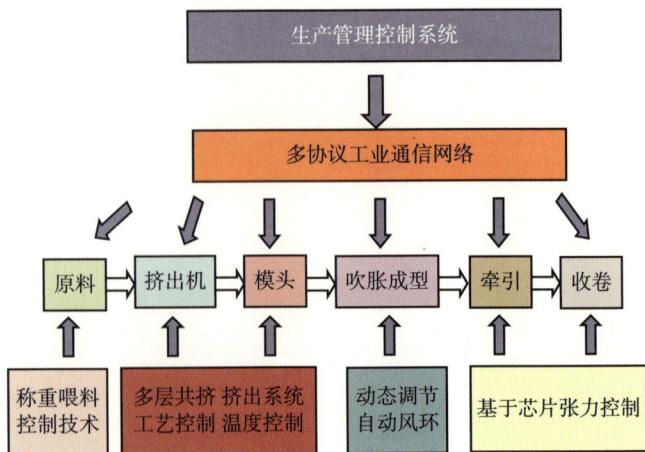

图 1　机组及工艺流程示意图

1. 动态调节薄膜厚度控制技术研发

厚度控制是吹塑制品工艺流程的重要环节，直接影响薄膜的质量和膜卷的平整度，传统设备厚薄均匀度是通过人工调整模头间隙改变制品厚度，完全依靠工人经验进行调整，缺乏数据衡量。动态调节薄膜厚度控制技术利用测厚装置，在线采集薄膜厚度信息，将薄膜厚薄分布情况用图形方式表现出来，实现了数字化、可视化转换，同时还根据测厚数据对风环进行动态调整，动态调节薄膜厚度控制技术包括分布在风环圆周上的厚度控制机构、薄膜在线厚度检测器、数据连接网络、自动控制系统等。与传统风环的差别在于不仅能实现薄膜的厚度控制，同时也能提高膜卷的平整度，消除膜卷表面凹凸不平的现象。动态调整风环控制系统技术难点在于设备运行过程中不仅要克服系统引起的厚薄偏差，同时还要根据制品的厚薄分布情况对厚点进行错开分布，以便消除薄膜在卷取过程中出现凹凸不平的暴筋现象。厚薄控制与厚薄点错开两种控制模式及算法必须在同一系统中完成计算。

由吹塑工艺生产出来的薄膜厚薄均匀度通常在 7%～10%，且厚点和薄点通常位置相对固定不变，这种状况下薄膜收卷过程中会产生厚点与厚点、薄点与薄点不断累加，在膜卷表面形成凹凸不平的现象，凸起的地方就是暴筋，使用过程容易引起破裂。解决膜卷收卷暴筋现象对产品质量起到关键作用，如何调整薄膜制品的厚薄点，使其厚薄点在收卷过程中不会出现累加，减少甚至消除膜卷表面凹凸不平现象是一个较难的课题。

本项目采用创新的设计思路，系统在做厚度控制的同时，通过叠加实时动态调整风环的控制状态的控制算法，根据制品厚薄分布情况，在平均厚薄均匀度基本不变的情况下，对薄膜不同位置实行增厚或减薄处理，达到控制膜泡厚薄点相互错开的目的，减少累加，使薄膜表面趋向平整，消除暴筋，提高制品质量的目的（图 2）。

动态调节薄膜厚度控制技术具有以下效果和优点：

（1）薄膜制品关键指标厚薄均匀度实现数字化和可视化控制功能，对直观衡量薄膜厚薄分布情况，同时做自动调整。

（2）薄膜在收卷过程中各点厚度沿卷材轴向呈均匀分布，避免爆筋现象，且可省略传统的旋转挤出系统工艺和设备。

（3）控制过程中虽然采用增厚或偏移技术，但最终能使所有膜

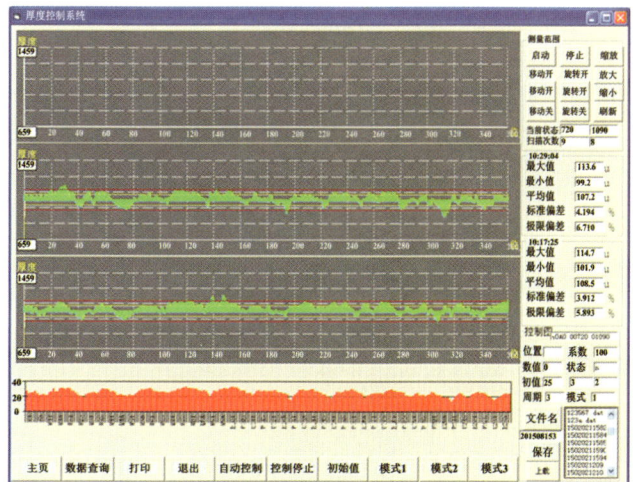

图 2　厚度控制主界面

泡平均实际厚薄均匀度得以提高，在保证机械强度的同样条件，可以节省原材料、节约成本。

2. 支持多种协议的工业数据连接网络开发

实现智能化控制管理系统的前提是需要将设备各部件控制系统形成一个网络，实现各控制系统之间的数据连接，在完善数据采集的基础上才能够实现数字化、智能化控制。多层共挤吹塑机组由多个控制部件组成，有自动称重喂料系统、挤出加热系统、动态调节式自动风环、智能 IBC 内冷风环、测厚系统、张力控制系统、收卷机等部分组成，各部件控制系统不一致，没有共同的数据连接标准，需要开发数据连接网络系统，以便实现数据采集和交换。

多协议的工业数据连接网络解决了不同 PLC 与控制系统的接口问题，由于设备应用的控制系统较多，这些系统由不同厂家提供，各系统之间独立运行，不能实现数据连接，不利于集中控制和信息化处理，为了使各控制部件能连接成为一个系统，实现集中控制，我们研发了兼容网络系统，将不同系统的数据接口统一转换成工业以太网方式，例如，测厚系统用的 RS422（PCDLINK 协议）、称重系统使用 PROFIBUS、温度、挤出压力使用的 RS485（MODBUS RTU 协议）和变频器使用的串口通讯（MODBUS ASCII 协议）都转换为工业以太网（TCP/IP + MODBUS/TCP 协议）方式，将物理上不同的通信接口转换为统一的以太网口接入，不同的通信协议转换为统一的 MODBUS/TCP 协议，实现了将现场总线通过通信控制器直接挂接到工业以太网上，通过上位工控机完成统一的数据采集，提高数据采集的安全性和可靠性，解决不同系统数据接口问题，实现不同系统运行过程中的数据连接和数据采集，为数字化智能运行管理控制系统开发提供快捷方便的数据网络接口。

3. 智能运行管理控制系统

该控制系统对传统的吹塑设备运行控制提出新的设计理念，重点突出生产过程中从产品原料到最终制品都达到数字化信息管理和流程控制，借助数字化、网络化技术，与 ERP、MES 等结合，通过自动化控制流程实现智能高效生产管理。

智能运行管理控制技术主要包括生产管理系统、工艺管理系统、过程质量控制系统、设备运行维护及能耗管理系统等。各功能部件模块与现场 PLC、传感器等部件连接，运行数据通过多协议工业数据连接网络传送到工控机，由运行管理控制系统实现生产过程的数字化管理、产品质量监控和设备维护等。该系统主要包括生产管理系统、工艺管理系统、过程质量控制系统、设备运行维护系统等模块的开发，各模块功能如下：

（1）生产管理系统软件的研发。

生产管理系统从接受用户订单开始，系统根据产品要求进行排单，统计生产原料及辅助材料数量和要求，生产部门根据材料 BOM 表准备原材料。生产过程中实时汇报生产进度及材料消耗情况，同时记录生产过程中的设备运行参数。生产结束时会自动生成报表，包括生产数量、成品率等，同时对生产资料消耗进行汇总，形成生产成本清单。如图3所示。

（2）工艺管理系统研发。

传统吹塑工艺是基于人工操作而制定，部分工艺参数需人为调整和确定、参数精准度低，无法满足数字化生产需求。为实现数字化、智能化生产，需研发与之匹配的数字化自动工艺管理系统。本项目研究出适于集中控制的数字化工艺技术，开发出比较完善的工艺数据库，为设备全流程数字化生产提供了重要的工艺基础。

工艺管理系统内包含材料加工工艺库、产品工艺库等，生产过程中根据不同材料调用相应的工艺参数，对加工材料的温度、压力、塑化时间等状态进行控制，同时对产品的厚度、张力等进行调整。生产不同产品只需要调用相应的工艺参数库，提高产品的稳定性，降低产品的损耗。如图4所示。

（3）质量管理与设备运行维护系统开发。

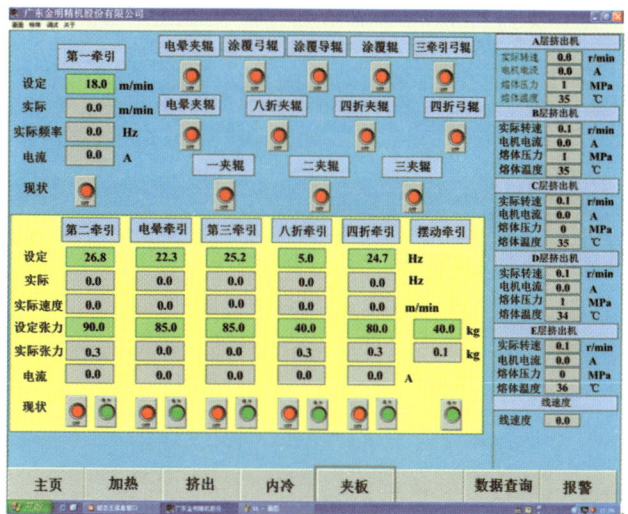

图3 状态监控界面

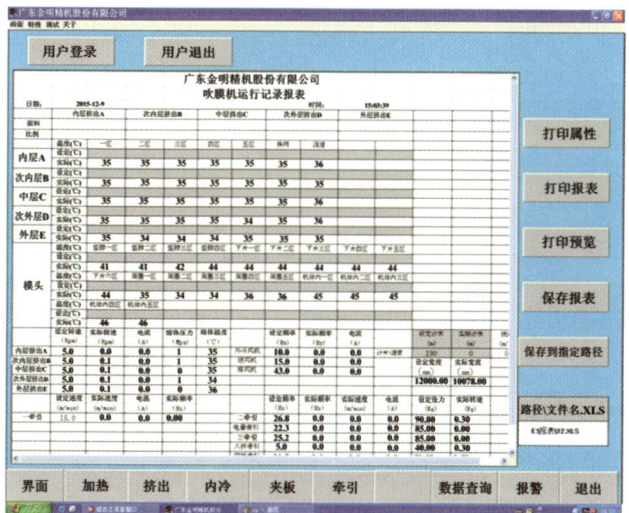

图4 工艺配方记录界面

过程质量控制系统可实时对产品厚度、均匀度等关键技术参数进行在线检测和记录。对反馈产品质量信息进行统计，形成产品质量报告，以便产品质量跟踪和追溯，实时查询历史数据，保证产品质量，提高产品品质。

设备运行维护系统实时对设备各参数运行状态进行监控，当运行状态超出安全范围时，系统会实时提示，对于不同安全区域，系统会用不同的颜色清晰地表现出来，对于涉及设备安全的运行状态，系统会同时进入减产、停机等工作状态。产品运行维护系统根据设备运行状况对关键维护点进行监控，及时提醒各部件维护和更换时间，实现设备全生命周期管理。

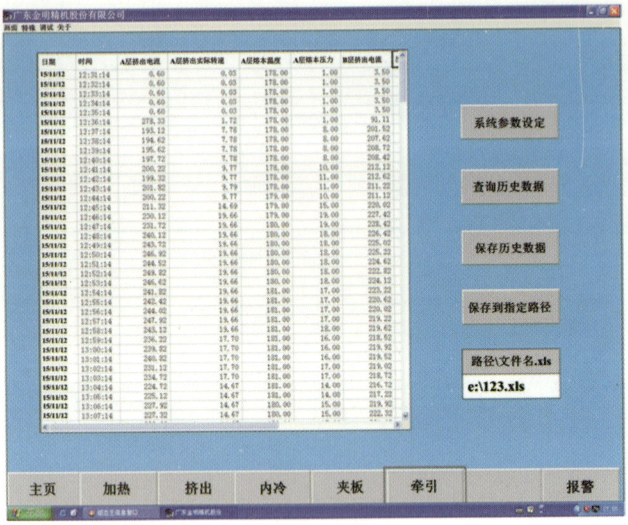

图5 报警及数据查询界面

系统拥有远程诊断和数据采集功能，可通过互联网连接，随时对设备进行故障诊断和排除。如图5所示。

（4）智能运行管理控制系统优点。

1）有效管理不同型号、规格产品的生产制造，实现实时调度管理，提高设备使用效率。

2）生产管理、工艺管理与能耗综合监测结合，通过工艺数据库及生产各方面因素，自动选取最佳的工艺配方，降低产品能耗和制造成本。

3）全新的操作控制系统，实现引膜控制、膜泡成型控制、工艺控制、无线操作控制等多种控制功能，减小劳动强度同时也让用户有全新的操作体验。

4）利用数据分析技术，实现自动控制到数据分析的转变，具有较为完善的生产统计、合格率统计、原料使用分析、故障分析、设备部件维护统计等功能，为管理者分析和决策提供依据。

4. 基于芯片控制的张力控制技术

张力控制是薄膜生产工艺过程中重要的环节，对牵引和收卷影响最大，高质量薄膜生产过程中对膜面张力的要求很高，传统的PLC控制模式由于采样和运行速度、AD转换的精度限制了系统的控制性能，为了解决涂覆膜、自黏膜等高端薄膜对张力控制的要求，需要研发比传统的PLC性能更加强大的高速高精度的张力控制系统。

基于芯片控制的张力控制技术解决了张力控制稳定性和动态性难题，由于高端薄膜材料具有一定的弹性，工艺线路较长、同时还要经过电晕等工艺处理，薄膜在牵引过程中要求张力控制有较好的稳定性同时有较快的动态响应性能，张力控制系统是一个非线性、多模态、强干扰的系统，普通的控制策略无法解决快速、准确的控制难题。本项目设计了一种以FPGA为核心芯片的张力控制系统，发挥FPGA高速运算平台的优点，通过改进的PID算法，实现高稳定快速响应的控制功能，满足高端薄膜生产工艺的要求，实际测量效果如图6所示。

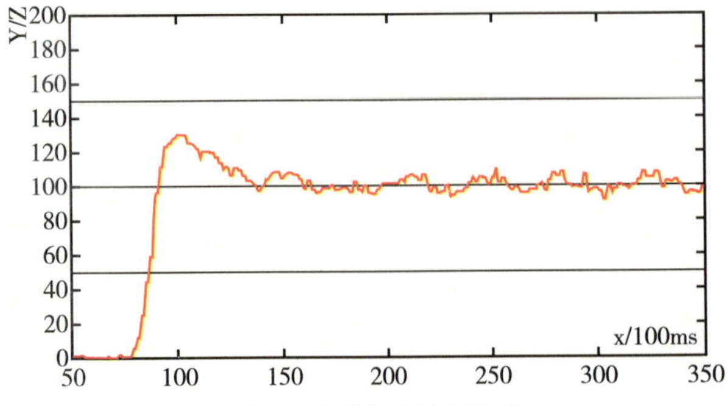

从采集到的控制效果分析看出，以

图6 薄膜张力控制效果

FPGA 为核心的控制系统，响应时间更短，超调量更小，毛刺也比较少，稳态误差小，波动量小、动态性能更加强，通过软件的处理，系统的抗干扰能力更强，稳定性和动态性能都比传统的 PLC 控制有大幅度的提升。

三、展望

本项目通过对多层共挤吹塑机组使用、运行、加工工艺等方面的研究，围绕数字化自动吹塑工艺技术、薄膜厚度控制技术、生产全过程的中央自动控制系统及自动化生产线等内容，研发出数字化高性能智能多层共挤吹塑机组，实现了从原材料到产品的数字化智能生产过程，推动了吹塑行业数字化、自动化、智能化技术进步。

面向数控注塑机的高性能伺服驱动系统研发与产业化

2013 年广东省"数控一代"机械工程创新应用示范工程专项资金计划项目

广州市香港科大霍英东研究院　华南理工大学　群达模具（深圳）有限公司

注塑机作为一种典型的电液系统，动力、控制等主要功能依赖于电机系统。项目采用伺服电机系统代替传统注塑机使用的普通电机，具有节能、生产效率高、重复精度高、省料等明显优势。项目采用高性能硬件平台，并综合应用了在线辨识、参数优化、迭代复合控制等方法，开发伺服系统已在行业展开应用验证，使用效果良好，节能可达 40%，生产效率和产品精度大幅提高，并同步降低了原料的消耗。

一、导语

我国的注塑机由于起步较晚，现阶段的产业结构不甚合理，传统的液压式注塑机在市场中占据了主导地位，数控注塑机尚处于初步发展阶段，投入批量生产的厂家寥寥无几。国内注塑机生产厂家虽已在该领域有所突破，但还远未形成产业化、规模化，技术上与国际先进国家（如日本、德国等）还存在较大差距。这一问题的关键是国内厂家尚未掌握核心技术，目前数控注塑机的主要功能部件如伺服电机及其驱动系统、滚珠丝杠等均依赖进口，过分依赖国外的高新技术造成了目前产业发展的瓶颈。本项目负责人张碧陶博士一直从事数控系统协同控制技术的理论与应用研究。经过申请者研究团队多年在数控系统和注塑成型工艺的研究发现：国内的伺服驱动生产厂家在开发伺服驱动系统时，基本只把永磁同步电机作为驱动系统的独立研究对象、并未从整体上考虑机械设备的运作特性和加工工艺等影响整机性能的因素，进而使得我国的数控注塑机不能加工出高质量的产品。本项目跳出过去的局部思维，通过抓住决定注塑机性能的机械系统和电气控制系统的非线性、时滞性和多工况性等的主要科学问题，融合注塑过程的重复特性和电机驱动技术，研究面向数控注塑机的高性能伺服驱动技术及装置。

项目主要承担单位广州市香港科大霍英东研究院是亚洲知名学府香港科技大学设立在内地的成果研发转化平台，一直以成为公共技术服务的核心力量为目标，肩负着产业化的责任。本项目由高分子成型过程及系统中心承担，中心为了实现长远的发展目标，现时正在实现管理模式攀升的过程，逐步按照企业模式运行。中心除承担政府科研项目之外，已经初步开展面向中小企业的先进技术推广工作。经过多年的发展，在塑料加工过程控制、监测、产品质量检测等领域已积累了一定的合作伙伴及市场基础。通过与这些企业的合作，推动成熟技术产业化的进行，并扩大将来的客户群体，为将来产品的销售打好基础。除了与企业合作外，中心也与本地和国内的多家大学及科研单位保持着良好合作关系，例如华南理工大学、中山大学、广东工业大学、浙江大学、清华大学、东北大学、厦门大学、南京航空航天大学等。

本项目的合作单位群达模具（深圳）有限公司是我国模具行业的龙头企业，公司拥有注塑机、高速加工中心、龙门加工中心、慢走丝线切割、三维检测仪器等欧美、日韩数控设备100多台。公司具有能够熟练运用多种专业软件的工程师100多人，并擅长热流道技术、气体辅助技术、流动和成型缺陷分析技术、低压注塑成型技术、双色注塑模具技术、大型深腔模内镶件注塑成型等先进技术的研发和应用。

二、主要创新点分析

1. 生产中存在的问题与难点

（1）注塑机能耗问题。

注塑加工属于高耗能的工业，电能消耗成本在注塑成型产品成本中占很大比例。随着国家节能减排政策的深入，如何通过节能降耗有效降低生产成本受到了各注塑机制造商和广大用户的关注。传统的注塑机采用定量泵的液压式，其油压系统的能耗为75%～80%，针对传统液压机的动力系统节能改造包括使用变量泵、变频器驱动、伺服驱动器及伺服马达驱动等，其中，公认节能效果最好的是基于永磁同步电机伺服系统的数控注塑机，其电能消耗可降低40%左右，而且噪声低，它也将会是未来注塑机市场的重要发展方向。

（2）关键零部件技术差距。

由于注塑机在国内整体起步较晚，数控注塑机的发展刚刚开始。目前国内注塑机生产厂家虽已在该领域有所突破，但尚未形成规模产业化，技术上与先进国家相比还存在较大差距，特别是其中的关键零部件需要引进。引进虽然是迎头赶上的捷径，但一味地引进有两弊端：一方面把产品的很大一部分利润让给了国外制造商，另一方面也难以实现整体超越的转变。更重要的是，必须清晰地认识到一点：引进的并不一定是最先进的。以往的经验表明，引进的技术往往与国外的先进技术保持10年以上的差距。

综上所述，目前国内还没有形成规模的数控注塑机产业化，控制技术跟国外存在巨大的差距。国内外在融合注塑过程特性的伺服驱动控制技术及装置的研究还是空白。

2. 解决方案

本项目研发面向数控注塑机的高性能全数字伺服驱动技术及装置，具体包括硬件开发、控制策略研究、伺服驱动系统的测试与应用。

（1）交流伺服驱动硬件电路开发。

硬件电路是系统结构的硬件平台，其系统的柔性单元电路通过可裁剪性来实现，丰富的硬件接口实现设备配置的开放性要求。伺服系统硬件开发包括：①伺服电机驱动功率电路及其保护电路；②电流、转子位置、转速、进给位置等检测电路；③通讯接口电路开发；④开发面板操作显示电路开发；⑤故障诊断电路开发等。

（2）伺服驱动系统先进控制策略研究与设计。

1）研究基于二维离散时间线性模型描述的二维模型预测控制算法。

由于模型预测控制是先进计算机控制技术的代表，因此，在理论上直接基于离散时间模型来研究预测控制算法。模型预测控制的核心思想包括预测模型、滚动优化和反馈校正。基于不同形式的预测模型、不同的优化指标、约束条件以及不同的反馈校正技术都会形成不同的模型预测控制算法。但每一种预测控制算法的提出都需要从方法上研究如下内容：

（a）融合注塑过程的永磁同步电机二维动态的在线辨识技术。基于注塑过程的特性，对永磁同步电机的二维动态进行在线辨识是实施模型预测控制思想的必然要求。模型辨识方法的好坏直接关系到模型的预测能力，对预测控制系统的稳定性和鲁棒性有直接和重要的影响。为了保证工程应用，模型辨识算法还必须具有计算简单和可在线实施的特点。

（b）确立优化性能指标和优化算法。对于一维动态系统，优化指标考虑的是过程沿时间方向的预测控制性能。对于具有二维动态的注塑过程，为了保证控制系统沿时间和批次方向同时具有平衡和优化的控制性能，就必须采用二维的预测性能指标。二维预测性能指标函数在时间维和批次维上的优化区间大小和优化权重与控制系统性能（如稳定性、收敛性和鲁棒性等）有密切关系，深入研究并揭示这种关系能够为性能指标参数的设计提供理论依据。此外，基于二维预测模型的优化问题比基于一维预测模型的优化问题更为复杂，特别是采用二维预测性能指标函数时更甚。研究算法简单、便于计算机在线实施的优化算法是保证模型预测控制策略具有工程实用性的关键所在。

（c）在线反馈校正技术。模型预测控制中的反馈校正技术对系统的控制性能，特别是鲁棒性至关重要。预测控制中可采用的反馈校正方式包括对预测模型的校正和对预测信号的校正。对模型的反馈校正可以减小系统非线性、时变特性对预测控制性能的影响；对预测信号的反馈校正可以降低外部干扰对控制性能的影响。研究反馈校正方式和校正算法，以及它们对控制性能的影响是在线反馈校正技术研究的核心内容。

2）基于 2D 系统理论的复合控制律设计。

项目利用注塑过程的重复特性，把 2D 系统理论引入注塑过程的控制当中，提出了 2D 迭代学习的控制方法。这种控制算法在系统具有极大重复性的情况下能达到较高的控制性能，但系统一旦受到不确定扰动（即出现不具有重复性的扰动信号），则 2D 迭代学习算法会出现不稳定的可能。进一步的研究发现，系统发散的原因是 2D 迭代学习控制律没有利用实时的反馈信息。鉴于此，本项目深入研究融合 2D 系统理论和反馈控制算法的先进控制。

3）基于矢量控制的 SPWM 控制算法研究与设计。

4）电机无冲击转子自动定位算法与设计。

（3）伺服驱动系统在数控注塑机上的应用。

注塑成型过程具有相当的复杂性，如具有多操作阶段（合模、注射、保压、塑化 / 冷却、开模）、多操作变量（压力、温度、速度）、多产品质量指标（尺寸、光洁度、平整度等表面质量和弹性、韧性、硬度等物理质量）等。本项目以注塑成型过程的注射阶段为研究对象，采用研发的伺服驱动系统作为注射动力来源，通过控制电机来控制注射速度，研究永磁同步电机的 2D 模型建立方法、2D 系统预测控制性能分析方法，以及基于 2D 系统理论的先进控制策略等理论方法的应用可行性。

三、主要成果

本项目申请专利 5 件，其中发明专利 1 件，实用新型 2 件，外观专利 1 件，软件著作版权 1 项，发表论文 5 篇，培养博士、硕士 5 人。项目实施预计生产 16310 套产品，新增产值 26740 万元，税利 6989 万元，带动注塑机行业增值 12.8 亿元，带动上下游产业增值 38.5 亿元。在同期市场份额中，旧注塑机改造 7.66 万台，占市场保有量 100 万台的 7.66%；新注塑机安装 14.60 万台，占新增注塑机产量 100 万台的 14.60%，并带动塑料工业转型升级、节能降耗。

四、当前存在问题和展望

在项目的研发和实施过程中发现，伺服驱动器的核心模块，如 IPM 和 CPU，受制于国外。一方面成本高，购买不方便；另一方面，高性能的 CPU 不对我国销售，致使一些先进的算法和技术无法实现，或者实现的成本很高，不适合市场需求和产业化。因此，在针对永磁同步伺服电机的高性能控制研究以及产品研发，必须攻克核心部件，实现国产化。同样数控注塑机的发展，也应该具备国产的高性能"大脑"和核心功能部件。

基于"数控一代"系统塑料挤出设备关键技术的研究

2013 年广东省"数控一代"机械工程创新应用示范工程专项资金计划项目

广东联塑机器制造有限公司

大力发展以数控技术为核心的先进制造技术已成为各发达国家加速经济发展、提高综合国力和国家地位的重要途径。以高智能集成化控制塑料挤出设备,实现生产线参数,配方的保存,多种通讯协议的标准化、远程控制技术和米重控制技术,提升塑料挤出设备的技术含量,达到产品性能的技术提升。

一、导言

本项目的实施，将提升塑料挤出设备的技术含量，达到产品性能的技术提升。新一代数控设备的研发成功，可使厂家进一步减少塑料管材单位产品的能耗量，减少人力成本，实现智能控制，保证管材的壁厚均匀，提高生产效率，实现可持续的扩展功能以及工厂设备的现代化操作和管理，确保管材的质量符合国家标准。

对企业来说，通过本次研究开发，提升公司产品的市场竞争能力和盈利能力；对企业进行技术和管理创新，实现企业经济效益的增长；改变企业单纯靠传统增加土地和人力的增长模式，走上了通过技术要素实现增长的可持续发展道路。对区域而言，改变了广东省作为珠三角塑料建材产品生产的主要地区但是塑料挤出装备数控化落后的状况，提高了广东挤出设备在中国和世界上的产业竞争力。

现阶段我国的控制技术主要采用：相对独立的温控仪表控制温度、相对独立的直流调速或变频调速器控制速度，几乎全手工调节各部分的工作位置。这种相对独立的控制方式，虽然有控制简单等特点，但是也有其致命的缺点，主要表现在以下几个方面：

1）各部分独立工作，缺乏彼此的协调性和连贯性，产品品质难以保证。

2）主要传动点采用变频调速或直流调速的调节精度不高，动态响应慢。

3）没有人机交互功能，增加了操作人员和设备维护人员的难度。

4）设备后续的功能扩展难以实现。

5）设备集中的现代化、信息化管理无法实施。

本公司针对塑料挤出设备行业存在的问题，基于"数控一代"系统开发出一种集成度高、操作维护简单、智能米重控制、自动化控制程度高的数控新一代挤出设备。

二、主要创新点分析

1. 定制化的人机界面和"数控一代"控制系统

一款专用于塑料挤出设备的人机界面和"数控一代"控制系统，该系统的特点是：①专门针对塑料挤出生产线的常规配置，对"数控一代"的输入输出的点数（如温度控制的区数、速度控制的传动点数等），做到了恰到好处的配置，尽量做到物尽其用；②紧凑的外形设计，与 Siemens 相同尺寸的 CPU，但其输入输出的点数是 Siemens 的 2 倍，价钱却低了 20% ~ 30%；③同时集成 PPI 和 MODBUS 通信端口，方便和第三方的设备进行数据通信；

④优异的 PID 温度控制功能，具有自整定的加热和冷却的双 PID 温控功能（在大加热惯性的塑料管材扩口机的加热方面尤显其优越性能，同档次的 Siemens 公司的产品根本不能和其比拟）。

2. 设置设备的电脑屏操作终端，增强人机交互功能

国内的挤出设备一般是通过数字仪表来控制，一条生产线上分布密密麻麻的仪器仪表，设备的稳定性和集中控制比较差；新开发的"数控一代"挤出设备在 10 寸或 12 寸的高分辨率的操作终端上，以图形和文字相结合的方式，实现整条生产线的集中操作与控制。并且，对生产线的各个重要工艺参数，实现以配方的形式进行保存和调用；对设备出现的报警，以动态的形式立刻予以提示并提供相应的措施；对生产中重要的参数，设立实时和历史趋势图，以便分析和追溯产品的品质因素。

图 1　国内传统的仪表控制方式

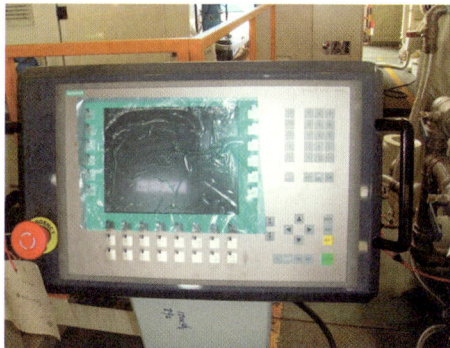

图 2　西门子操作屏幕

图 3　自主开发"数控一代"操作屏幕

图 4　自主开发的"数控一代"控制系统

3. 通过现场总线，集成具有自主开发的智能米重控制系统

颠覆了挤出机传统的控制方案，使管材品质得到了质的飞跃。此智能米重控制系统主要由单片机和失重式连续称量料斗及线速度测量编码器构成。传统挤出机的控制，以速度为直

接控制对象，管材的品质（即米重）容易受到诸多因素（如电网电压波动、物料的架桥、水温的波动、机械的磨损等）影响，集成了米重控制系统后，"米重"作为直接控制的对象而被输入到人机界面中，系统会"以不变应万变"，根据设定的"米重值"，通过重力闭环，自动调节挤出的速度以弥补上述不定的影响因素。在管材压力等级相同和线速度相等的情况下，保证管材壁厚在 3% 的偏差范围内（国家标准的壁厚偏差是 10% ~ 12%），并且相对国家标准节约了 6% ~ 9% 的原材料。

图 5　自主研发的 IGS 称重芯片

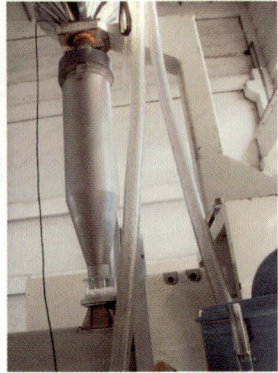

图 6　自主研发的称重料斗

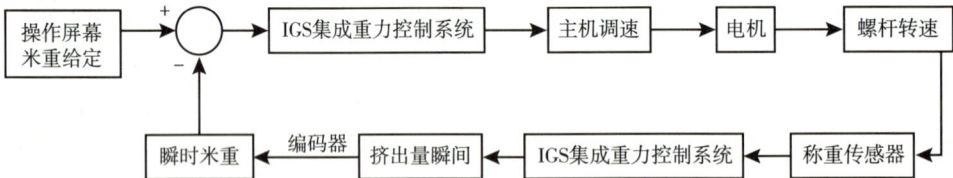

图 7　自主开发的"数控一代"系统米重控制原理图

4. 设备可拓展的远程监控系统（RCMS）

塑料挤出设备的嵌入式 RCMS 系统，主要有以下几方面的特点：①基于 S-LINK 和 VLAN 技术，在通用的以太网 TCP/IP 基础上实现"安全—完整—实时"的数据 / 视频传输和程序的监控和修改；②对于工厂内部，通过系统的无线 AP 和远程安全通讯模块，建立无线免通讯费的局域网，在局域网的任何远程监控、诊断、维护和操作均可方便快捷进行；③延伸至工厂外的广域网，则可在局域网的基础上，通过 3G、WIFI 或有线办公网络接入；④随时随地（跨地区、跨省份、甚至是跨国际），可掌握工厂生产线群组的一切动态；实时数据、配方、甚至是现场管理，程序在线修改等。

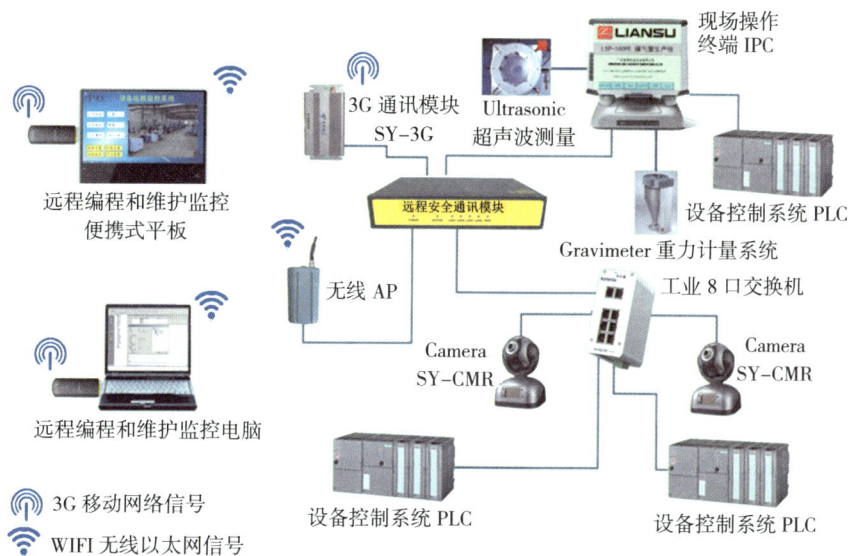

图 8　工厂设备群集中（远程）监控和维护系统

5. 挤出设备的关键传动点大部分采用自主研发的伺服驱动电机，实现挤出的高效和稳定，牵引的速度同步和稳定

（1）主螺杆驱动采用大扭矩大功率的无减速机构的伺服电机直接驱动，减少了减速机 2% ~ 5% 的能源损耗，同时，噪声也可下降 12 分贝。

（2）多履带牵引每条履带采用同步伺服电机驱动，改善了以往交流驱动低频速度不稳，力矩疲软的问题，解决了履带之间同步协调的问题，解决了宽范围精度调速的问题，一定程度上保证了管材壁厚的均匀性。

（3）无屑切割采用伺服电机，通过同步带去的切割小车，切割小车移动伺服电机与上游的履带驱动伺服电机采用电子齿轮的传动方式，在不需要任何人工调整的情况下，能够有效保证在切割过程中的切割体和管材的绝对同步，保证了管材切口的平整光滑。

三、主要成果

本项目主要成果如下：①数控化装备新产品 3 种；②检测报告；③申请发明专利 4 件，申请实用新型专利 4 件；④备案的企业数控技术标准 3 项；⑤项目实施后，公司产品年新增产值 6000 万元，年新增利税 300 万元，取得较好的经济效益。

本项目的成功实施并应用，极大提高广东省乃至我国在塑料挤出设备数控技术研究、应用水平，增强广东省在设备数控化方面的技术实力和竞争力，具有显著的社会效益。

四、发展展望

基于“数控一代”系统塑料挤出设备关键技术特点与优势，将越来越表现在以下 5 个方面：

（1）紧凑的外形设计，与西门子公司相同尺寸的 CPU 相比，其输入输出的点数是西门子公司产品的 2 倍，价钱却低了 20% ~ 30%。

（2）基于“数控一代”系统的伺服电机驱动的挤出设备，比传统的电机节省 15% 的电能，噪声可再下降 12 分贝，挤出产量提高 2.5 倍。

（3）管材压力等级相同和线速度相等的情况下，保证管材壁厚在 3% 的偏差范围内（国家标准的壁厚偏差是 10% ~ 12%）。

（4）塑料管材自动化生产线的智能米重控制装备，能节省 6% ~ 9% 的原材料（相对国家标准）。

（5）螺杆挤出量在 ±0.5% 的偏差范围。

面向"数控一代"的印刷电路板及其精密联装关键设备研发与产业化

2012 年广东省"数控一代"机械工程创新应用示范工程专项资金计划项目

东莞市科隆威自动化设备有限公司　华南理工大学　广东正业科技股份有限公司

面对我国电子制造业高精密，高速，自动化程度高以及绿色生产的发展趋势，PCB 电子联装设备也面临更高要求。本案例中，针对柔性线路板紫外激光切割设备等 5 类 PCB 专用设备的嵌入式数控系统，通过整合各类设备的通用控制要求以及特殊的工艺要求，展开了该 5 类设备控制系统模块化、通用化方面的研发，实现了所研数控设备的集成示范与产业化。

一、导言

电子制造是广东的优势产业。集成电路（IC）设计/制造、印刷电路板制造及其印刷电路板精密联装在电子制造产业链上存在相互关联的上下游关系。柔性线路板紫外激光切割设备、线路板 X 射线检测设备、高性能无铅回流焊接设备、无铅波峰焊接设备、无铅全自动视觉锡膏印刷机是电路板制造及其精密联装产业链上的关键设备。我国已成为世界第一大印刷电路板（PCB）制造国，对电路板对线路板的检测、切割等高端精密装备的自动化水平和精密程度提出了更高要求。同时随着电子信息产业的发展，PCB 的组装密度越来越高，元件的体积也越来越小，特别是欧盟 WEEE 和 RoHS 等指令的实施，标志着 PCB 行业"绿色壁垒"的形成，也对高性能无铅回流焊接设备、无铅波峰焊接设备、无铅全自动视觉锡膏印刷机等 PCB 无铅联装设备提出了更高的要求。

PCB 检测、切割市场需求量大，但是属于国内产权的尖端产品还是空白。另一方面，电子产品的表面贴插联装技术具有元器件安装密度高、电子产品体积小、重量轻、可靠性高、高频特性好、易于实现自动化生产等优点，目前已经成为现代电子产品中 PCB 组件级联装的主要技术手段。由于 PCB 制造行业的发展历史，呈"欧美、日本以及中国台湾、中国大陆"的地域发展顺序，与行业配套的仪器设备发展也与其密切相关。国外在电路板切割、检测以及精密联装方面已经拥有一批具有先进水平的关键设备的生产厂商，而经过多年的努力，目前国内在以上领域也涌现了一批能够与国外先进设备一争高下的优秀设备以及企业。

然而，尽管国内外均有柔性线路板紫外激光切割设备、线路板 X 射线检测设备、高性能无铅回流焊接设备、无铅波峰焊接设备、无铅全自动视觉锡膏印刷机的相关专利以及设备，也有嵌入式数控系统的相关研究，却还没有专门针对项目所研 5 类关键设备的嵌入式数控系统展开模块化、通用化方面研发的相关内容以及应用。

本项目为提升面向"数控一代"的电子制造装备的技术含量，通过提取 5 类电子装备数控系统的共性问题，考虑底层控制器的多样性，采取硬件驱动层、上位数控系统层的两层上位数控系统结构，在底层分别针对各种设备的控制特点研发了基于单片机的模块化嵌入式数控系统、基于 PLC 的模块化数控系统，研发了集成该数控系统的柔性线路板紫外激光切割设备、线路板 X 射线检测设备、高性能无铅回流焊接设备、无铅波峰焊接设备、无铅全自动视觉锡膏印刷机，实现了所研数控设备的集成示范与产业化。

二、主要研究内容

本项目完成了新一代电路板及其精密联装关键设备具有开放性、通用性特征的模块化数控系统的研发，包括数控柔性线路板紫外激光切割设备、数控线路板 X 射线检测设备、数控高性能 10 温区无铅回流焊接设备、数控无铅波峰焊接设备、数控无铅全自动视觉锡膏印刷机的模块化数控系统研发；电路板及其精密联装关键设备的机械、光学关键技术研发，包括线路板 X 射线检测设备 X 射线图像的畸变校正技术研发、无铅回流焊接设备温度控制曲线的工艺研发；所研数控线路板 X 射线检测设备及高性能无铅回流焊接设备成功产业化。

1. 新一代具有开放性、通用性特征的模块化数控系统的研发

针对线路板 X 射线检测设备的数控系统研发及高性能无铅回流焊接设备的数控系统特点，采用具有硬件驱动层与上位上层数控层的两层结构的上位机与下位模块化嵌入式数控系统、基于 PLC 数控系统构成的具有通用性、模块化、开放性特征的印刷电路板及其精密联装关键设备的统一数控系统模式（如图 1 所示）。该数控系统的硬件驱动层具有硬件透明的接口函数，从而可实现对行业不同嵌入式控制器、基于 PLC 控制器控制功能的透明调用。同时上位上层数控系统可通过统一的接口函数调用下位不同控制器的控制功能，访问下位不同的变量以及读取不同 I/O 信号，这些都是对硬件透明的。从而上位数控编程或图形化组态系统得到统一的实现。为此，项目根据这一思想，对电路板及其精密联装关键设备——线路板 X 射线检测设备、高性能无铅回流焊接设备的数控系统进行研发。

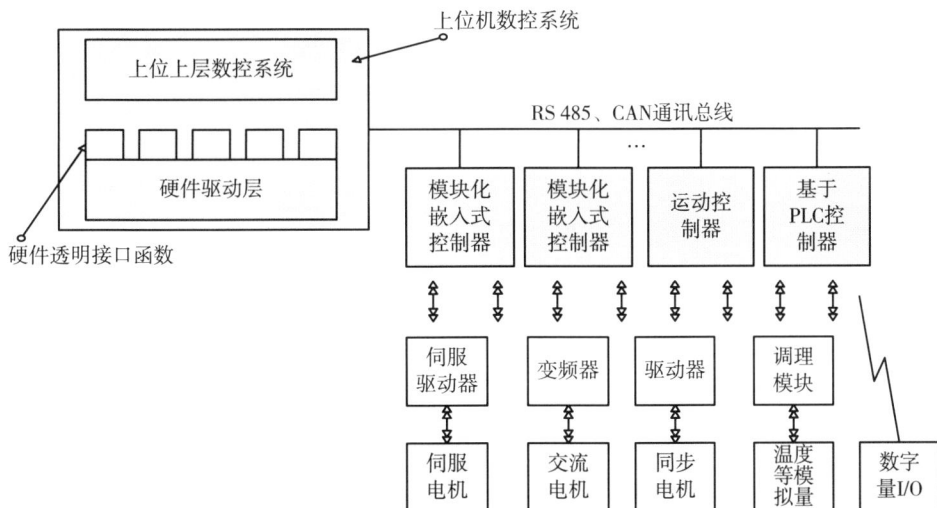

图 1　具有两层结构的嵌入式数控系统体系结构

（1）线路板 X 射线检测设备的数控系统研发。

图 2 是线路板 X 射线检测设备的控制系统结构图。设备主要控制对象为三维运动直线运动平台、X 射线管，通过步进伺服电机编码器完成平台 X/Y 以及 X 射线管的 Z 方向半闭环运动控制，通过视觉位置传感实现闭环运动控制；通过 CAN 总线实现与步进伺服智能驱动器以

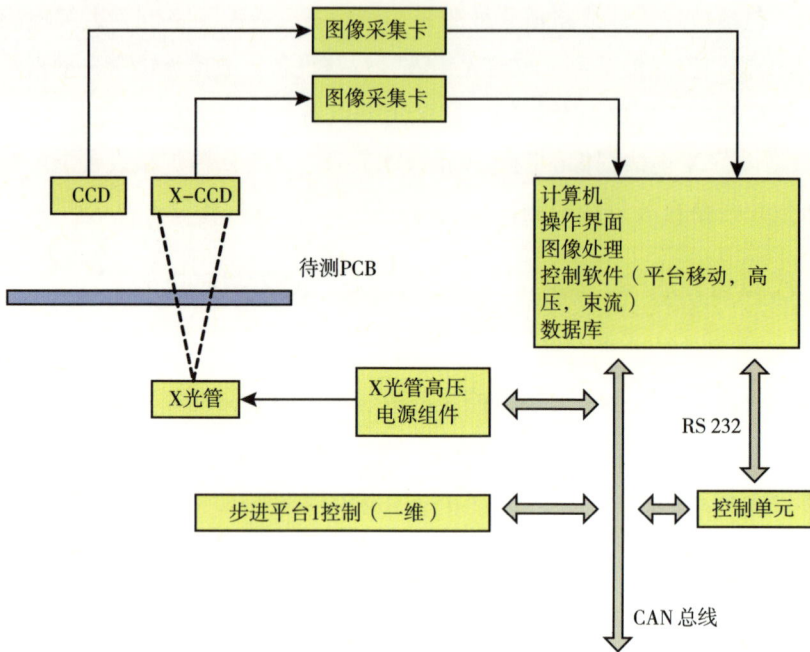

图 2　线路板 X 射线检测设备的控制系统结构图

及 X 射线管控制器的实时控制通信。

　　由于设备采用的具有 CAN 接口的智能伺服驱动器以及 X 射线管控制器，工控机通过调用相应的专用函数完成平台三维运动控制和 X 射线管的电压、电流控制，这样实现的数控系统必然是专用的数控系统。当硬件因技术与成本原因改变时，需要重写数控系统。为此基于前述思想，研发该设备的硬件驱动层，该驱动层将定义标准平台二维运动控制接口、X 射线透视成像接口、X 射线管电压电流控制接口等。按设备功能实现接口设计，保证对硬件的透明。当设备由于成本、技术等原因更换控制器时，上位软件系统将保持不变。在完成硬件驱动层设计后，在标准接口函数的基础上实现上位上层数控系统的研发。

　　（2）高性能无铅回流焊接设备的数控系统研发。

　　图 3、图 4 分别为无铅回流焊接设备的控制系统结构图及组态软件界面。为了使所研发针对无铅回流焊接设备的数控系统具有模块化、开放性、通用性的特征，新一代数控系统根据无铅回流焊接设备的功能特点，研发单 / 双温区嵌入式数字控制器，基于单片机嵌入控制器技术，通过热电偶温度反馈，由控制器调节上层热风三相交流电机、下层热风三相交流电机，实现单 / 双 / 多温区的多点温度实时闭环控制；研发总控及冷却段嵌入式数字控制器，通过与单 / 双 / 多温区嵌入式数字控制器的实时通讯协调控制运输三相交流电机的转速以控制送板速度，通过冷却段热电偶测量温度，控制三相冷却风机转速达到调整冷却速度的闭环实时控制。

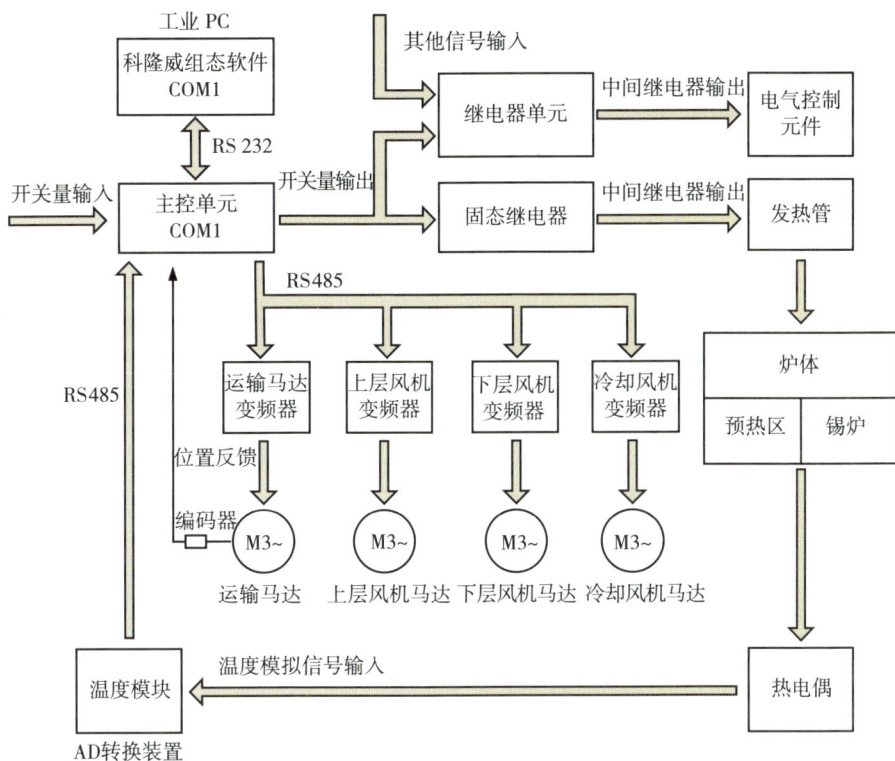

图 3　无铅回流焊接设备控制结构系统图

在上位 PC 实现通用组态数控系统，研发包括硬件驱动层及上层组态层的两层回流焊数控系统。其中，硬件驱动层向上层组态层提供透明的下位控制器功能接口与控制器参数设置接口，从而以透明的方式实现对下位实时控制器的 PID 控制参数的设置、温度量等模拟量的读取以及各种 I/O 量的读取和下位控制器功能的调用。该硬件驱动层以动态链接库的形式提供统一的接口，以开放的形式实现对下位控制器的扩展，如可以实现对多

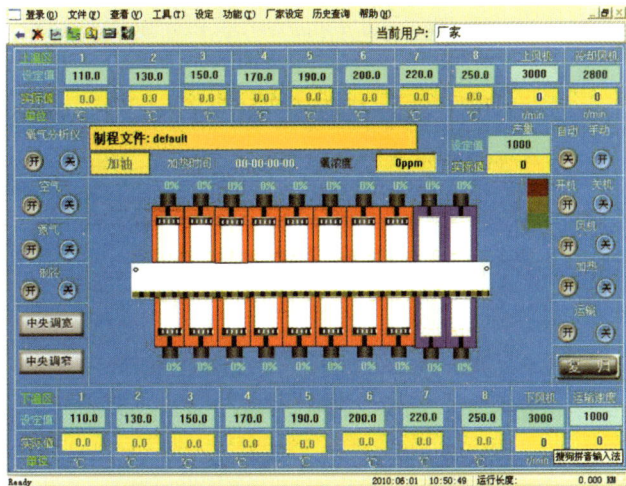

图 4　无铅回流焊接设备上位组态界面

个单 / 双 / 多温区嵌入控制器的集成、1 个总控及冷却段嵌入式数字控制器的集成，或者基于 PLC 的温区 / 冷却段控制器的集成，保证数控系统的通用性以及下位控制器的兼容性。同时，上位上层组态层实现了面向无铅回流炉的图形化组态编程组件，可以图形化方式通过硬件驱

动层设备各下位控制器温度控制器控制参数，以及实时显示各温区温度、送板速度、各电机的工作状态等信息，实现图形化组态编程。

通过研发该新型面向数控一代的无铅回流焊接设备模块化、通用化、开放性嵌入式数控系统，可以提升无铅回流焊接设备的技术含量，提升无铅回流焊接设备的技术性能。

2. 电路板及其精密联装关键设备的工艺、机械、光学关键技术研发

（1）线路板 X 射线检测设备 X 射线图像的畸变校正技术研发。

由几何成像的原理，当点光源照射物体在固定面上成像时，若物与像面距离不变，则点光源离物体越近，像越大。但是，光源离被检测物体太近会造成畸变过大和成像不清晰的结果，所以，Z 轴传动行程是影响检测系统成像畸变的关键因素之一。

除了在 X 光机的检测过程中，由于射线源对 PCB 板的斜角照射以及 X 光成像系统中像增强器的球面成像而造成的图像畸变，属于几何畸变。对此种畸变的校正，主要是先对原图像和畸变图像进行坐标变换，再在此基础上进行灰度插值运算。

因此，选择 Z 轴行程及研发图像畸变校正算法是获得畸变校正的途径。

（2）无铅回流焊接设备温度控制曲线的工艺研发。

图 5 是无铅回流焊接设备工艺温度曲线。当无铅回流焊接设备更换不同的电路板以及不同大小与要求的贴片元件后，对焊接工艺要求也会不尽相同。由于无铅化后，焊接工艺窗口的缩小，工艺控制成为保证焊接质量的关键因素。为此，研究适用于无铅片式元器件贴装的回流焊设备焊接工艺，通过所研发数控系统的控制，实现对温度的稳定性和均匀性、炉膛内气压、氧含量等达到精确控制，温度曲线稳定性和炉膛横截面温度的一致性达到精确控制，保证回流焊接工艺要求。所研发的工艺将集成到上位 PC 上层数控系统的数据库中。

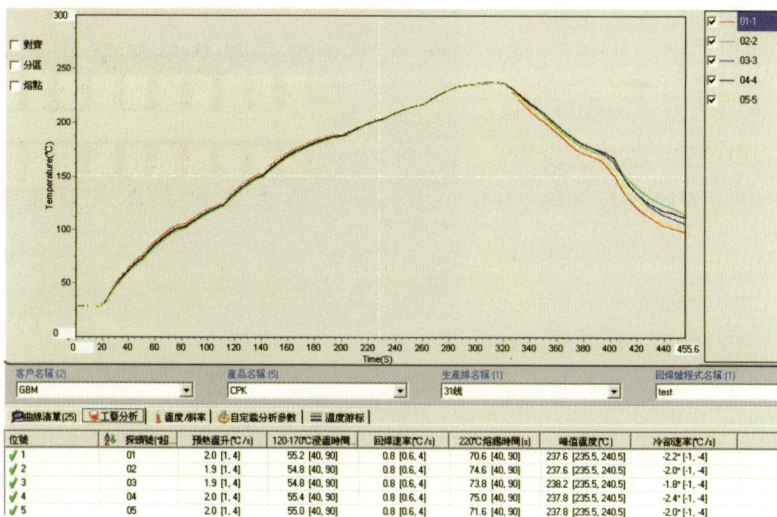

图 5　无铅回流焊接设备工艺温度曲线

三、主要技术参数及先进性对比

项目完成的基于所研发的具有两层共性数控系统的核心技术的数控柔性线路板紫外激光切割设备、数控线路板 X 射线检测设备、数控高性能 10 温区无铅回流焊接设备、数控无铅波峰焊接设备、数控无铅全自动视觉锡膏印刷机的技术指标与性能达到了国内领先水平，主要技术指标如下：

线路板 X 射线检测设备：

X—CCD 的分辨率：752×582；X 光管指标：①最大电压：80 kV；②最大电流：250 μA；③最大功率：10 W；④焦点：35 μm；X 光像增强器指标：①6 英寸视野 X 像增强器；②有效输入窗 14.6 cm；③X 像增强器专用 CCD 1/2 英寸，752×582 像素；④成像系统最终分辨率 231 p/mm；普通 CCD 的分辨率：640×480；样品台：800 mm×750 mm（标准型）；分析尺寸：5 μm；Z 轴移动平台移动精度：10 ~ 50 μm；防辐射的指标：X 射线剂量当量不超过 1.7 mSv/a（符合国家标准要求 2 mSv/a）。

高性能 10 温区无铅回流焊接设备：

产生的氧化渣量：小于 3 kg/8h（小于 3 千克/8 小时）；传输速度：100 ~ 2000 mm/min；PCB 最大宽度：350 mm；预加热区长度：1800 mm（3 mm×600 mm，每段独立控温），温度：20℃ ~ 300℃；锡炉温度：20℃ ~ 300℃；PCB 板过锡角度：5° ~ 7°；松香喷雾气压/流量：5 ~ 6 kg/cm²，10 ~ 100 mL/min；温区：10 ℃。

四、结论

目前，我国自主生产的高端 X 射线检测设备还没有进入市场，电路板精密联装产线上的高性能无铅回流焊接设备相对于国外设备一直徘徊在中低端，技术含量没有得到进一步提升。项目研发的新一代面向印刷电路板及其精密联装关键设备的模块化嵌入式数控系统，提升数控系统的通用性、开放性与行业设备技术特征，促进了东莞市、广东省电路板及其精密联装成套设备的技术含量，促进了东莞市区域电路板及其精密联装制造企业集群的转型升级与快速发展，对于促进国内电子装配及相关产业的良性发展具有重要意义与必要性。

截至 2014 年 6 月，项目所研发产品已有近 300 家客户使用，且满意度达到 99% 以上。此外，项目已成功产业化，已实现销售收入 9849.42 万元，利税达 1647.40 万元，取得了很好的经济效益，大大提升了企业的市场竞争能力。同时，随着技术推广应用，无铅技术在电路板制造中得到了广泛应用，将带来不可估量的环境效益。

大规模贴片式集成电路数控切筋成型设备的研发与产业化

2012 年广东省"数控一代"机械工程创新应用示范工程专项资金计划项目

东莞朗诚微电子设备有限公司

目前国内正在对电子信息产业进行大规模投资，成立了集成电路产业基金，力图改变中国集成电路严重依赖进口的状况，为了适应国内劳动力成本高涨的局面，公司研发新型的数控切筋成型设备，精密机械制造与电子控制结合，使设备效率提升，减少人工的使用，设备更自动化及高速稳定，支持各式高密度集成电路框架，尽力为中国集成电路产业贡献一份力量。

一、导言

集成电路（IC）设计/制造、印刷电路板制造及其印刷电路板精密联装是电子制造产业链上相互关联的上下游关系，IC封装产业是我国优先发展的产业。其中，大规模集成电路贴片切筋成型自动化设备是集成电路制造产业链中的关键设备之一。集成电路制造产业链一般包括集成电路设计、晶圆制造、集成电路封装测试3个部分（图1）。IC芯片封装测试产业链中的高速切筋成型自动化设备，主要用于完成基于引线框架芯片后封装的切筋成型工艺，解决传统SOP、QFP等贴装集成电路封装的引脚成型。

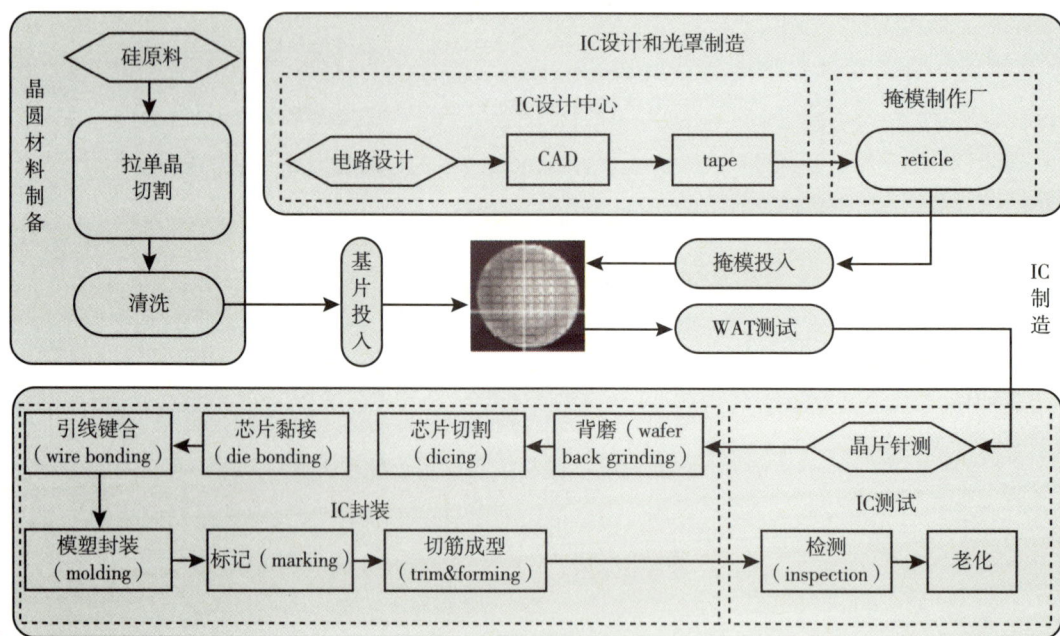

图 1　IC 制造产业链

随着集成电路产业链的结构调整以及市场对集成电路封装测试成本持续降低的要求，切筋成型自动化设备速度的提升是大趋势。而传统的切筋成型设备的速度为40～70次/分，速度慢，精度与可靠性都较低。而国外同类设备的速度已达到140次/分以上。同时，该类设备的运用常常针对专门的IC器件，当IC器件改变时，设备控制与本体结构都要做相应改变。针对以上问题，本项目将通过产学研合作，通过研发具有模块化、通用性特征的数控系统以及关键本体技术，提升设备高速工况下的精度与可靠性。因此，本项目的意义在于：

（1）面向集成电路封装测试产业链中的切筋成型关键设备的数控技术及其本体技术进行

技术攻关，开发一套大规模贴片式集成电路全自动切筋、成形、收集系统设备的新一代数控系统，该数控系统可以解决不同规格集成电路器件封装设备的要求，可移植性高。填补相关领域国内空白，为提高广东省在集成电路封装测试产业链中相关高端装备的自有创新能力做出贡献。

（2）本项目所涉及的领域是国家和广东省所鼓励的战略新兴产业（高端装备制造），项目的实施必将为广东省产业结构转型做出贡献。

（3）本项目所涉及的领域相关人才队伍比较匮乏，项目的实施必将促进集成电路封装测试产业链研发队伍的建设，特别是合作企业研发力量的提高，也能进一步加强校企产学研合作的深度与广度。

东莞朗诚微电子设备有限公司创立于1995年3月，主要研发生产微电子产业后工序设备：封装模具、切筋、成型模具及其自动化系统。各类加工设备300多台，其中进口设备100多台，包括CNC、电火花、线切割、光学磨、数控成型模车等高精密加工设备，全部为恒温加工。

二、主要创新点分析

1. 设备模块化专用数控系统总体方案

针对切筋成型设备具有加工对象的专一性和设备本身的多变性特点，选择采用子系统模块化开发模式，构建集成PLC与DCS特点于一体的新一代数控系统（图2和图3）。因而，全系统包括了上位机数控系统、上料数控子系统、切筋成型分离数控子系统、收料数控子系统以及视觉检测子系统，从而确保设备加工对象专一性和设备的多变、适应性的要求。

2. 关键机械模块的设计方案

（1）切筋机构：IC封装设备中，常用的切筋设备均采用下置式设计，冲切驱动机构放置在工作台面下。经过技术发展趋势综评后，选择上置式切筋机构，这种方案有利于产品加工过程中废料排出；工作台上部安装空间大，有利于冲切机构安装调试；采用伺服电机实现无级调速；解决了设备对不同IC种类的加工兼容性的问题。

（2）精密切筋、成形模具：考虑到IC向轻、薄、小方向发展，对IC切筋成形模具的精度要求也越来越高，为此需要解决的切筋成形问题包括：冲切间隙要很小（如LQFP256NT28冲切间隙0.2 mm左右），接近无间隙冲切，冲模刃口的设计和加工难度很大；对SMT（表面贴装）成形来讲，尤其是引脚多的框架和微细间距框架器件，在成形工艺后常出现引脚的非共面，造

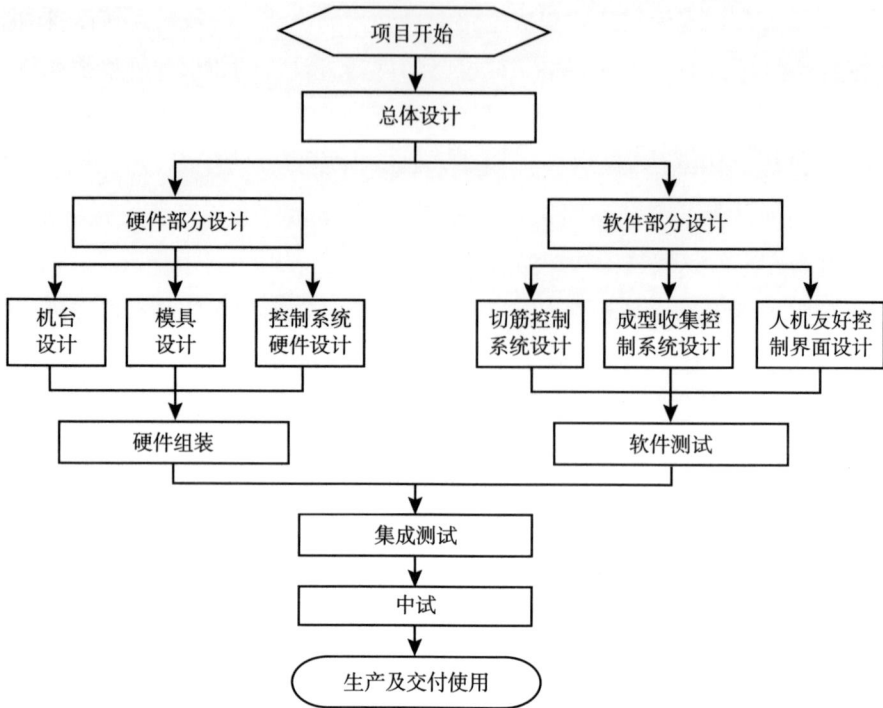

图 2　总体技术方案

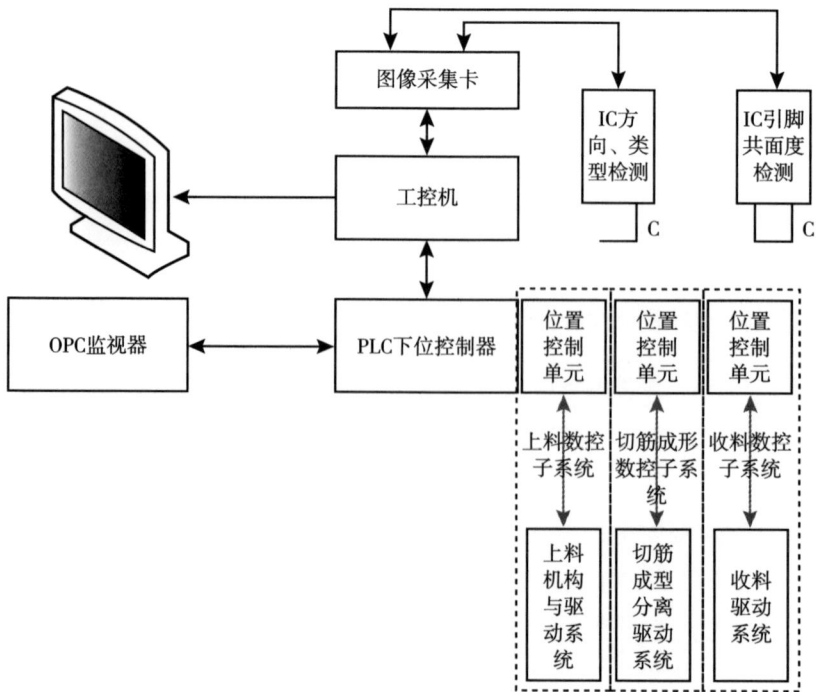

图 3　控制系统结构示意

成跳屑（废屑上跳）、废料堵塞落料孔、引脚质量差等缺陷。经过综合评估，采用子母式模具设计、改进模具加工工艺、模具表面硬化涂层处理，改善表面硬度和减小摩擦系数。

（3）快速收集系统：考虑到目前常用的收集技术是机械被动入管方式，该收集方式不能适应大规模贴片式集成电路包装、防护要求，且收集速度慢。为此，经过综合评估采用更加灵活的机械手收集方案。

目前很多切筋成型设备都是采用人工装管，由于人力成本越来越高，并且人工装管速度太慢，已跟不上机器速度，也容易出错，如方向不对、没装塞子等。目前已研发成功自动装管系统，免去人工速度慢、容易出错等问题。

3. 视觉测量、检测系统的设计方案

检测功能包括对加工前的 IC 进行种类和排列方向进行检测以及对切筋成形后的 IC 的缺陷与引脚共面度进行测量与检测。为此，对 IC 种类、方向和 IC 缺陷的检测，采用基于单相机的视觉检测方案，重点是为了提高检测速度与精度，研发新型的基于快速游程编码的 BLOB 快速目标定位算法；对 IC 共面度的在线快速测量与检测，研发单镜头相机以及独特的多级反射成像光学系统，实现亚像素高精度共面度在线实时测量算法。视觉检测系统的研发平台，选择 PC 和嵌入式单板系统，采用 Windows 操作系统和 UBUNDTU Linux 操作系统两种开发方案。

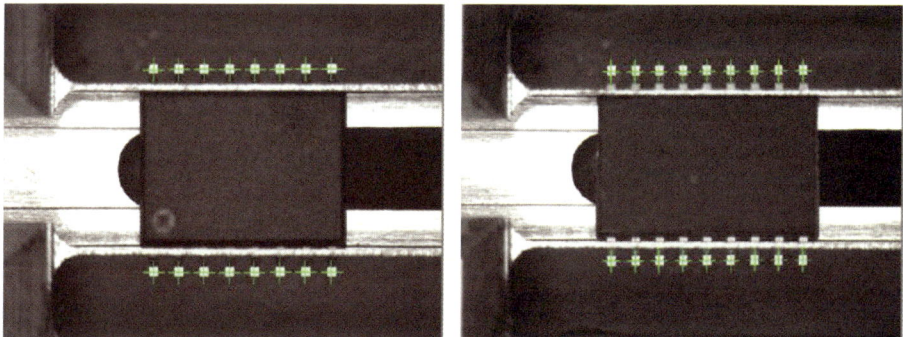

图 4　集成电路尺寸测量后的显示结果图

传统做法是整批生产后再人工目视抽检，如果出现不良，将会报废很多产品，采用多级反射单相机光学系统来测量生产的产品，做到实时在线监测，及时发现不良产品，避免了产品的报废，减少了人力成本。主要检测项目有：外观不良、表面划痕、脚长、脚宽、脚间距、脚跨度和共面性等。

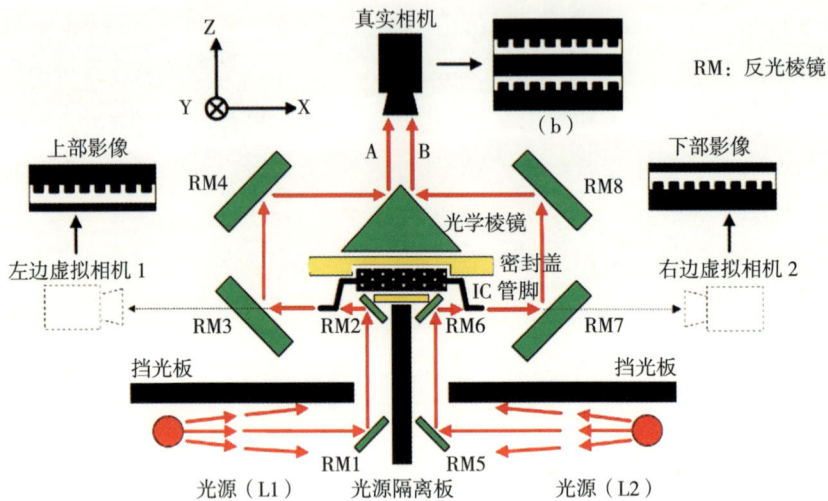

图 5　多级反射单相机光学系统结构示意图

三、项目主要成果

1. 设备创新

（1）研发的切筋成形设备切筋速度最大 150 冲次 / 分，成形速度最大 85 冲次 / 分，收集最大 60 冲次 / 分，比原有的设备快了 10% 以上。

（2）机构定位精度切筋：传送机构：0.01 mm；模具：0.006 mm。成形：传送机构：0.002；模具：0.005。比原有的设备精度提升了 0.002mm。

（3）承载框架尺寸：切筋：水平最大 260 mm（X 方向）×80 mm（Y 方向）；成形收集：水平最大 260 mm（X 方向）×80 mm（Y 方向），原有 260 mm（X 方向）×60mm（Y 方向），未来还要进一步提升，支持 300 mm×100 mm 的框架。

2. 主要经济指标

项目期内项目产品实现销售收入 6065 万元，净利润 545 万元，缴税 670 万元，累计利税为 1215 万元，累计出口创汇 240 万美元，取得了很好的经济效益。

3. 主要社会效益指标

本项目针对国内集成电路封装测试产业链上的关键设备之一——集成电路切筋成型设备严重依赖进口的局面，研制了具有自主知识产权、基于精密机械、基于单相机视觉 IC 共面度测量与缺陷检测的数控一代自动化集成电路切筋成型设备，并实现了产业化与市场化运作。华南理工大学和东莞朗诚微电子设备有限公司的成功合作以及在相关设备方面的突破性进展，提升了相关装备国产化水平，对于推动国内相关领域的发展具有重大意义。"数控一代"集成电路切筋成型设备在产业化过程中，解决了 50 多人的就业问题，产生了显著的社会效益。

同时在项目进行过程中，先后有 1 名博士研究生、3 名硕士研究生参与了研制工作，本项目对人才培养也起到了积极的推动作用。

同时，设备在国内的知名集成电路封装生产厂家大量使用，如江苏长电科技股份有限公司、江苏南通富士通微电子股份公司、甘肃天水华天科技股份有限公司等上市公司，有效地替代了昂贵的进口设备。

4. 获得的专利和发表的论文

申请发明专利 2 项，已授权 1 项，计算机软件著作权 1 项，已授权 1 项。实用新型专利 8 项，已授权 7 项。在国内外专业期刊发表 5 篇论文。

5. 科技成果鉴定及奖励

装备通过了省部级鉴定，建立了一个技术标准。获得了省科技进步奖三等奖，市科技进步奖一等奖。

成套设备已实现了设备销售，在江苏长电科技股份有限公司、江苏南通富士通微电子股份公司、深圳康姆科技有限公司等著名企业得到了实际应用。经过使用后，均认为"机器各项性能指标良好，运行稳定，达到国际先进水平，完全符合本公司的生产要求"。截至 2014 年 5 月，已实现销售收入 6065 万元，取得了很好的经济和社会效益。

四、未来研究工作及发展目标

封装形式的发展显示集成电路芯片封装的发展朝着小型化和多 I/O 化的大趋势方向发展。具体的技术发展包括多 I/O 引脚封装的 BGA 和小尺寸封装的 CSP（芯片级封装）等。WLSCP（晶圆级系统封装）和 TSV（硅穿孔）等新技术有望推动并给芯片封装测试带来革命性的进步。这对切筋成形装备提出了更高的要求。具体表现在高速高精度以及高速在线视觉检测的要求。因此，未来在新型高精度切筋成形模具技术、高速高精度嵌入式视觉 IC 在线测量与检测技术是关键技术之一。

PCB 成品板复合检测自动化装备及其数控系统

2012 年广东省"数控一代"机械工程创新应用示范工程专项资金计划项目

广东正业科技股份有限公司

为解决传统 PCB 检测系统及其检测设备的数控程度不高、功能有限等缺陷，开发出孔径孔数检测设备数控系统的自动化数控系统，研制了一种数控化装备新产品——PCB 孔径孔数检查机，可形成自动化控制检测线，满足 PCB 生产线对检测设备的一体化集成需求，打破外国技术壁垒，有效替代进口，提高 PCB 生产线效率，降低生产成本，促进国内 PCB 和电子行业的发展。

一、导语

传统的印制电路板（PCB）检测系统及其检测设备，基本上是针对单一功能或者性能指标做检测，如单一的孔径孔数检测等。该类设备存在的主要缺点是功能有限，数控程度不高，无法满足 PCB 生产线上对检测设备的一体化集成需求。

"面向数控一代的印制电路板成品板复合检测自动化装备的研发与产业化"课题，主要针对传统单一功能的检测设备存在的缺陷，一方面开发出孔径孔数检测设备数控系统的自动化数控系统，对传统的 PCB 孔径孔数检测有质的提升；另一方面，成功研制出 1 种数控化装备新产品——PCB 孔径孔数检查机（六分拣）（图 1），可形成自动化控制检测线。

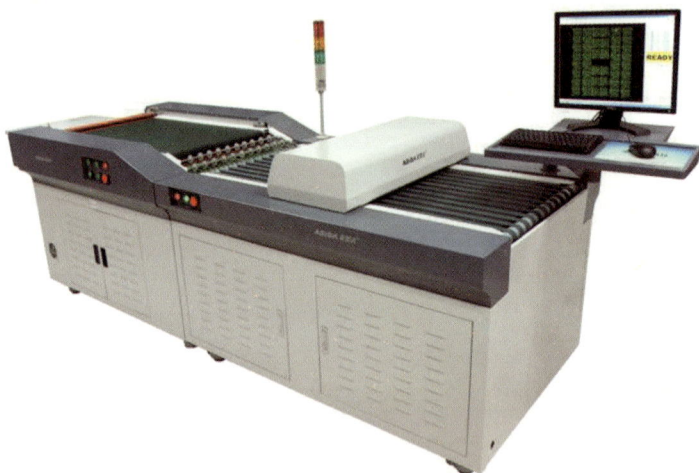

图 1　PCB 孔径孔数检查机

本课题的成功研发，有效替代了同类进口产品，提高 PCB 生产线的生产效率，降低生产成本，实现 PCB 检测装备的高稳定性、多功能性和应用广泛性，提升周边地区相关产业的技术水平。

广东正业科技股份有限公司是一家专业从事精密仪器装备及高端电子材料的研发、生产、销售和技术服务于一体的国家高新技术企业。经过多年的稳步发展，正业科技已成为中国印制电路行业专用设备的领头羊，承担国家级科技计划项目 4 项，入选国家重点新产品 1 个，省级科技计划、技术进步项目 10 余项，获得国家专利优秀奖 1 个，省科技进步奖 2 次，并以良好的业绩赢得了诸多荣誉：第一、第二、三届"中国电子电路行业优秀民族品牌"企业；国家火炬计划重点高新技术企业；国家重点新产品；广东省装备制造业重点培育企业；广东省战略性新兴产业培育企业；广东省重点帮扶高成长性企业；广东省专利优势企业等。

二、主要创新点分析

1. 生产中存在的问题与难点

在生产过程中，如何提高中间过程的产品品质，如何减少废品率是各电路板生产厂家一直不懈追求的目标。

传统的印制电路板检测系统及其检测设备，主要缺点是功能有限，数控程度不高，无法满足 PCB 生产线上对检测设备的一体化集成需求，且功能单一、集成度不高、价格昂贵。

随着市场对检孔机检测分析等测试设备的精密程度和自动化程度的要求越来越高，研制一种高效、稳定、精确、自动化的高端印制电路板自动化检测装备成为发展 PCB 产业装备制造的关键。

2. 解决方案

（1）PCB 孔径检测设备的数控系统研发。

本课题研发的自动化设备数控系统，是根据 PCB 板孔径检测设备（JK3600）的功能特点，采用 PCI Express 接口技术、RS232–Link 高速通讯技术及 CIS 传感控制技术等，根据传输的钻带文件（Gerber 格式），系统 PC 读取后，通过控制板接口模块、CIS 控制模块和光源控制模块对 CIS 相机焦距位置目标、LED 条形光源、伺服电机运动速度等进行调节控制，实现 PCB 板孔径图像精确采集，并实时将在线采集数据发送至 PC 的 Camera Link 图像采集卡，自动对照采集的 PCB 板孔数孔径进行识别、检测、匹配和判断，并目标定位出 OK 平台、NG 平台，然后通过控制板的运动控制模块 I/O 输出信息，利用步进伺服驱动实现控制分拣气缸的升降和产品传输带的速度，实现多通道 PCB 板分拣传送的闭环实时控制。

图 2 为检孔机 JK3600 检测数控系统架构，在上位 PC 采用 PCI、PCIE 总线技术与高速运动控制卡相结合，从而实现对下位实时控制器的孔径图像识别判断结果等模拟量以及各种 I/O 量进行读取和调用。

正因为 JK3600 数控系统和图像处理系统进行有效结合，实现了 JK3600 整机的高速在线图像处理，并快速对 PCB 板孔径检测并分类为 OK 板、NG 板，完成在线自动化的多通道分拣传送。

（2）技术的先进性和创新性。

本课题研发的孔径孔数检测设备数控系统，突破了现有的关键技术难题，相比同类市场产品，具有以下先进性和创新性。

1）对每一帧图像应用边界追踪技术，查找被扫描图像轮廓，提取到图像上的所有轮廓；

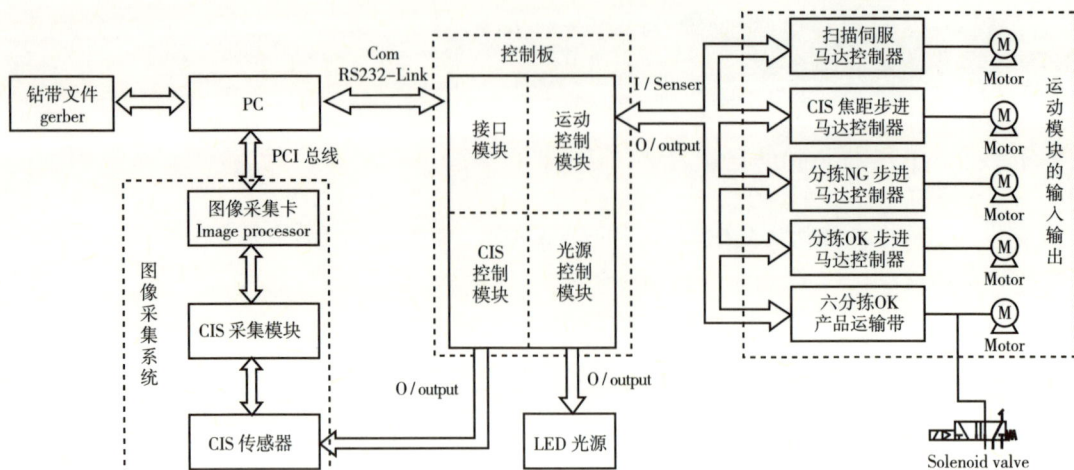

图 2　检孔机（JK3600）检测数控系统架构

2）采用基于图像特征拼接的方法，将提取得到的图像轮廓数据进行拼接，避免使用存储图像时占用过多内存；

3）图像的采集和拼接同时进行，实现边采集边拼接的轮廓拼接过程，节约扫描时间；

4）增加了外轮廓显示，能够明显区分板与板之间的界线；

5）整体实现六通道的检测过程，对于成品板可以同时检测 6 块板，提高了检测效率。

（3）成果技术参数情况。

截至 2014 年 5 月，正业科技已完成所有研发任务，并顺利实现竣工验收。

本课题研制的自动化数控装备新产品——PCB 孔径孔数检查机（六分拣），其主要技术指标如表。

表1　PCB 孔径孔数检查机（六分拣）主要技术指标

序号	产品性能	性能参数
1	孔径范围	0.15 ~ 10 mm
2	测板大小	100 mm × 150 mm ~ 630 mm × 650 mm
3	被测板厚	0.3 ~ 10 mm
4	厚径比	16 : 1
5	被测最多孔数	15 万
6	测量速度	3、6.5、10、12.5 m/min（可调）
7	最小孔边距	0.15 mm
8	孔径检测精度	± 2 mil
9	槽孔检测精度	± 4 mil

3. 实施结果

（1）突破传统 PCB 检测设备功能单一局限，提高产业生产效率。

本课题针对 PCB 板孔数、孔径以及塞孔等缺陷检测等传统设备存在的问题，提出解决方案，提高生产效率，减少操作人员数量，降低传统多设备联合操作中的人工引起的衔接误差，实现了 PCB 检测装备的高稳定性、多功能性和应用广泛性，提升了周边地区相关产业的技术水平。

（2）打破国外 PCB 检测设备核心技术垄断，提升国产仪器设备的核心竞争力。

广东正业科技股份有限公司联合东莞电子科技大学电子信息工程研究院通过技术攻关，掌握了 PCB 高端检测设备核心技术，开发出高端的 PCB 孔径孔数缺陷检测设备及其配套的数控系统，打破了国外厂家对此的技术垄断，提升了国内产品的核心竞争力，有力推动了数控行业的发展。

（3）攻克核心关键技术，推动领域学科发展。

本课题研制的孔径孔数检查系统通过对数控系统、图像处理和模式识别等领域的深入研究，结合产品实际需求，将理论与应用深度契合，解决了相关学科领域理论研究在实际产品应用中的一系列技术问题，在一定程度上推动了图像处理学科的理论知识在数控行业中的实际应用。

三、主要成果

1. 专利和论文

本课题已申请发明专利 5 件，2 件处于实审阶段；申请实用新型专利 2 件，均已获授权。发表相关科技论文 3 篇。

2. 所获荣誉

本课题于 2015 年 4 月 10 日通过了由广东省科技厅组织的科技成果鉴定，并获得 2014 年东莞市科技进步奖二等奖。

图 3　所获荣誉证书

同时，本课题研制的自动化数控装备新产品——孔径孔数检查机（六分拣）入选为2012年广东省高新技术产品。

3. 人才培养与队伍建设

在课题研究过程中，正业科技坚持"以人为本"的人才发展理念，注重搭配结构合理、年龄均衡的人才队伍建设，不仅注重技术人才的培养，还重视管理人才的引进与培养。通过课题带动、博士带培、研修考察和主题活动等方式的实施，成功培养科技、管理人才5人，1人成为光电研究所负责人，1人成为课题管理办负责人，1人成为机械工业设计所负责人，1人成为高级经理，促进了科技领军人才和合格管理人才的健康成长。

4. 经济效益和社会效益

本课题攻关的技术和开发的产品，均有效填补了国内空白，不仅满足市场及客户需求，也扩大了企业利润空间，促进国内精密检测装备行业技术的进步和发展。

（1）经济效益。

在课题执行期内，累计实现销售收入22060.34万元，累计实现利税4530.78万元，带动了广东省电子装备制造行业在光机电检测技术上加大投入，同时也促进了项目承担单位销售收入的上升。

（2）社会效益。

本课题产品的研制，贯穿了整个产业技术流程，在PCB制造的各个方面确保产品的质量，并促使形成完整的产业技术链，促进了相关配套产业的发展，节省了大量外汇，促进国内PCB和电子行业的发展。

同时，本课题研究有利于广东省和东莞市的创新发展建设，符合广东省装备制造产业发展政策，打破外国技术壁垒，有效提高我国企业在国际上的竞争力。

四、当前存在问题和展望

就本课题而言，已圆满地完成了各项研发任务，但研制的数控系统相比国际最先进产品还不够智能化，稳定性、可靠性可进一步提升。

今后，正业科技将继续对系统进行优化，开发系列产品，技术上实现国际领先水平。同时，根据客户的个性化需求，快速响应并提供专业技术解决方案，满足不同客户需求，加大市场推广力度，争取更大的市场份额。

面向智能手机和平板电脑的关键数控设备研发及其产业化

2012 年广东省"数控一代"机械工程创新应用示范工程专项资金计划项目

广东科杰机械自动化有限公司

随着高端移动电子产品市场需求的不断增大，面向触控面板表层钢化玻璃和整体式金属壳体等关键结构件加工的专业数控装备，蕴含着巨大的市场潜力。本项目针对面向智能手机和平板电脑的关键数控设备的需求，凝练出装备的共性、关键技术问题，研究面向智能手机和平板电脑的关键数控设备的开放式数控系统，并进行成套装备的开发。

一、导语

随着通信、网络和电子技术的飞速发展，传统个人通讯和信息处理设备，逐步演变成具有智能系统和便于携带的高端移动电子产品。这类电子产品为满足用户使用方便、便于携带的目的，要求具有简洁的人机交互方式和高强度轻质量的外部结构。与传统电子产品相比，通常采用触摸式全屏幕输入和一体化金属结构外壳。高强度玻璃面板、轻质量塑料件和高刚度整体式金属外壳，是其关键结构件的主要形式。

与传统的玻璃和金属加工不同，智能手机和平板电脑更加注重用户的感官体验，对表层触摸屏玻璃和金属外壳加工精度要求很高。如 iPhone4 的表层钢化玻璃加工，要求表面粗糙度达到微米级，并且在加工过程中，不能出现表面夹痕和磨痕；iPad 金属外壳加工需采用整体式雕铣，以保证结构的高强度和高刚度，同时表面粗糙度也要求达到微米级，保证外观的美观和良好的手感；对于强化玻璃钻孔加工，对孔的圆度和垂直度也有很高要求。

因此，随着高端移动电子产品市场需求的不断增大，面向触控面板表层钢化玻璃和整体式金属壳体等关键结构件加工的专业数控装备，蕴含着巨大的市场潜力。

本项目针对面向智能手机和平板电脑的关键数控设备的需求，凝练出装备的共性、关键技术问题，研究面向智能手机和平板电脑的关键数控设备的开放式数控系统，并进行成套装备的开发。

其项目研究创新性主要表现在：

（1）开放式数控平台。项目基于开放式运动控制平台，结合数控机床高精密、高速度、复合化、智能化、网络化的发展趋势，研制高速高精度、智能化、开放型、控制驱动一体化的开放式数控平台。平台具有开放式、模块化的优点，便于集成共性工艺技术。

（2）光 / 机一体化加工。针对智能手机和平板电脑结构件加工特点，利用机器人和机器视觉技术，有效地将雕铣加工和激光加工集成，以降低工件的加工工序和装夹次数，提高加工效率。

广东科杰机械自动化有限公司是集研发、生产、销售高端数控装备于一体的国家级高新技术企业，目前拥有 JIATIE、KEJIE、FIT MAX 三大核心品牌。其主要研究开发产品有三轴及以上高速数控雕铣机、JTHB 高光机、GLASS 玻璃数控加工中心、高速钻铣中心（图 1）、六自由度机器人、LS 激光切割机、LED 自动化封装设备等。其中，JTGK 系列高速数控雕铣机、佳铁雕铣 CNC 控制系统先后被认定为广东省高新技术产品。此

图 1　JTDM 高速钻铣中心

外，科杰编制了国家标准 GB/T_31557–2015《高速数控定梁龙门雕铣机》。科杰已成为中国雕铣机制造的龙头企业。

二、主要创新点分析

1. 可重构全数字开放式数控系统的关键技术开发

（1）生产中存在的问题与难点。

目前，国内使用较多的数控系统，主要由 FANUC、西门子和法格等，但多数为专用结构数控系统，硬件模块和软件结构绝大多数是专用的、互不兼容的系统，各模块间的交互方式、通信机制也各不相同，造成不同厂家控制系统的相对独立，彼此封闭。采用这类数控系统研发数控型雕铣机，使得各控制系统间互连能力差，影响系统的相互集成。另一方面，系统的封闭性使得其扩充和修改极为有限，造成数控设备制造商对系统供应商的依赖，并难以将自己的专门技术、工艺经验集成入控制系统并形成自己的产品特点，这将不利于数控机床的性能提升。此外，专用的硬软件结构也限制了系统本身的持续开发，使系统的开发投资大、周期长、风险高、更新换代慢、不利于数控产品的技术进步。总之，数控系统的这一现状已不能适应当今制造业市场变化与竞争，也不能满足现代制造业向信息化、模块化和敏捷制造模式发展的需要。

（2）解决方案。

本项目研究开发可重构全数字开放式数控系统，以解决数控设备加工对象变化频繁与封闭控制系统之间的矛盾，从而建立一个统一的可重构的系统平台，增强数控系统的柔性。使数控系统控制器与当今的 PC 机类似，整个系统构筑于一个开放的平台之上，具有模块化组织结构，允许用户根据需要进行选配和集成，更改或扩展系统的功能，迅速适应不同的应用需求。

其主要研究内容包括：研究高速现场总线实时控制技术、多轴联动空间插补算法、全闭环直接位置控制、多轴数控加工过程防干涉仿真等关键技术，开发具有可重构多轴联动的开放式数控系统。可重构全数字多轴联动开放式数控系统的结构图，如图 2。

1）数控系统硬件体系。

一体化控制器是整个数控体系的硬件核心，主控部分采用 CPU + DSP+FPGA 来实现。其基本的结构如图 3 所示。该结构的特点是：

①采用高性能、双核、低能耗，高主频，工业级 CPU 来处理人机任务，完成任务级处理；②采用 DSP 完成实时运动控制处理，DSP 极高的计算性能能充分满足各种运动控制算法

工业以太网802.3协议

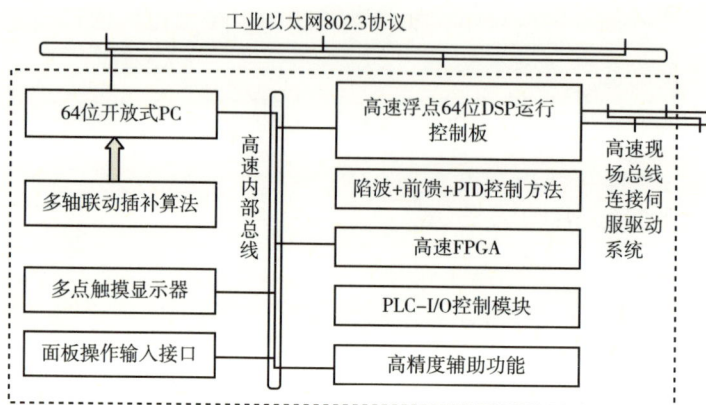

图2 可重构全数字多轴联动开放式数控系统的结构图

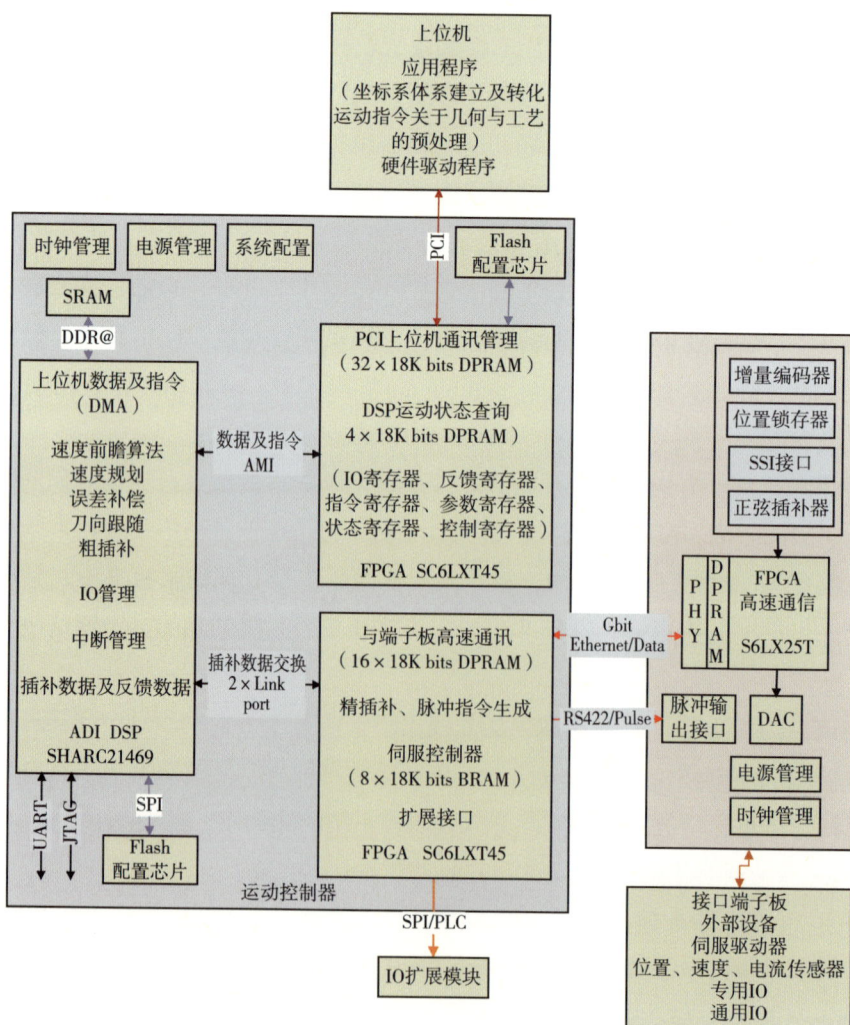

图3 硬件设计原理图

实时性需求；③基于 FPGA 高拓
展能力实现产品的灵活性，特别
是各种 I/O 拓展；④集成千兆工
业以太网络的伺服控制；⑤基于
嵌入式结构的 HMI 扩展；⑥基于
FPGA 并行运算能力的曲线插补
与伺服控制算法。

2）系统软件体系。

硬件系统通过网络化增强了
系统的扩展性与灵活性，同时也
增加了系统间的互操作性。在软
件上，本项目提出一种基于层次化、模块化原理的软件架构（图 4）。

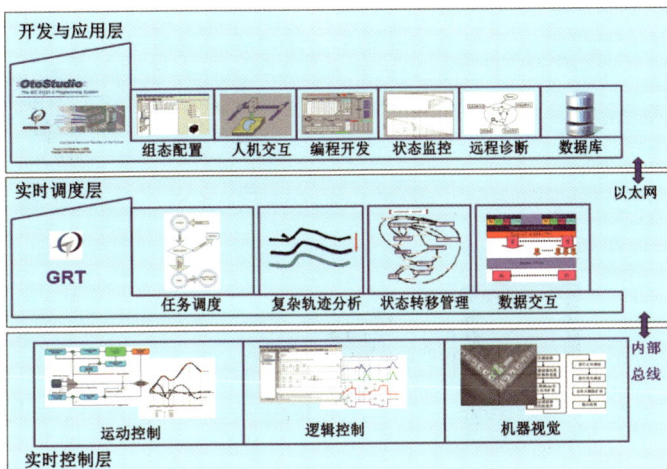

图 4　开放式软件体系

2. 光 / 机一体化加工中心

（1）生产中存在的问题与难点。

伴随着新结构、新材料和复杂形状的精密零件被大量采用，尤其是需要高质量超精密
的半导体晶片、陶瓷、蓝宝石和石英玻璃等硬脆性材料的产品。由于硬脆性材料的韧性和强
度与金属材料相比有巨大的差异、存在脆性高、断裂韧度低、弹性极限与强度非常接近等问
题。加工时，当材料承受的载荷超过弹性极限，就会发生断裂破坏，在已加上表面形成裂
纹和凹坑，严重影响其表面质量和性能。因此该类加工既不同于一般的高脆性材料（如金
刚石）的纯断裂过程，更不同于金属材料的塑性剪切过程。为了获得高质量的硬脆性材料产
品，许多工业发达国家采用复合加工技术，加工硬脆材料。

复合加工中心也称多工面加工中心，是指工件一次装夹后，能完成多个工序加工的设
备，可以有效集中和减少加工工序，从而降低工件重新安装定位的次数，使更多不同加工过
程复合在一台机床上，从而达到减少机床和夹具，免去工序间的搬运和储存，提高工件加工
精度，缩短加工周期和节约作业面积的目的。

本项目面向智能手机和平板电脑的关键结构件加工，其结构件材料具有传统的金属外壳
和硬脆的化学强化玻璃，为了综合获得较好的加工效率和加工精度，有必要研究机械雕铣和
激光加工一体化的复合加工中心（图 5）。

（2）解决方案。

针对传统智能手机与平板电脑玻璃面板制造单元互相独立，造成多次搬运、装夹定位，
致使加工精度保证有困难、加工效率低，为有效提高加工效率，缩短加工流程。项目开展光
机一体化智能手机与平板电脑玻璃面板加工生产线研究，以期通过智能机器人，集成智能手

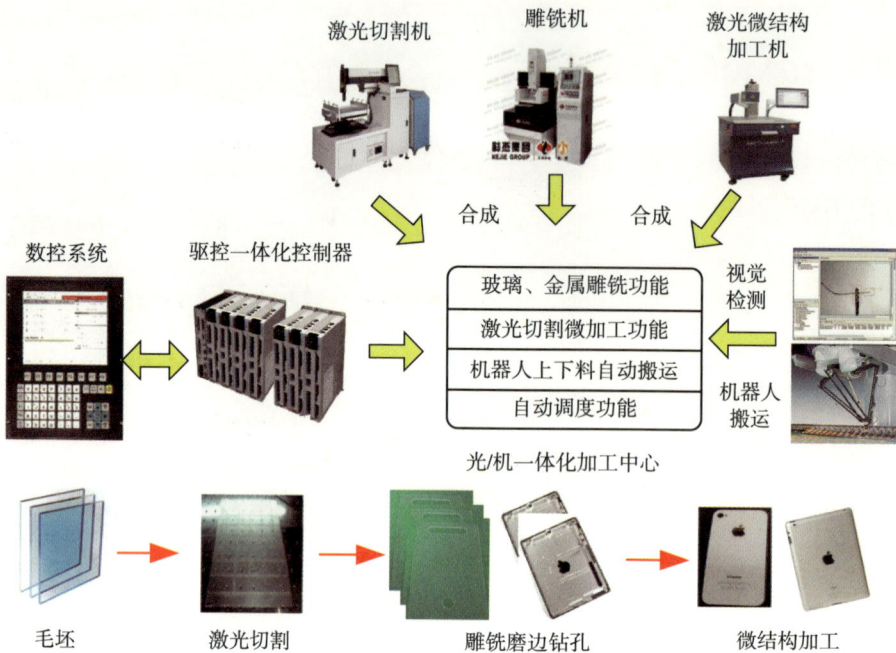

图 5　光 / 机一体化加工中心的总体框架

机与平板电脑玻璃面板各制造单元。基于传统玻璃面板加工工艺，生产线工艺结构可设计为图 6 所示。

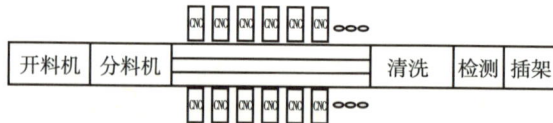

图 6　智能手机玻璃生产线工艺结构

　　为有效组织各制造单元协同工作，生产线采用传送带运输玻璃面板，通过 SCARA 机器臂，在各制造单元间运送玻璃面板，并通过 TCP/IP 实现各制造单元互联，采用主控 PC 机实现对各制造单元的协调调度。因此，智能手机和平板电脑玻璃面板生产线制造系统，如图 7 所示。

　　在实际加工过程中，激光切割机负责将玻璃坯料切割成若干块小玻璃块；CNC 雕铣机负责将激光切割机切割的小玻璃块磨边加工。生产线中玻璃块的传送主要由两条传送带完成，传送带 1 运送待加工毛坯玻璃块；传送带 2 运送已加工玻璃块成品。SCARA 机器臂负责在各加工工序中，运送待加工玻璃块，并将已完成加工玻璃块，运送到成品传送带。工控 PC 通过网络与生产线各制造单元互联，并通过调度算法，给各制造单元发送指令，协调生产线各制造单元工作。其中考虑到互联的便捷性和开发的高效性，采用 TCP/IP 协议作为通讯协议。

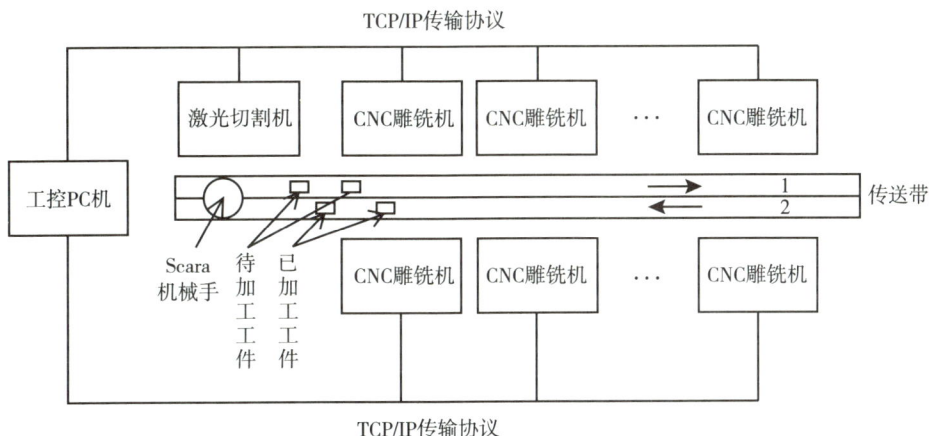

图 7　光机一体化玻璃面板加工生产线原理图

为简化机器臂的调度复杂度，避免在实际加工过程中，传送带出现大量的待加工玻璃面板，本项目通过为各制造单元建立物料输入缓冲区和输出缓冲区，提高生产线的稳定性。因此激光切割机和 CNC 雕铣机由三部分组成：制造加工设备，待加工物料输入缓存区和已加工物料输出缓存区（图 8）。

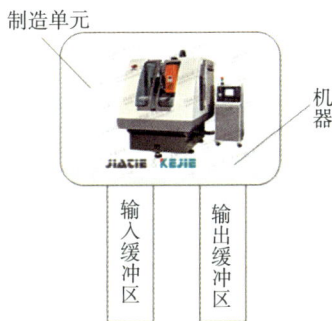

图 8　制造单元及其缓冲区

生产线调度系统创新性：

1）针对传统智能手机和平板电脑玻璃屏加工时存在定位次数多、搬运容易出现划痕等问题，研究了以机械臂为调度核心的，玻璃屏智能生产线加工技术，有效提高了玻璃屏加工的自动化和智能化水平，实现了加工过程的实时监控，显著降低了产品的废品率。

2）基于玻璃屏生产线特点，通过引入启发式调度规则，结合 Mealy 状态机模型，提出了一种适用于玻璃面板生产线加工的调度算法，在系统存在多约束、多冲突的基础上，针对不同评价指标，由启发式规则，实时获得相对较优的调度结果，有效满足实际工程的调度需求。

三、实施效益

本项目研究开发中高端开放式数控系统，可打破国外在关键数控系统和核心部件的垄断地位，从而提高我国数控设备制造企业的自主创新和研发能力，提升机械装备产品的附加值。

通过搭建完成了一条由机器人进行自动上下料、配合激光切割机和玻璃雕铣机的自动化手机玻璃加工产线。该产线能够根据实际生产情况适时智能化的指挥调度，以提高生产效率；遇到异常情况能够进行相应处理，最大限度上减少工人的参与。它为今后类似生产线自动化的研发与改造提供了框架和示范作用。

研发的高端移动电子产品关键结构件数控装备，能有效针对当前高端移动电子产品结构件特点，依靠国内最先进的数控技术，研发具有国际竞争力的数控化装备，形成行业示范作用，并将有助于在广东珠三角地区形成高端移动产品结构件的先进制造和现代服务业基地，为当地带来潜在的巨大就业机会和经济收益。

四、主要成果

项目团队累计参与／主导完成数控机床相关国家标准制定共 2 项。已申请相关知识产权共 21 项，其中发明专利 5 件、实用新型 7 件；软件著作权 8 项。

此外，项目执行期间，项目团队发表学术期刊论文 6 篇（其中 EI 收录 2 篇）。

五、发展展望

本项目面向广东省高端移动电子产品关键结构件生产制造的重大需求，围绕智能手机和平板电脑中玻璃、塑料和金属材质的关键结构件高精度机械切削、激光加工和自动化生产线，包括玻璃面板磨边钻孔机、整体式金属外壳雕铣机、激光微加工数控机床、激光切割数控机床、生产线上下料机器人在内的系列化数控装备，开展专业数控系统、单元加工工艺、复合加工工艺、多工艺一体化设备集成设计方法等共性关键技术的研究，研制出6 种融合加工工艺的专业数控系统和数控设备，形成实现各类专业数控系统和数控设备总数达 10000 台套以上规模的产业化应用，实现 10 亿元左右的经济效益，并集中各方技术优势和产学研合作优势，联合研制下一代光／机一体化加工中心，以提升我国高端移动电子产品结构件加工装备的数控化、系列化、整线自动化水平，支持广东高端电子信息产业的发展。

高速高精度 PCB 数控钻孔系统

2013 年广东省"数控一代"机械工程创新应用示范工程专项资金计划项目

广东工业大学　惠州市大亚湾天马电子机械有限公司

本项目首先完成高速高精度 PCB 数控钻孔系统的机械机构和数控系统整体架构的设计，攻克基于网络的高性能运动控制器、专用全数字高频变频器、接触式断钻侦测系统、在线电容式钻头位置测量系统等关键技术，研制出达到先进技术水平的高速、高精度 PCB 数控钻孔系统，实现了国产 PCD 数控钻孔系统高速度、超高精度、高可靠性、实时智能化等。

一、前言

印刷电路板（printed circuit boards，PCB）是重要的电子部件，是电子元器件的支撑体。随着下游电子消费品的多功能化、小型化和高可靠性等的发展趋势，PCB 微小孔的直径越来越小，布线密度越来越密，对 PCB 微孔性能的要求越来越高，微小孔定位精度、质量的要求越来越高。我国生产的主要还是中低端的 PCB 数控钻孔系统，其性能和种类不能满足 PCB 生产厂家的要求，在国内市场仍以国外产品为主流。因此，高速高精度 PCB 数控钻孔系统是制约和影响我国电子制造业水平和电子信息产业基础配套能力的重要因素，是我国电子制造业与世界先进水平差距体现的重要环节之一。高速高精度 PCB 数控钻孔系统的研发正是为了破解这一困境。

二、具体工作内容

以突破掌握 PCB 数控钻孔系统的核心技术，打破该领域被西方发达国家长期垄断和技术封锁的局面，提升国产 PCB 数控钻孔系统的市场竞争力，提升国产高端 PCB 数控钻孔系统的市场占有率。首先完成高速高精度 PCB 数控钻孔系统的机械机构和数控系统的整体架构的设计，攻克基于网络的高性能运动控制器、专用全数字高频变频器、接触式断钻侦测系统、在线电容式钻头位置测量系统等 4 个关键技术，研制出达到先进技术水平的高速高精度 PCB 数控钻孔系统，实现了国产 PCD 数控钻孔系统高速度、超高精度、高可靠性、实时智能化等。

三、技术突破

1. 基于网络的高性能运动控制器的研究

将控制器分为微处理器模块、编码器译码模块、脉冲输出模块、通信模块、扩展 I/O 模块 5 个模块，使得每一模块各司其职，其中微处理器模块进行加减速控制和直线、圆弧的精插补计算；编码器译码模块进行译码，并处理得到电机的位置信息；脉冲输出模块控制电机转动；通信模块接收控制信息，将坐标信息发给主控制器；扩展 I/O 模块方便与辅助装置如润滑机构、液压系统、限位开关等连接。控制器结构如图 1 所示。

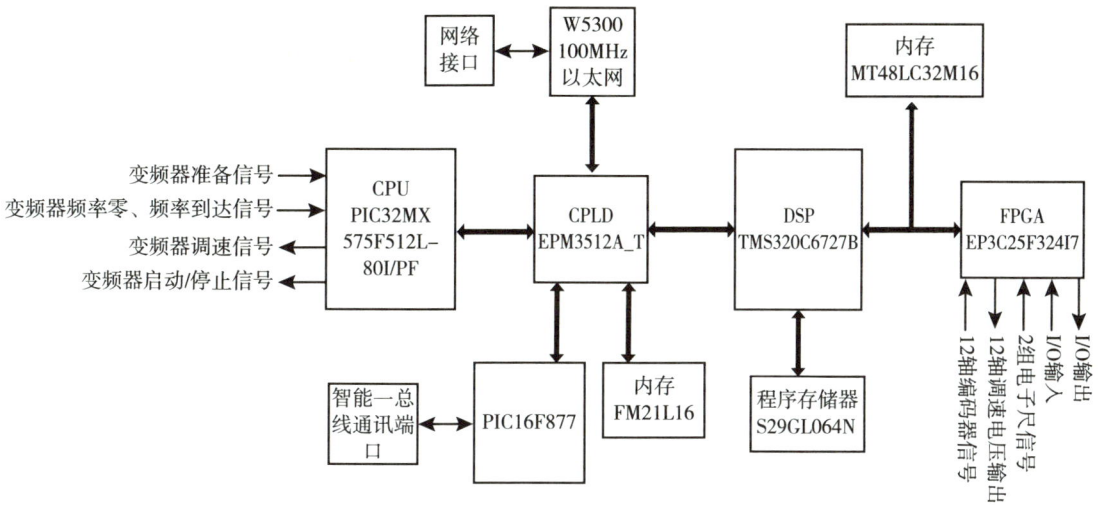

图 1　运动控制器结构

2. 专用全数字高频变频器的研究

PCB 数控钻孔系统目前用的变频器通常是由一个变频器同时驱动多个主轴，它只能对多个主轴的总电流和 PTC 进行监控，很难通过变频器检测每一个主轴的故障，变频器的故障会直接影响整台钻孔系统。要加强对专用全数字高频变频器的研究，需对主轴进行实时独立监控，提高生产效率。

3. 接触式（CBD）断钻侦测系统的研究

解决原有的激光断钻侦测系统因检测误差大、误测误检等问题，要加强研发出一套新型接触式断钻侦测系统，保证钻孔系统整个加工过程中时时检测，并且这套系统要做到检测精度高且造价低，保证钻孔加工系统的稳定性。CBD 断钻侦测如图 2 所示。

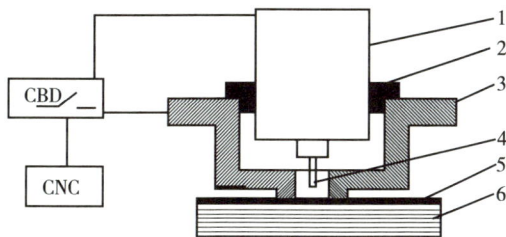

1. 主轴；2. 绝缘衬圈；3. 吸尘压脚；4. 钻头；5. 铝箔；6.PCB 板

图 2　接触式断钻侦测示意图

4. 在线电容式钻头位置测量系统的研究

现有技术只能间接地得知主轴钻头的位置，而且一旦钻头断钻，便得知位置，研发新型在线电容式钻头位置测量系统，利用主轴的电容特性来检测钻头位置。通过振荡频率的变化来获知钻头位置，利用两次孔之间的位置变化可判断钻头是否有断刀现象发生，可实现快钻及钻盲孔功能，提高钻削孔深的精度。

5. 高速高精度 PCB 数控钻孔系统产业化应用推广

面对国产 PCB 数控钻孔系统使用性能较为普通，而高性能进口系统的售价较为高昂的状况，研发高速高精度 PCB 数控钻孔系统，掌握系统的核心技术，增强国产 PCB 数控钻孔系统的核心竞争力，达到价格和使用性能的平衡。立足于惠州市电子产业基地，面向珠三角密集的电子产业企业，力争在广东省内 PCB 数控钻孔加工行业内形成示范应用，随后在国内更大范围内形成应用辐射。

四、技术创新

1. 使用模拟信号控制伺服马达

采用了 DSP 数字处理机和 FPGA 逻辑芯片，使得 16 位 D/A 转换的模拟信号来控制伺服马达的运转，使运动平滑性和响应频率大大提高。

2. 开发出新型总线 I/O 系统

解决了不能互换、无法诊断状态、连线太短等问题。这种系统可布置在任何类型的钻孔系统上，属行业首创。

3. 人机交互界面运用图形模式

在世界上同类型钻孔系统上首次采用图形模式以及 CAD 编辑功能加入控制软件，极大地方便用户使用。

4. 数据格式兼容性佳

集成支持 Excellon、Plot、Gerber、NC、DXF 等 5 种数据格式，相比国内外主要使用 Excellon 数据格式乃一次飞跃。

5. 基于网络的高性能运动控制器的技术

研发的运动控制器可支持多达 12 个伺服电机控制，并且采用 UDP 协议，实现远程控制和远程故障诊断，发挥互联网的优点，还将运动控制和 I/O 通讯功能结合在同一块板上，这些方面都大大领先于国内其他运动控制器。

6. 变频器全数字概念的实现

通过技术研究真正实现变频器的全数字概念，将变频器输出频率提高到 6000 Hz，一个主轴用一个变频器驱动，有效提高变频的工作性能，克服了其他的主轴变频器对单个主轴的过流保护不足的缺点。

五、主要成果

研发出一批具有自主知识产权、高技术含量的新产品，在高速高精度 PCB 数控钻孔系统的核心部件上有了新的突破。如数控钻孔系统动态定位精度数据采集系统等运动控制器上的关键组成部分，打破了核心技术受制于国外的现状。提高了整个数控钻孔系统的科技含量。

1. 数控钻孔系统动态定位精度数据采集系统

研发能够实现动态数据采集的 PCB 数控钻孔机数据采集系统及依赖于该采集系统的钻孔机动态定位精度检测方法。以解决现有的激光检测仪检测方法不易操作、成本高、只能进行静态检测的缺点，同时也克服了传统动态检测方法精度不高、费时费力的缺陷。该系统示意图如图 3。

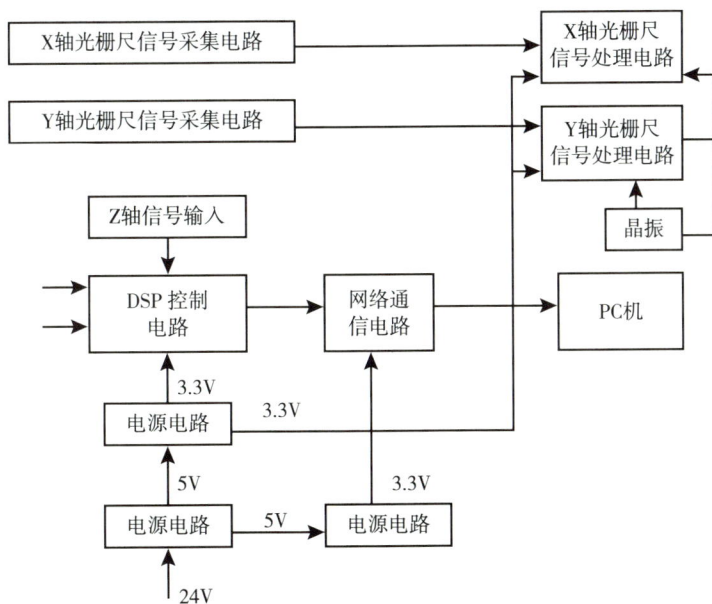

图 3　PCB 数控钻孔机动态定位精度数据采集系统示意图

2. 钻孔机加工面平面度的在线测量装置

基于现有的 PCB 数控钻孔机缺少在线测量的功能，项目研究出了一种结构简单的数控钻孔机在线测量加工面平面度的装置解决了上述问题。测量装置只需利用气缸上的活塞杆、导柱及其触头，使得 Z 轴下移并接触到加工面，记录触头的坐标信息，然后计算机将自动计算出该测量平面的平面度。钻孔机加工面平面度的在线测量装置，可在加工的同时测量出工件的平面精度，节省了时间，提高了工作效率。

3. 导轨丝杆螺母座综合装配精度测量系统

目前 PCB 数控钻孔系统上的丝杆、导轨和螺母座的综合安装精度检测方法对于大型钻孔系统来说无法精确反映出测量的数据。故研发设计了钻孔机导轨丝杆螺母座综合装配精度测量系。精度测量系统主要是由创新研制的伺服系统控制一伺服电机通过力矩模式向数控钻孔系统丝杠传递不同大小的扭力，使丝杠转动并带动螺母座、工作台前后移动，再由伺服系统记录螺母座、工作台前后移动过程中各阶段力矩值的变化，并每隔固定时间间隔实时采集工作台位置变化量，通过力矩值变化及工作台位置的变化量计算丝杆与导轨的综合装配精度。

4. 专用全数字高频变频器

PCB 数控钻孔系统专用的数字高频变频器，能够对钻孔系统上每一个主轴进行实时监控，变频器模块中一个变频控制单元驱动一个主轴，对各自驱动主轴的电压、电流、转速、PTC 能够实时监控，各变频控制单元均可独立控制。

5. 接触式（CBD）断钻侦测系统

克服激光检测系统在 PCB 钻孔系统加工中存在的不足，提高钻孔系统加工精度，同时减少因误测量而造成的频繁停机现象，提高了系统整体的稳定性和加工效率，克服了加工微小孔存在的技术难关。

六、企业简介

惠州市大亚湾天马电子机械有限公司是国家高新技术企业，先后承担国家级和省级多项科技计划项目，是中国地区知名的精密数控 PCB 钻孔系统生产基地，已研发出 2 轴、4 轴、6 轴全系列数控钻孔系统，产品研发经验丰富，技术积累充分。

公司设有惠州市依托的数控技术研究中心，生产设备精良，检测手段完善。长期以来致力于专业研究、开发、制造各种 PCB 数控钻孔系统。经过多年的创新和实践，在 PCB 数控钻孔系统方面目前 4 个系列产品，并拥有多项专利与技术标准。所研产品先后多次获得省、市级科学技术进步奖，人才培养也颇有建树，两人入选惠州市科技局专家库，其中一人获得市管拔尖人才称号，成为惠州市在数控领域的领军人物。高速高精度 PCB 数控钻孔系统，申请发明专利 3 件、申请实用新型 5 件，获得授权 4 件、形成产品企业数控技术标准 3 项。截至 2015 年 2 月，累计实现销售收入 12170.00 万元，累计纳税 2327.80 万元，累计实现净利润 5084.37 万元。

七、结论

本项目突破了国内 PCB 数控钻孔系统在高性能运动控制器、专用全数字高频变频器、断钻侦测系统、在线电容式钻头位置测量系统等方面的技术瓶颈，开发出了具有知识产权的高速高精度 PCB 数控钻孔系统，打破该领域被西方发达国家长期垄断和技术封锁的局面。促进我国 PCB 企业的转型升级，推进我国电子制造装备产业的自主创新和技术积累，降低了我国电子产品成本，提高了我国电子产品的国际竞争力。

高速高精度 PCB 六轴机械钻孔技术与装备

2012 年广东省"数控一代"机械工程创新应用示范工程专项资金计划项目

深圳市大族数控科技有限公司　华南理工大学　东莞市升力智能科技有限公司

电子信息产品的智能化、小型化和更新换代的加快对 PCB 中高端制造设备——PCB 机械钻机的精度、速度和柔性化提出了更高的要求。把智能化全数字伺服控制技术、PCB 机械钻孔技术和现代设计技术等紧密结合，研究开发了高速高精 PCB 六轴机械钻孔技术与装备，改变了中高端机械钻孔机控制技术一直被国外某些公司垄断的局面，提高了我国高端 PCB 制造设备的数控技术水平和竞争力。

一、导言

电子信息制造业是当今世界上具有生命力的先导性高技术产业，是我国国民经济的第一支柱产业。印刷电路板（PCB）作为电子零件装载的基板和关键互连件，它的制造是电子信息制造产业链的关键环节。我国 PCB 行业产值位居全球首位，但行业中高端数控装备长期被国外垄断，PCB 关键加工检测设备、PCB 精密工具加工检测设备的数控技术水平落后于国外一代以上，国产化的成熟产品严重缺失。PCB 机械钻孔机也不例外，中高端机械钻孔机的控制技术一直掌握在德国和日本的某些公司手中。

项目针对 PCB 行业对国产高性能机械钻孔设备及其控制系统的迫切需求，重点突破了全数字伺服控制技术、仿真与测试相结合的动态设计技术、高效直接驱动技术、高精度的装配测试技术等，完成了高速高精 PCB 机械钻孔设备及其控制系统的研发与应用，改善和提高了国内 PCB 机械钻孔机的整体性能，提升行业高端装备产品的附加值和竞争力。为我国电子制造行业提供一系列高性能国产成套设备，实现了良好的经济效益与社会效益，对于加速电子制造业的转型升级具有重要的战略支撑意义。

二、关键技术及创新点

本项目的关键技术及创新点包括高效直接驱动技术、全数字伺服控制技术、新型材料蜂窝铝运动平台的应用技术、仿真与测试相结合进行关键部件的设计优化的动态设计技术、高精度的装配测试技术等，在成功完成上述几个方面的研究后，研发生产出了全线性六轴级联高速高精 PCB 机械钻孔机。

1. 高效直接驱动技术

以往的 PCB 机械钻孔机一般采用旋转电机和丝杠螺母驱动，这种驱动形式由于需要连接传力机构在速度达到一定值后振动较大，速度很难再提高。为了解决这一问题，首次创新性地将 X、Y、Z 轴的驱动全部采用直接驱动型的直线电机，所用直线电机全部是大族数控与大族电机合作开发的 LSM 系列的直线电机。直线电机不仅可提供非常高的驱动速度以提高生产效率，由于装置只有少数的部件，既简化了装配工作，又能使其具有很长的工作寿命；直线电机驱动具有高刚度、高定位精度和响应速度的优点，而且速度非常平稳。

2. 全数字伺服控制技术

公司 PCB 机械钻机一直以来应用 sieb&Meyer 控制系统与 CNC 操作软件是集软件、电气和控制于一体的封闭式的数控系统，国际上绝大多中高档 PCB 机械钻机都应用此控制系统。该控制系统只有少数参数可被调节，无法测得具体数据，不容许使用控制卡的缓存，也不支持辨识，通用性差，不便于功能的扩展和更新，除非供应商有此意愿。

PCB 机械钻机属于中高端的微孔钻设备，其工艺特点决定需要高速高精度点位控制，这种控制需全数字伺服控制系统。针对上述问题和项目需求，大族数控与华南理工大学和东莞升力智能科技有限公司合作提出需求，由华南理工大学开发专门针对 PCB 钻铣、检测装备的全数字控制器，该控制器的研发主要包括以下几个方面的技术创新。

（1）基于特定领域建模的嵌入式数控系统集成开发环境。

基于领域建模的嵌入式控制系统软件设计平台技术在提高控制系统的可靠性、降低控制系统的开发周期和设计开发成本，提升市场响应能力方面具有明显的优势。通过对数控领域进行需求分析，从静态结构及动态行为方面抽象领域共性，构建面向数控系统的建模语言；借助形式化描述及第三方仿真验证工具的集成，实现对数控系统模型层的形式化验证，保证数控系统模型的正确性；创建符合 IEC61499 标准的底层数控领域组件库，并通过解释器将上层模型与底层实现组件相关联，最终实现数控系统软件的自动生成。

（2）基于 DSP+FPGA 架构的高性能嵌入式运动控制硬件平台。

项目研发的数控系统的核心采用 DSP+FPGA 架构，其主要性能技术指标如下：支持 8 轴

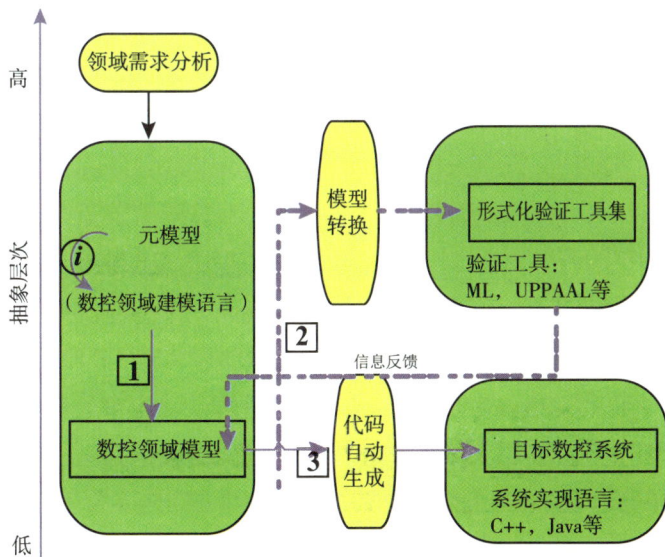

i 为从元模型到领域建模语言的解释器（由开发工具提供）

图 1　基于领域建模的软件设计与开发技术整体框架

图 2　基于 DSP+FPGA 的运动控制器

伺服和步进运动控制；脉冲输出频率 8 MHz，8 路 16-Bit DA 输出；8 编码器输入，输入频率可达 10 MHz；支持任意 2 或 3 轴直线插补、圆弧插补、极坐标、柱面、SPLINE 插补等，插补输出脉冲可达 6 ~ 8 MHz；伺服刷新时间 20 μs（1 轴）、350 μs（8 轴）。性能可满足高速高精多轴运动控制要求。该运动控制卡可运行由集成开发环境自动生成的数控系统代码，支持自定义的系统调度器，并适于多种装备的数控系统的开发应用。

（3）面向 PCB 精密加工的先进运动控制算法。

高速高精度是数控系统发展的重要趋势之一，更是精密钻铣设备的一项关键核心技术。普通的数控系统只具有直线插补和圆弧插补功能，无法直接生成高精度的由非均匀有理 B 样条（NURBS）描述的复杂自由曲线轨迹、高精度的椭圆轨迹等，无法实现旋转轴与平动轴的多轴联动控制。而采用用户宏程序实现这些轨迹时存在轨迹精度差、加工效率低、系统动态性能差等不足。针对这一问题，采用连续小线段（CSLB）曲率适应前瞻插补算法，非均匀有理 B 样条（NURBS）曲率适应前瞻插补算法、高速高精的椭圆插补算法等将先进的速度前瞻算法与高精度的插补坐标计算方法相结合，实现多种高速高精度的插补算法和平动轴多轴联动的运动控制。

项目采用 PC 加上述控制器的形式，建立了开放式数控系统，这种控制形式具有成本低、可运行用户自定义软件、界面友好等优点，并且系统开发周期短、运行速度快、控制精度高等，而且可以按需要迁移至其他机器上，通用性强，有利于公司的长远发展。

图 3　全数字封装控制系统

3. 蜂窝铝运动平台

六轴级联高速高精 PCB 钻孔机的运动平台由于加工范围的需要，其长、宽尺寸一般都要 3200 mm × 700 mm，并且因是横向驱动会产生平衡木效应，在高速运动的情况下工作台质量太大很难控制其平衡摆动和准确定位，因此，为达到较好的控制效果只能提高运动工作台的伺服控制能力、工作台导向刚性、并尽可能降低工作台质量，通常采用铸造结构降低工作台质量，但因为大型铸件的制造工艺局限，即使用铝合金铸造工作台也高达 150kg 以上，动态性能不佳而且还会出现受热不均热变形的问题。为了解决上述问题在结构上只能探索一种新的结构工艺制作更轻的工作台。

蜂窝铝夹芯板比强度高、比刚度高，隔音、隔热性能突出，它首先是在先进的航空航天领域大量应用，随着制造工艺的成熟，在很多民用场合也逐步得到了极其广泛的应用。但国内蜂窝铝板最大用量的领域是建材，主要是看重其质轻，大多对形位公差和承力没有太多要求，而加工设备的运动工作台尺寸较大、平面度要求较高且要稳定性好、需要承受一定的载荷，还需要外挂安装其他功能性的机构，整体强度高的同时还需要有局部超高强度的连接能力，这对整个设计和制造工艺都提出了较大挑战。

通过借鉴国外同行结构经验，并分析我们设备的约束、载荷等，选用特定的蜂窝芯和适当厚度的表面铝板，初步设计出来符合我们要求的结构方案（图 4），降低总体重量的 1/3。

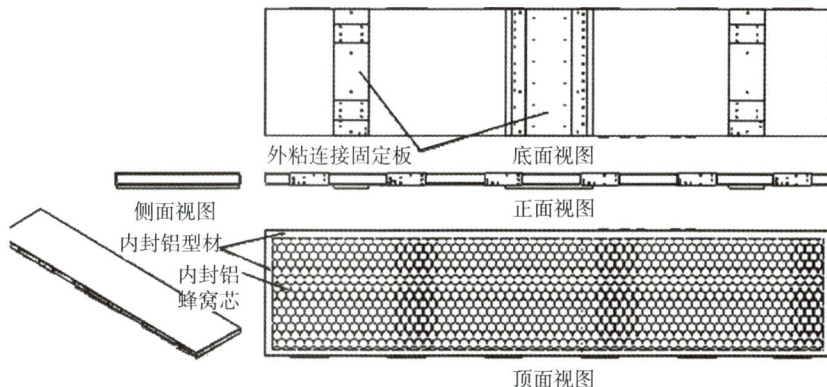

图 4　蜂窝铝板工作台示意图

蜂窝铝板的固化通常采用油压机将蜂窝芯和铝板压合在一起。利用一个刚度较高且平面度较好的平台作为基准制造平台，利用均匀施压的工艺使压紧固化的同时基准平面不产生过大变化，以保证蜂窝铝底面的平面度。

通过对采用该工艺制造的蜂窝铝工作台的检测，其平面度满足设计使用要求，并对安装装配好的工作台进行动态精度测试，其定位精度 5.98 μm，重复定位精度 1.98 μm。10 mm 步距停止时在 7 μs 之内便整定下来。其动态精度及性能优于原来用的铸铝工作台。

4. 仿真与测试相结合进行关键部件设计优化的动态设计技术

传统的根据经验设计的方法对于人的依赖性高、盲目性大且不易得到理想的结构。近年来有限元仿真分析的设计方法越来越多被应用，在设计阶段预测零部件的性能，大大减小了设计的盲目性，但对于工作条件复杂的零部件来说，这种设计方法由于对工程中实际应用条件很难预估准确、全面，在一定程度上降低了预测的可参考性。对于这种情况，本项目应用有限元仿真技术和测试相结合的方法进行设计优化，为零部件动态精度和稳定性提供基本的保障，并为设备的装配调试提供良好的基础。例如，级联结构的设计便是采用这种设计方法。

为提高效率降低成本，PCB 机械钻孔机多采用多轴级联结构，目前应用最多的是六轴钻孔机。级联的头数越多，效率越高，但振动越大。所以多轴级联部分设计的关键是在保证级联刚度的同时，保证其动态稳定性。

底板作为级联结构的基础件，它的动态特性决定了级联结构的动态特性。另外，PCB 钻机多轴级联结构动态特性还受到导轨滑块、级联形式以及结构联接刚度与加工轴零件的影响。

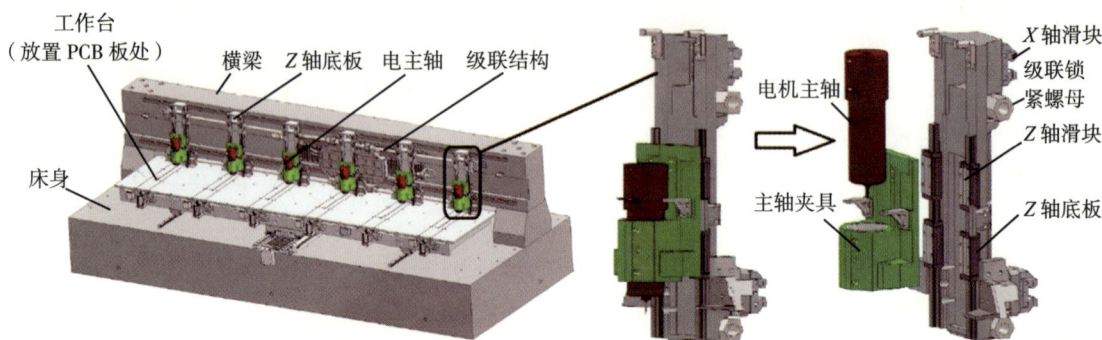

图 5　PCB 6 轴钻机及其 Z 轴结构示意图

本项目采用振动测试仪测试分析与 CAE 仿真结合分别对级联结构的基础件——Z 轴底板、安装导轨的底板、多轴级联底板、安装电主轴多轴级联底板进行模态分析与仿真，得到底板在这 4 种情况下的模态参数，将这些结果进行对比分析，为导轨滑块、级联形式与结构联接刚度、加工轴零件的选取与确定提供依据。这种方法具有准确、方便可行，能够获得级联底板在装配过程中的动态特性，建立一个模态参数体系，有利于提高动态设计能力，得到较优的 PCB 钻机多轴级联结构，使设计得到优化。

5. 高精度的装配测试方法

如提高直线导轨安装精度的方法。直线导轨的水平面内直线度的调整通常采用千分表、平尺法比较方便、经济，但是测量、调整时导轨安装基面平面度误差会造成滑块在行走时、在不同的位置产生不同的倾斜角度，其偏差会带入直线度的测量结果，当平尺摆放位置不正确时，这个误差被放大，造成测量假象，降低了导轨安装精度。公司采用直线导轨安装测试方法是：先将平尺自身的精度误差测量出来并标示在平尺上；将平尺摆放在离主导轨约 70 mm 的位置进行测量、调整，这样摆放，最大限度地减少了倾斜角度偏差被放大的状况，同时给作业留有空间，调整时千分表的读数要减去平尺自身的误差；主导轨的直线度调好后，用水平仪测出主导轨上相互距离最远、倾斜角度相同的两段导轨，做好标记；将平尺摆放在离副导轨约 70 mm 的位置，以主导轨作标记的两段导轨为基准，调整好平尺与导轨的平行度，这样做可以最大限度地减少主、副导轨的平行度误差，调整好副导轨的直线度，注意减去平尺的误差；以主导轨为基准，复测副导轨与主导轨的平行度，误差不得超过直线度的 1 倍。

这样在不改变用千分表、平尺法方便、快捷、成本低这些优势的情况下，不增加任何成本，提高了直线导轨的安装精度。这种安装测试方法已获得发明专利（专利号 ZL2010 10544035.3）。

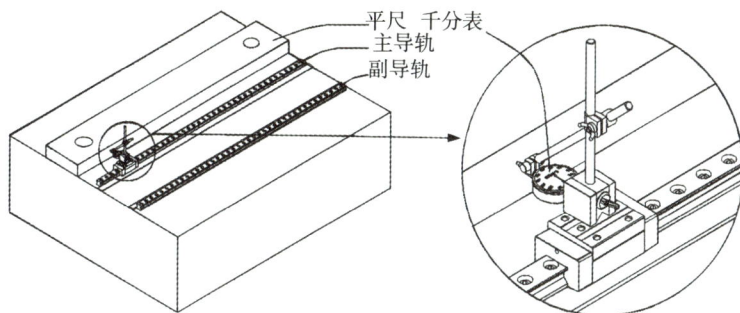

图 6　主导轨安装测试示意图

6. 主要性能指标

本项目的成果全线性六轴级联高速高精 PCB 钻孔机的主要性能指标见表的最后一列，已达到国际先进水平。该产品打破国外技术垄断，提高国产数控系统及装备的技术水平与应用范围。

表 1　中外主要品牌 PCB 六轴钻孔机参数表

参数	HITACHI　日本	Schmoll　德国	ANDERSON　恩德·台湾	HANS-F6M　大族·中国
外观图片				
X/Y 轴速度	60 m/min	90 m/min	70 m/min	80 m/min
钻针直径	0.1 ~ 6.35 mm	0.1 ~ 6.35 mm	0.1 ~ 6.35 mm	0.1 ~ 6.35 mm
Z 轴速度	25.4 m/min	25 m/min	30 m/min	50 m/min
定位精度	± 0.004 mm	± 0.004 mm	± 0.005 mm	± 0.005 mm
重复精度	± 0.002 mm	± 0.002 mm	± 0.0025 mm	± 0.0025 mm
钻孔精度	± 0.015 mm	± 0.018 mm	± 0.018 mm	± 0.0025 mm
主轴转速	160/200 kr/min	180 kr/min	200 kr/min	160/200 kr/min
光栅解析度	0.001 mm	0.001 mm	0.001 mm	0.001 mm

三、主要成果

本项目在执行期间发表了论文 3 篇，其中期刊收录论文 2 篇。共申请了知识产权 20 项，其中发明专利 9 件，实用新型专利 8 件，外观设计专利 1 件，软件著作权 2 项；获得授权的发明专利 6 件，实用新型专利 8 件，外观设计专利 1 件，软件著作权 2 项。项目研发的全线性六轴级联高速高精 PCB 钻孔机在项目执行期间实现了 3.2 亿元的销售额，实现了良好的社会效益和经济效益，该产品还获得了深圳市科技进步奖。

该项目的实施和产业化对于 PCB 中高端制造装备关键共性技术的突破和创新具有重要的推动作用，促进了相关数控系统及装备制造企业的自主创新，大幅提高电子制造装备行业数控系统及数控装备的技术水平、提升行业高端装备产品的附加值和竞争力，实现 PCB 行业制造装备的整体水平提升。对摆脱 PCB 行业高端数控装备及数控系统长期被国外垄断的落后局面具有重大的社会意义，同时为电子制造行业提供系列高性能国产化成套设备，对于加速电子制造业的转型升级具有重要的战略支撑意义。

四、展望

高速高精机床的振动是制约其加工精度和稳定性的重要因素，但振动又是高速机床不可避免的。机床的研发者一方面尽量减小运动件的质量以减小冲击，另一方面选用阻尼特性良好的材料作基础件——机架以耗散振动，目前机架最常用的是铸铁，其次是机械性能较好的天然花岗岩如济南青，本项目的产品用的是天然花岗岩。铸铁的阻尼特性逊于天然花岗济南青，而且需要高温铸造，其环保性差且价格贵，天然花岗岩虽然取自于天然但也是对环境的破坏，况且这种天然资源越来越短缺，因此急需寻找替代的材料。

面向高端数控装备的精密绝对式光栅尺的研发与应用

2013 年广东省"数控一代"机械工程创新应用示范工程专项资金计划项目

广东万濠精密仪器有限公司　广东工业大学

现代工业的快速发展对数控装备的测量精度、测量速度、可靠性等方面提出了更高的要求。将增量码道的速度、绝对码道的可靠性与高速图像处理的测量精度有机结合在一起，研制开发一款满足高端数控装备要求的精密绝对式光栅尺，本项目研发技术填补了国内的绝对式光栅尺产品研发空白、打破了国外的核心专利技术垄断，对我国精密检测仪器、精密数控装备的性能提高具有重要的保障作用。

一、导言

随着我国基础制造水平的不断提升，数控机床的产量也在迅猛增加，自2010年以来，我国数控机床的产量维持在20万台以上，占世界机床总产量的30%。而精密加工机床的核心器件之一就是精密绝对式光栅尺，然而，目前我国只能生产精度不高的增量式光栅尺，关于绝对式光栅尺产品处于一片空白，安装于中高档数控机床全闭环用的绝对式光栅尺全部依赖进口，这已经成为制约我国高档数控机床发展的技术"瓶颈"之一，所以有必要对其进行全面研发并探索产业化的道路。

图1　光栅尺

高精度绝对式光栅尺主要应用于高精度光学扫描机构、超精密加工机床位置反馈关键器件、高精度微动导轨闭环控制反馈器件、微光学检测辅助器件等（图1）。

本项目由广东工业大学与广东万濠精密仪器有限公司共同承担，通过系统技术攻关及应用研究取得了重大突破，主要围绕绝对式光栅尺机械结构的优化设计、绝对位置编码的有效实现、绝对位置代码的高速采集、绝对位置信息的高速处理等几方面内容展开产学研攻关，采用CMOS图像处理技术以及宏微复合设计思想，创新设计方式，创新研发出一套具有自主知识产权的高精度绝对式光栅尺产品系列，并且逐步推进该系列光栅尺的产业化。其技术路线如图2所示。

广东万濠精密仪器有限公司是一家专门从事光、机、电一体化的精密光学检测仪器产品研制、生产和销售的高新技术企业。公司主要产品有数字式测量投影仪、光栅尺、数显表、影像测量仪、三坐标测量机、工具显微镜、刀具预调仪等。产品主要应用于五金、机械、电子、塑料、模具、汽车、航空、仪器仪表等领域。产品除供应国内以外，还销往欧洲、美洲、中国台湾等。公司已发展成为国内精密测量行业的龙头企业。

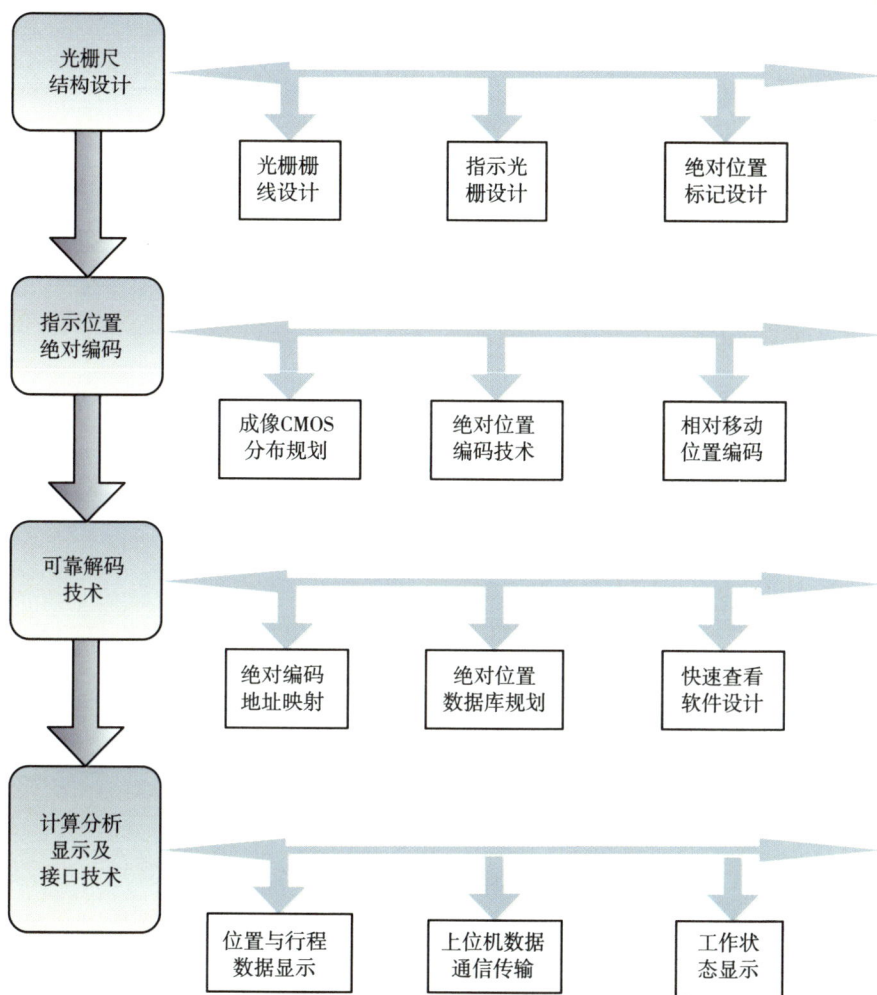

图 2　绝对式光栅尺研究内容与技术路线

二、主要创新点分析

1. 生产中存在的问题与难点

中国科学院长春光机所进行了相似的绝对式光栅尺研究，形成了数项专利，但由于技术路线的局限，要求较高的加工工艺和成本，尚无法进行产业化生产。

目前国内在绝对式光栅尺的研究与国外同行比较，差距主要体现在：实验用绝对光栅尺的测量精度一般比国外要低 1～2 个等级；器件的抗振能力大大低于国外；绝对编码方式还有待提高；图像的采集和处理速度仍不理想。目前国际主流的绝对光栅尺产品测量精度约在

5 μm，精度高于 1 μm 的绝对光栅尺基本依靠进口，有时会受到国外政府的限制，国际领先的绝对光栅尺测量精度已经可以突破 100 nm，但对于中国严格限制进口。所以必须进行自主创新研发并探索产业化。

本项目的研究内容主要围绕以下 4 个技术难点进行展开，并配合前期可行性研究，在应用理论和技术方案上实现突破，最终形成一套具有自主知识产权的产品系列并逐步实现产业化。主要的技术难点在于：①绝对光栅尺机械结构的优化设计；②绝对位置编码的有效实现；③绝对位置代码的高速采集；④绝对位置信息的高速处理。

2. 解决方案

（1）绝对光栅尺机械结构的优化设计。

绝对编码依赖于光栅尺创新性设计。常用的绝对编码多采用多轨栅线码道，但这种方案对于标尺光栅的制造要求严格，误码率较高，图像编码处理速度有限，所以单轨绝对光栅编码的优势明显。这里创新提出的单轨光栅标尺的新结构如图 3。

指示光栅上有 3 个开孔，左上一个可以透光，安放有指示光栅，其与标尺光栅所形成的莫尔条纹信号可以被光电接收器接收。右边开有等宽度光栅开口，上下分别嵌入一块CMOS 感光元件，上侧 CMOS 用来搜集增量标尺栅线图像信息，而下侧 CMOS 用来识别里程碑绝对位置标志，结构更为紧凑，可以起到减少振动干扰的作用，研究将集中在具体的结构参数上，最大限度优化结构的性能。光栅尺的整体机械装配优化设计也是此部分的重要研究内容之一，这将方便绝对光栅尺的工业应用，使其真正走出实验室，进入到大规模产业化应用当中。

（2）有效绝对编码的设计实现。

绝对光栅尺的结构相对简单，其关键点之一在于绝对编码的实现及每一个绝对编码对应着光栅标尺上的一个绝对位置，将出发点到终止点的绝对位置相减就可以得到相对的移动距离，避免了累计误差，也消除了回读零点的工序。目前，出现了一些绝对编码方法，较多集中在多轨光栅条纹编码领域，这种编码的优点在于直读纵列二进制编码，方便光电元件读取数据，同时可以提高细分的精度，但缺点主要是提高了对光栅标尺的刻划难度，误码率较高，难以扩大测量范围。

本项目主要研究内容的针对高效可靠的编码方式，光栅尺绝对编码的思路及方式如图 4 所示。

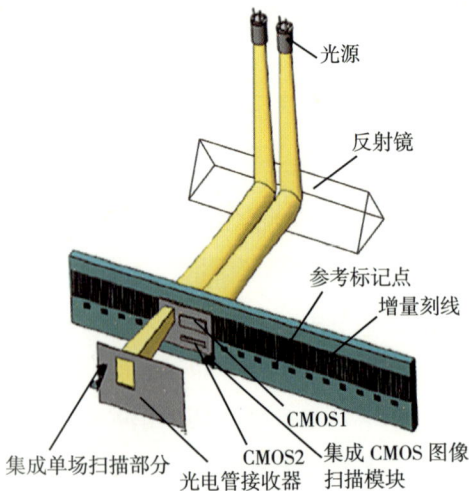

图 3　绝对光栅标尺的新结构

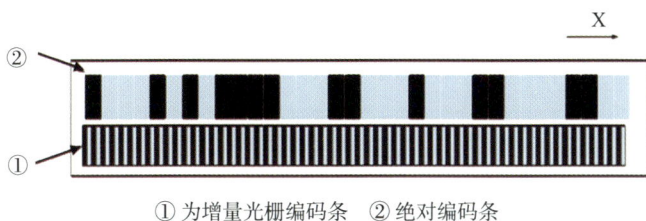

① 为增量光栅编码条 ② 绝对编码条

图4 绝对式光栅尺码道布局

单码道绝对位置编码绝对式光栅尺包含两条编码，绝对位置编码和增量编码。绝对位置编码在光栅尺测量范围内不具有周期性，绝对编码是利用伪随机编码的原理，伪随机码是一种结构可以预先确定，可重复产生和复制，具有某种随机序列、随机特性的序列码。

对于一个2元n级m序列，其产生的序列周期是$2n-1$，如果每个0、1代表绝对式光栅尺标尺光栅上宽度为w的透光、不透光的刻线，那么该m序列对应的编码可用于（$2n-1$）×w的绝对式光栅尺。举例来说，在$w=100\ \mu m$的情况下，2元16级线性反馈移位寄存器产生的m序列，可用于6.55 m长的绝对式光栅尺。通过改变栅线的宽度w和改变级数n易于得到不同量程系列的绝对式光栅尺。

（3）绝对位置图像的高速采集。

在数控系统的应用中，通常需要在100 μs以内实现一次闭环控制，并且要在30 μs内完成位置信息的采集。所以对绝对位置图像的采集速度要求很高，必须用高速的线阵CMOS来采集图像。

绝对式光栅尺电学系统工作流程如图5，需要实现编码信号采集、位置信息计算、串行通信协议等功能。以上几点需求对主控器提出以下几点要求：具有较强的时序驱动能力，能够完成专用光电传感器件、ADC、Flash等芯片的驱动；能够完成光栅尺通信协议的接收、发送；具有并行处理能力，能够同时进行多项任务；具有较强的计算能力。但是由于

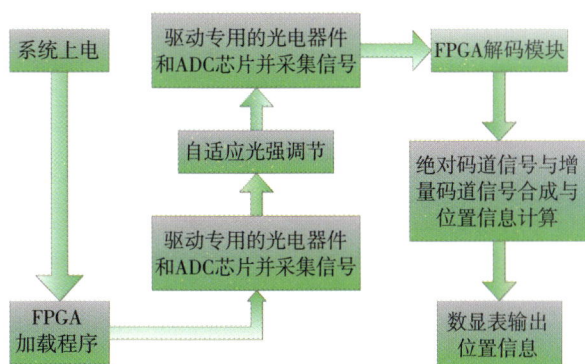

图5 电学系统工作流程图

光栅尺读数头结构空间十分有限，综合考虑采用一个FPGA芯片完成所有驱动和计算。

（4）绝对位置信息的高速处理。

在上电后获得绝对位置信息后，绝对式光栅尺位置信息的更新可以采取两种方式，如图5所示，一种为重新采集编码信号，进行绝对位置信息计算，该方法获取绝对位置信息耗时约为640 μs，其中编码信号采集需要340 μs，位置信息计算约300 μs；另一种为在获取的绝对位置信息基础上，仅使用莫尔条纹来计算新的位置信息，莫尔条纹的采集以及位置信息

计算耗时为 2 μs，其中莫尔条纹采集耗时 1 μs，位置信息计算耗时 1 μs。为了提高绝对式光栅尺位置信息的实时性和可靠性，利用 FPGA 的并行处理特点，采用的位置信息计算方式在完成上电后首次绝对位置信息读取后，通过循环对莫尔条纹进行采集、计算来更新位置信息；同时循环对编码信号进行采集、计算，得到的位置信息用于校检，从而充分利用两个码道的信息，在保证实时性的情况下提高可靠性。

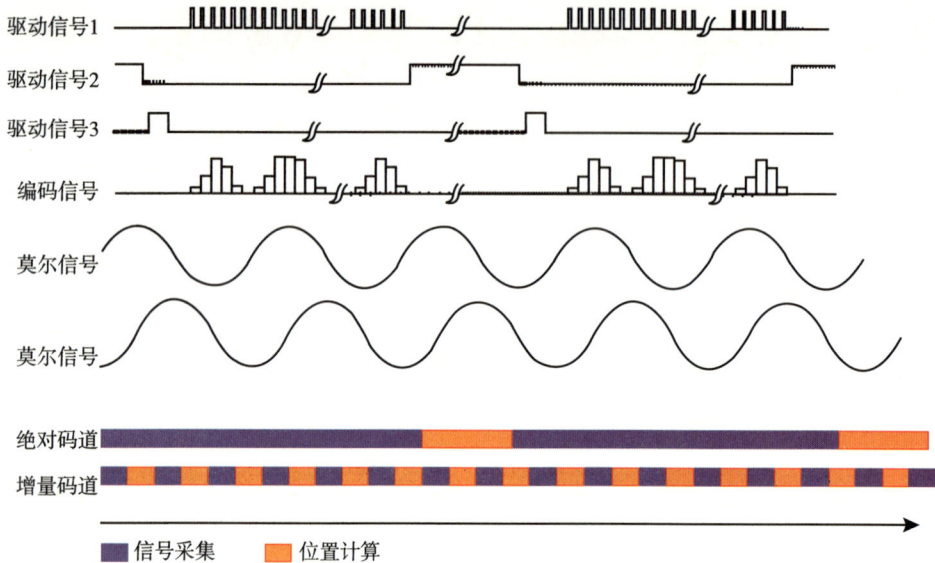

图 6　绝对式光栅尺位置信息计算方式

3. 实施结果

（1）高精度绝对式光栅尺技术指标：①最大量程：1.5 m；②精度等级：±3 μm/m；（20℃ ±0.2℃）；③分辨率：0.005 ～ 0.001 μm；④定位精度：±0.2 μm（20℃ ±0.2℃）；⑤栅距：小于 20 μm；⑥单轨绝对编码大于 16m 以上；⑦最大运动速度：100 m/min；⑧工作温度：0℃～ +40℃；⑨储存温度：–45℃～ +70℃。

（2）经济效益。

东莞万濠利用本专利技术，合作开发了高精度光栅尺及其衍生测量仪器等产品，并实现销售。将研制出来的绝对式光栅尺应用于高端数控装备中，抢占国内的绝对式光栅尺市场，为高端数控设备降低成本。实现高精度光栅尺及其衍生仪器产品 1500 台 / 套，累计新增产值 300 万元，2014 年高精度光栅尺产品国内市场占有率 15.5%，排名第二。

（3）社会效益。

促进了制造装备核心零部件的性能提升，本专利技术宏微复合测量、变加速控制策略等核心原理具有极广的应用领域，应用于绝对式精密光栅尺、高响应运动控制器等研发，为我国自主制造装备研发提供高精度的基础零部件。推动了数控装备产品开发和性能提升研制的基础零部件绝对式精密光栅尺和高响应控制器在精密测量仪器、数控装备、微电子/光电子精密装备的应用，推动了相关测量技术及系统、数控装备等产品的开发和性能提升。

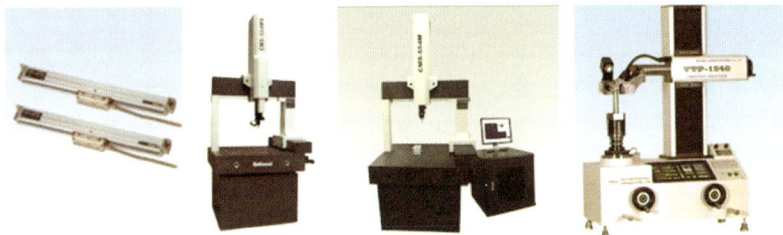

图 7　绝对式光栅尺的应用

（4）对行业发展的影响。

填补空白、打破垄断，对我国精密检测仪器、精密装备的性能提高具有重要的保障作用。本产品特别适合于高速条件下的精密测量，对具有高速、高精特征的微电子/光电子精密装备、高速 3C 机器人等装备的国产化，乃至国防高精度装备与测量仪器的研发都将起到重要的支撑作用。

图 8　高端设备光栅尺的应用

三、主要成果

本项目开展的相关研究，超越了多轨编码的局限，也避开了德国海德汉单码道绝对编码的专利技术以及中国科学院长春光学精密机械与物理研究所的专利技术，创新性地引入 CMOS 作为主要图像阵列编码采集元件，采用了里程碑式编码方式，将传统的模拟增量编码作为误码纠错手段，提高编码、解码的准确率，构成"粗、中、细"组合解码等技术（已申请发明专利），已经进入了国际先进水平。该项目获得广东省数控一代机械产品创新应用示范工程专项资金的支持，总投资额 450 万元。主要相关专利已获实用新型授权 7 件、通过 PCT 审查 1 件，发明专利已授权 1 件，正在实审 10 余件；主要相关论文已发表 5 篇，其中被 SCI 收录 1 篇。

学校和公司团队紧密结合，针对绝对光栅尺的编码设计、解码设计、采码设计以及后继数据处理系统设计进行研究，形成绝对光栅尺的制造方案，产生了相应的知识产权，培养了一批从事光栅尺研究领域的研究生与工程师。开发出的新型绝对光栅尺，缩短了我国与国外光栅尺的差距，提高了公司在绝对光栅尺领域的竞争力。

四、当前存在问题和展望

该新型绝对式光栅尺突破了位置编码、集成光电器件、编码信号提取及位置信息计算等关键技术，并在莫尔条纹空间滤波、光栅尺误差补偿、光栅尺细分误差补偿等方面做了细致研究。

目前该新型绝对式光栅尺已经在多家数控系统厂家开展应用验证，展望今后，应该从以下几个方面开展下一步的研究工作：

（1）数控系统位置、速度控制理论出发，进一步研究绝对式光栅尺在数控系统上的应用技术，研究绝对式光栅尺的测量精度、重复性、分辨率等指标对数控系统的控制精度、加工精度的影响。

（2）研究应用环境（温度变化，数控机床床身振动）对其的性能影响，研究提高该绝对光栅尺工作可靠性的方法。

激光切割机专用数控系统开发与柔性材料
自动激光切割推广示范

2013 年广东省"数控一代"机械工程创新应用示范工程专项资金计划项目

广东大族粤铭激光科技股份有限公司

激光切割机专用数控系统开发与柔性材料自动激光切割机项目针对柔性材料自动激光切割机的发展需求，研发自动激光切割机的开放式专用数控系统，通过软件的模块化形成多品种、系列化的自动激光切割机数控系统。项目用于解决柔性材料切割行业的放样过程数字化、操作自动化和智能化问题，通过数控技术的推广应用，促进整个行业的技术进步。

一、导言

柔性材料自动激光切割机包括网带式自动送料激光切割机、交换工作台式激光切割机、多头激光切割机和视觉定位激光切割机 4 种机型。基于 ARM+DSP 架构的 EM 系列激光切割机专用数控系统开放性好，企业拥有系统的核心知识产权。用该系统升级取代上述 4 种机型的多种控制系统，可以降低产品开发、生产与维护成本，提高整机性能，增强产品的市场竞争力。

本项目已经完成 EM 系列激光切割机专用数控系统样机研发，并开发了多个系列和品种的柔性材料送料系统，在网带结构与加减速控制方面积累了大量的工艺经验；开发了可靠的交换工作台和多头激光切割机技术方案，视觉智能识别与定位系统技术水平国内领先。

二、项目内容

1. 自动激光切割机专用数控系统研发

柔性材料自动激光切割机包括 4 种机型，多个品种，统一数控平台，可以解决开发、维护、底层模块专用化等一系列问题。所以激光切割机专用数控系统研发是本项目的核心研究内容之一。

目前，EM 系列激光切割机专用数控系统样机硬件已经开发完成，整个系统的软件架构已经构建好，插补、通信、译码、DNC 模块已经编写完成，作为激光切割机专用数控系统，针对激光切割机特定技术需求，下列专用模块已经开发：

1）机器视觉系统数据交换模块，要做到数控系统与机器视觉系统的无缝集成，数据透明；

2）自动送料辅助系统的控制模块，特别是送料设备的加减速模块，可以集成实验数据，实现加减速过程中面料不滑动、不拉伸变形；

3）扩展逻辑控制模块。针对激光切割机周边辅助设备逻辑控制要求，开发软件逻辑控制模块，实现主机与辅助设备的一体化控制；

4）双头激光电动控制模块，实现双头激光的特殊轨迹的控制。

（1）EM 系列激光切割机专用数控系统技术方案。

系统硬件结构如图 1 所示。

系统硬件技术参数如下：①ARM+DSP+FPGA 处理器结构；②DVI、TFT 屏幕接口，外接 8 英寸的触摸液晶屏；③2G 储存器，218M 运行内存；④6 路电机控制轴 I/O（方向 + 脉冲）；

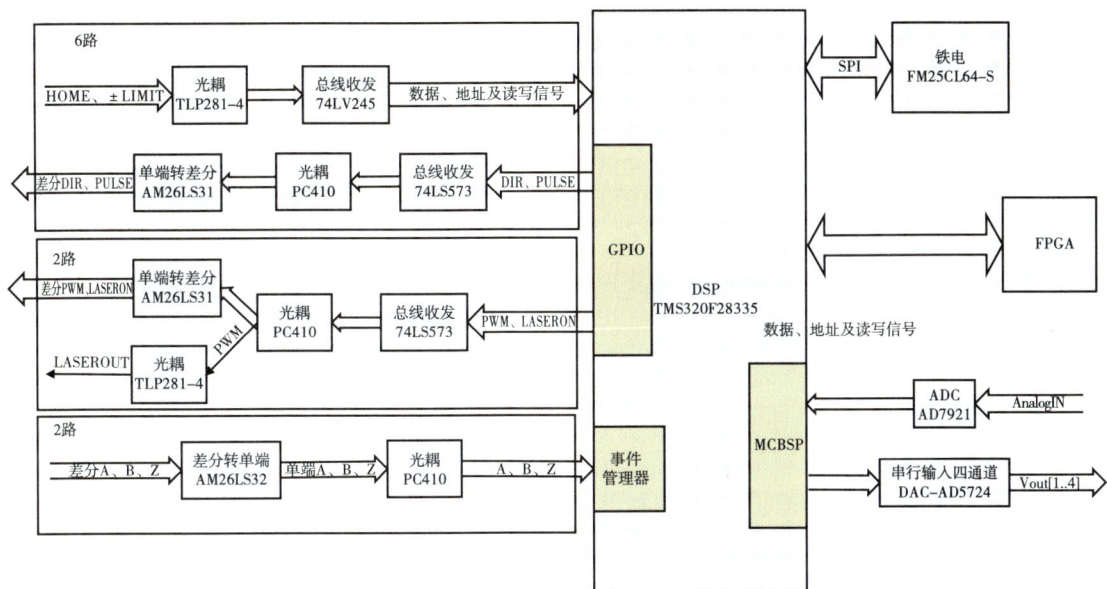

图1 EM系列激光切割机专用数控系统硬件结构

⑤16路通用输出（其中第16路作为蜂鸣器提示输出接口）、16路通用输入；⑥18路专用输入信号，其中包含6路原点信号输入和12路极限限位输入信号，对应6路电机控制轴；⑦1路模拟量输入，用于外接模拟量传感器，输入范围为（1～10Vdc）；⑧4路模拟量输出，输出范围（±10Vdc）；⑨2路激光控制，包括激光开关控制，能量控制（0～3.3Vdc），PWM输出控制；⑩2路编码器（光栅尺）输入接口；⑪2个USB2.0接口；⑫1个COM；⑬1个CAN；⑭1个以太网接口（LAN）。

EM系列激光切割机专用数控系统软件处理流程如图2所示。

（2）EM系列激光切割机专用数控系统特色。

1）标准二维激光切割功能；

2）旋转加工，针对标准的圆柱体加工件进行加工，控制加工件在旋转夹具上旋转加工；

3）自动送料，针对整匹布料或皮料进行自动送料加工，可以自由设定送料次数和送料长度，EM控制器会自动根据设定值进行送料并加工，节省人工成本；

4）电动调整工作平台的高度，使之适合不同厚度的加工件，配合限位开关可以进行电动调焦；

5）离焦加工，可以根据需要自动调整激光头的高度，使激光聚焦点不在加工件表面，目前适用于导光板加工；

6）通过通用输入、输出口可与其他机械进行联动控制，适合流水线生产，如外接机械

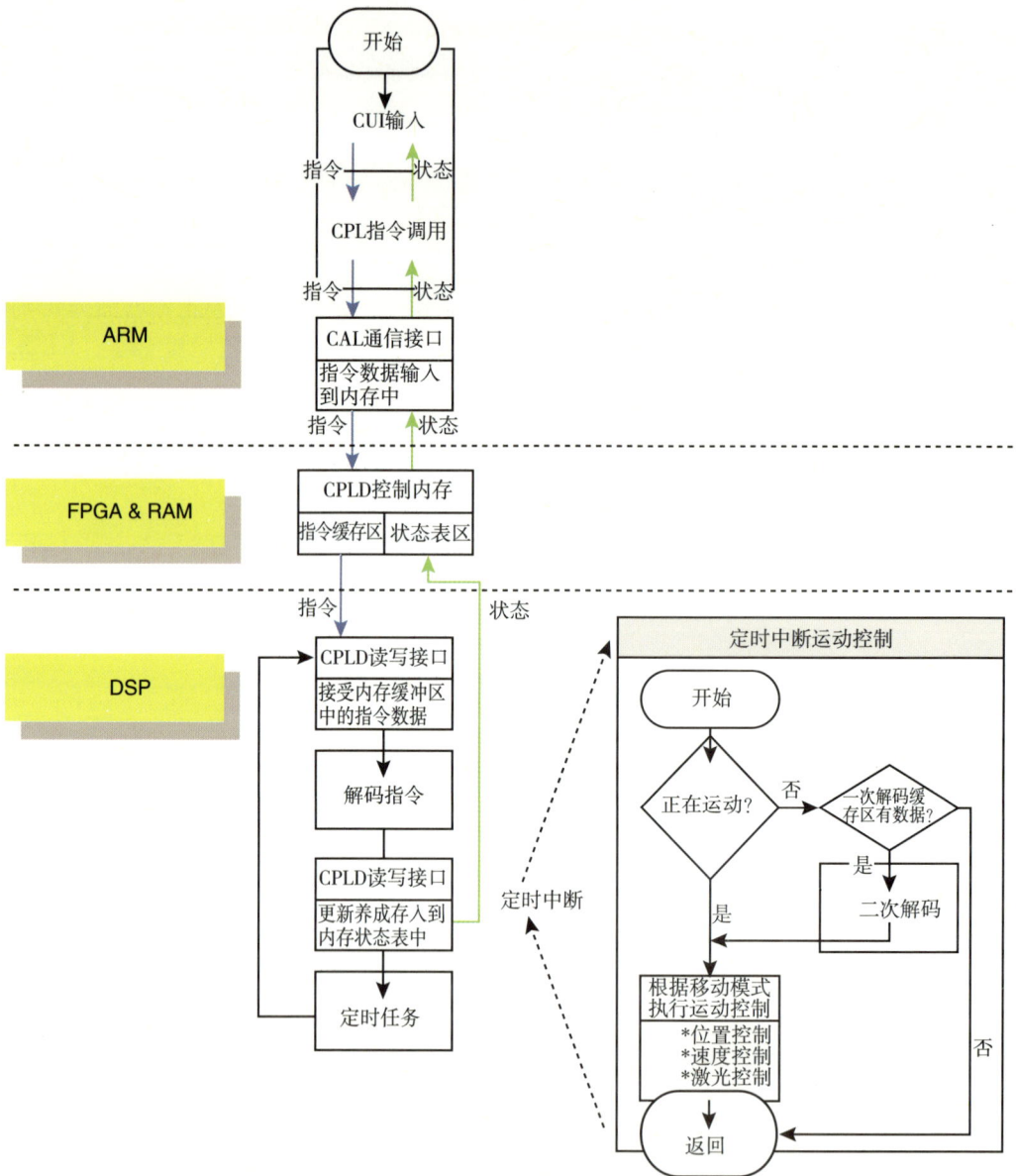

图 2　EM 系列激光切割机专用数控系统软件处理流程

手等；

7）双光头的分别出光控制，可以实现双光头奇数阵列的加工，并可以实现双光头大幅面图形拼接加工，提高效率。

2. 自动激光切割机与辅助送料设备开发

在柔性材料切割行业，激光切割技术已经成熟，激光切割设备也为广大用户接受。这个行业面临的问题是如何提高自动化水平，减少用工人数。

柔性材料自动激光切割机的研发重点是针对细分行业的要求，研究细分行业不同柔性面料的自动切割工艺，开发专用上料装置和其特殊的控制策略与算法。具体包括下列内容：①更多的卷料送料工艺与加减速模式；②更多的卷料解料机构和送料系统结构；③更多的散料送料机构；④自动激光切割整机结构的优化。

（1）自动化与智能化激光切割机。

本项目的整机部分包括柔性材料网带式自动上料激光切割机、交换工作台激光切割机、双头与多头激光切割机、视像定位激光切割机4种机型。

1）网带式自动上料激光切割机。网带式自动上料激光切割机主要技术参数如表1。

表1 网带式自动上料激光切割机主要技术参数

技术参数	参数值
激光功率	80 ~ 130 W
切割速度	0 ~ 30 m/min
加工面积	1800 mm × 1400 mm
电源	AC220 V ± 10%，50 Hz
重复精度	≤ ±0.2 mm
总功率	< 3500 W
工作温度	0 ~ 45℃
工作湿度	5% ~ 95%（无凝水）
支持图形格式	BMP、GIF、JPGE、PLT（HPGL，HPGL2）、DXF、DST、DSB
外形尺寸	2670 mm × 2100 mm × 1350 mm
整机重量	968 kg

网带式自动上料激光切割机包括上料架、激光切割机两部分，其中，料架与传送网带的结构与控制系统是这种机型的特有技术。料架如图3所示。

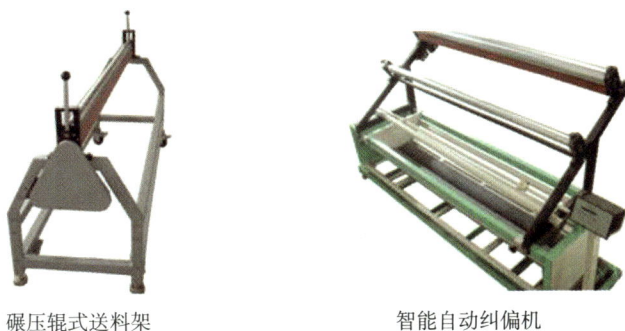

碾压辊式送料架　　　　　　　　　　智能自动纠偏机

图3 网带式自动上料激光切割机送料架

成卷柔性材料可以通过两种方式送料：第一，用简单的托料架托整卷料，经碾压辊式送料架施加一定的动力，将材料散卷，并由切割机数控系统控制，保证与切割机网带同步；第二，直接用自动纠偏机托整卷料，由自动纠偏机给予一定的动力，将材料散卷，并由切割机数控系统控制，保证与切割机网带同步。

自动送料网带的结构与控制方式十分关键，柔性面料品种多，表面摩擦力不同，面料张力变形不同，目前我公司开发的网带式送料系统结构有3种：梯形网带、山字形刀条网带、板条蜂窝网带。

梯形网带由钢丝编织而成（图4），价格便宜，对于柔性大小的材料均可使用。由于受激光照射，特别是长时间集中在某局部区域加工会导致梯形网带受热变形，变形量累积到一定程度时会影响使用，甚至失效。

（a）梯形网带　　　　　　　　　（b）吸风箱

图4　梯形网带送料系统

将外部辅助设备散卷后的材料放到网带上，网带下部吸风箱会将材料吸附住。下部吸风箱上密排很多小孔，材料在输送过程中全程吸附，保证材料输送的准确性，在切割的过程中也保证材料不会移动。网带在安装或使用一段时间后，如果松动，可用此调节机构进行张紧。控制系统控制电机，经过减速系统将力矩传递到网带辊上。

山字形刀条网带由山字形刀条安装在链条上排列而成（图5），价格高于梯形网带。由于强度大，抗变形能力强，避免了梯形网带受热变形的弊端，但其与切割物料接触的面积小，切割柔性较好的薄布料时由于工作台吸风而使切割物料凹陷，导致切割尺寸存在误差。

图5　山字形刀条网带送料系统

板条蜂窝网带由窄长的板条蜂窝安装在链条上排列而成（图6），价格与山字形刀条网条差不多。具备山字形刀条网带的优点，并且能切割柔性较好的薄布料。在激光切割过程中，此类网带反光也较小，对切割材料的质量也有较大提高。但也存在链条延长的问题、链节尺寸一致性差、安装后较难达到单块蜂窝的效果。另外板条蜂窝的整体重量均较山字形刀条有较大幅度的增加，重量的增加对传动零件将提出了更高的要求。

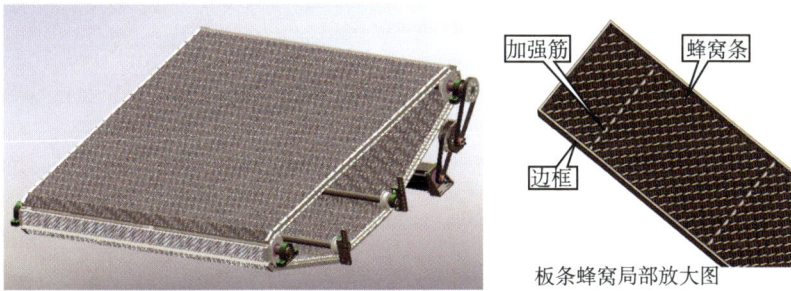

图6 板条蜂窝网带送料系统

送料系统的加减速模式是其核心关键技术之一，送料系统加减速时，会产生不同的张力，不同面料质地，要选用不同的加减速模式，否则会造成面料的滑移或者拉伸变形。各种面料的加减速经验数据已经写入激光切割机专用数控系统中，供用户选用。

2）交换工作台激光切割机。交换工作台激光切割机有两个工位，可自动换位，边切割边上料；工效提高100%，节省人工，一名员工经简单培训可操作10台以上设备；适用于固定幅面的各个柔性材料的切割。

这种机型的主要技术参考如表2所示。

表2 交换工作台激光切割机主要技术参数

技术参数	参数值
激光功率	60 ~ 130 W
切割速度	0 ~ 30 m/min
加工面积	1200 mm×600 mm
平台移动范围	2800 mm
电源	AC220 V±10%，50 Hz
重复精度	≤ ±0.05 mm
总功率	< 1250 W
工作温度	0 ~ 45℃
工作湿度	5% ~ 95%（无凝水）
支持图形格式	BMP、GIF、JPGE、PLT（HPGL，HPGL2）、DXF、DST、DSB
外形尺寸	4500 mm×1160 mm×1170 mm
整机重量	374 kg

交换工作台激光切割机的工作台交换动作由激光切割机专用数控系统的逻辑功能控制，以保证安全和高效。

3）双头与多头激光切割机。双头切割可分为：普通双头、电动双头、镜像双头激光切割机。双头与多头激光切割机主要技术参数如表3所示。

表3　双头与多头激光切割机主要技术参数

技术参数	参数值
激光功率	60 ～ 130 W
切割速度	0 ～ 30 m/min
加工面积	1600 mm × 1000 mm
电源	AC220 V ± 10%，50 Hz
重复精度	≤ ± 0.05 mm
总功率	< 1250 W
工作温度	0 ～ 45℃
工作湿度	5% ～ 95%（无凝水）
支持图形格式	BMP、GIF、JPGE、PLT（HPGL，HPGL2）、DXF、DST、DSB
外形尺寸	2200 mm × 1690 mm × 1170 mm
整机重量	390 kg

双头激光切割机技术原理如图7所示。

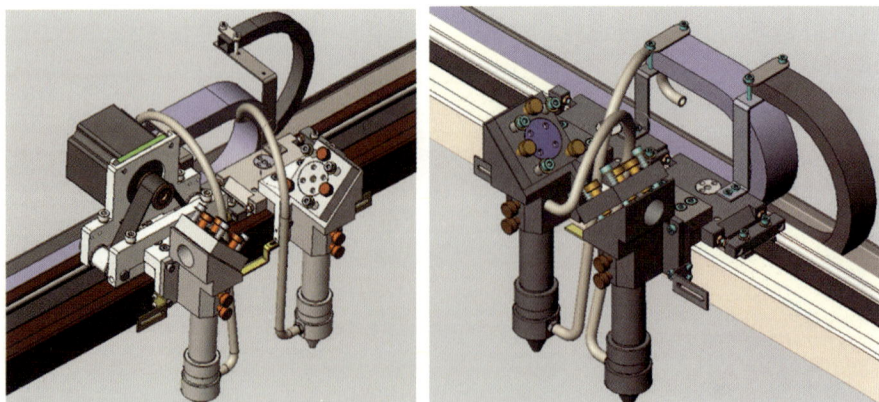

图 7　双头激光切割机技术原理

普通双头可在同一幅面上同时切割两个相同图案，对于需满足此要求的工效提高了100%。普通双头可在大部分机器上改造实现。

电机双头是通过电机调节两头距离，切割图案方面与普通双头相同。

镜像可在同一幅面上同时切割一对对称图案，对于需满足此要求的工效提高了100%。

三头可在同一幅面上同时切割 3 个相同图案（图 8），对于需满足此要求的工效提高了 200%。三头一般需进行专项设计实现。

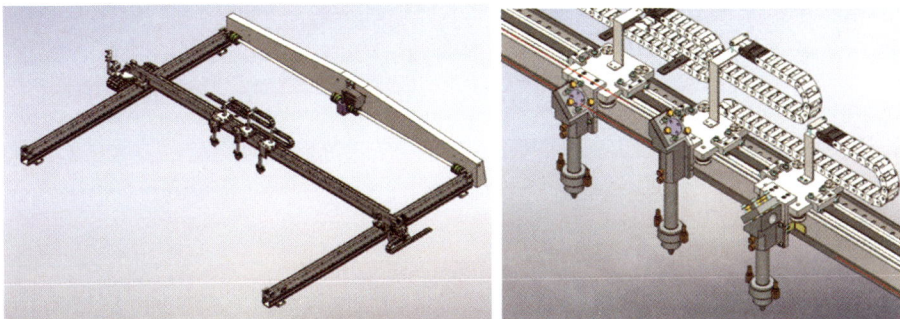

图 8　三头激光切割机技术原理

普通双头与多头激光切割机的控制同单头激光切割机相同，电动双头激光切割机的控制要求数控系统增加一个数控轴，并用不同的轨迹控制算法，以保证双光头奇数阵列的加工，双光头大幅面图形拼接加工。

（4）视像定位激光切割机。

视像定位激光切割机主要技术参数如表 4 所示。

表 4　视像定位激光切割机主要技术参数

技术参数	参数值
激光功率	60 ~ 80 W
切割速度	0 ~ 30 m/min
加工面积	840 mm×560 mm
电源	AC220 V±10%，50Hz
重复精度	≤ ±0.05 mm
总功率	< 1250 W
工作温度	0 ~ 45℃
工作湿度	5% ~ 95%（无凝水）
支持图形格式	BMP、GIF、JPGE、PLT（HPGL，HPGL2）、DXF、DST、DSB
外形尺寸	1300 mm×1090 mm×1250 mm
整机重量	254 kg

对于不规则的小料，可通过视觉系统，达到准确的切割。与用模板切割的方式相比，视觉定位切割速度快，切割对每批次的图案变化适应力强。

视觉定位激光切割机是一种智能激光切割机，它利用机器视觉系统识别加工对象，系统自动规划最短路径，自动实现加工，视觉定位激光切割机要有机器视觉系统接口和数据通信模块，要有最短路径的规划能力。

自动激光切割机专用数控系统就是要满足上述各种功能和辅助设备的控制要求，并通过统一的硬件平台，模块化的软件方案，专用底层核心算法实现柔性材料自动激光切割机的控制。

三、结论

1. 主要成果

项目完成时，获得实用新型专利 1 件、软件著作权 1 项，进入实审发明专利 1 件，研发出新产品 4 个。

本项目产品包括 EM 系列激光切割机专用数控系统和 4 种整机产品。EM 系列激光切割机专用数控系统将替代 4 种整机产品的多种控制器方案，实现统一硬件结构，模块化软件，以降低成本，提高性能。采用 EM 系列激光切割机专用数控系统的网带式自动激光切割机、交换工作台式激光切割机、多头激光切割机、视觉定位激光切割机作为项目产品上市销售，项目完成后累计新增销售收入 1 亿多元，新增利税 1000 万元。

2. 展望

本项目旨在解决柔性材料加工行业的自动化问题。自动激光切割设备改善劳动环境，减轻劳动强度，减少用工人数，提高材料利用率。

柔性材料的切割行业是一个劳动密集型行业，服装、制鞋、玩具、汽车内饰都是广东省的支柱产业，推广和普及激光切割技术、推广和普通柔性材料的自动切割技术，可以改变这些行业的生产模式。采用自动激光切割技术，一个工人可以操作 3 ～ 5 台设备，切割岗位用工人数将下降 66% ～ 80%。自动激光切割机的生产效率至少提高 100%。自动激光切割机的普及，岗位用工人数减少 60%，生产效率提高 100%，这种数控一代的示范，对行业的技术进步和生产文明的推动作用是巨大的。

印刷包装业激光模切技术研究与应用

2012 年广东省"数控一代"机械工程创新应用示范工程专项资金计划项目

东莞市铭丰包装品制造有限公司　哈尔滨工业大学深圳研究生院　东莞职业技术学院

随着印刷包装行业的发展，对模切技术的效率、精度和成本等提出了更高要求。本项目通过将激光技术、数控技术、机器视觉技术和生产加工工艺的紧密结合，研制出印刷包装行业激光模切技术及成套专用数控模切设备，解决了行业所面临的传统模切工艺所带来的问题，较之进口设备在保证品质的情况下大幅降低了设备成本，为印刷包装行业提升效率、降低成本、提高生产自动化水平、为产业转型升级做出贡献。

一、导言

在所有的印刷包装行业均需要模切工艺，传统的模切技术是采用木板镶嵌刀片方式，通过机械冲压方式将印刷包装材料的外形制作出来，表现于精度较低，工艺复杂，耗时很长，刀模定型后修改困难。在目前行业发展中所面对的多品种、小批量、高要求的订单模式，采用传统模切技术已经无法满足需求，是国内所有印刷包装行业企业所面临的工艺瓶颈。

印刷包装业无刀模数字化激光模切机项目提出一种新型数控激光数字模切工艺替代印刷包装行业现有的模切工艺，激光切割是一种新兴的热切割方式，具有高精度、高效率、低污染等优点，已经成为热切割技术的发展热点之一，其原理就是利用经聚焦的高密度激光束照射物件，使被照射处的材料迅即融化、汽化、烧蚀或达到燃点，同时借与光束同轴的高速气流吹除熔融物质，从而实现割开材料的一种热切割方法，其特点为非接触无磨损、无噪声、无切屑，基本上不对环境造成污染，所以该技术在印刷包装行业里的应用是一种非接触、无污染、低噪声、节省被加工材料的绿色制造技术。

通过长时间的投入研究，本项目研制出专用于印刷包装业激光模切机，设备达到设计要求，现已投入生产和推广应用中。

图 1　印刷包装业无刀模数字化激光模切机外形

二、项目的主要创新点

印刷包装业无刀模数字化激光模切机项目的主要研究目标是开发出用于包装行业的激光数字模切系统。项目采用二氧化碳激光器作为光源，利用振镜配合数控系统控制激光焦点移动完成模切，同时在系统软硬件的开发以及控制技术方面，力求能满足现场加工时遇到的多方面的要求。项目的主要研究创新内容有。

1. 激光数字模切时激光与物质相互作用机理的研究，影响切割质量的切割工艺参数分析和专家系统的建立

关于激光与材料的相互作用，国外研究较多，但这些研究大多只是理论分析，没有量化实验，同时也没有进行切割深度与切割参数的建模。为此，本项目通过建立 CO_2 激光切割各种包装材料的理论模型，对激光与被切割材料相互作用机理进行进一步研究，分析影响切割质量的工艺参数，并将计算结果与实验数据对照，对模型进行调整并得出该模型的适用范围，以建立专家系统。

常见的包装材料如绒布、PU 皮等一般热导率及热扩散系统较低，对 CO_2 激光器发出的 10.6 μm 波长的激光具有很好的吸收率。所以，在项目研究中，假定激光发出的所有能量都完全被材料所吸收，并且所有吸收的能量都转化为气化材料的热量。在分析中使用能量守恒定律，并且忽略这个过程中的能量损失。

当半径为 R 的激光束辐射到加工材料的表面时，切割的最大深度发生在激光束圆的中心。当激光束在材料表面移动时，切割的最大深度点出现在激光束移动轨迹的中心线上。如此只要考虑激光能量在中心线上分布即可。如图 2 所示，在激光轨迹行走的中心线上取一面积为 ΔS 小区域，然后计算激光束通过时区域吸收的能量 E。用吸收的总能量来计算在 ΔS 区域内蒸发掉的材料的总体积。在切割过程中激光束的能量一般呈高斯分布，本课题也采用此能量分布。

通过项目研究可知，激光切割材料的深度与激光能量成正比，与激光束在材料表面的行进速度成反比，图 3 为切

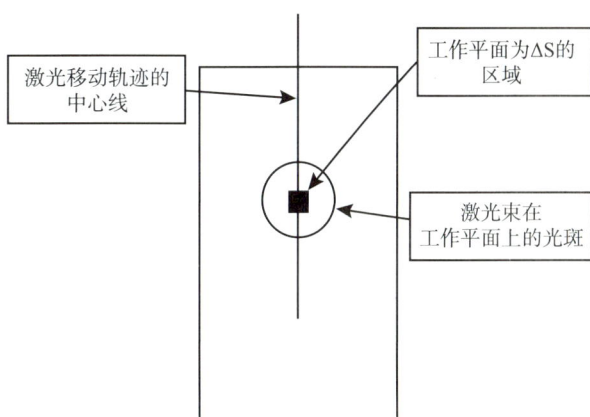

图 2　激光束辐照加工表面示意图

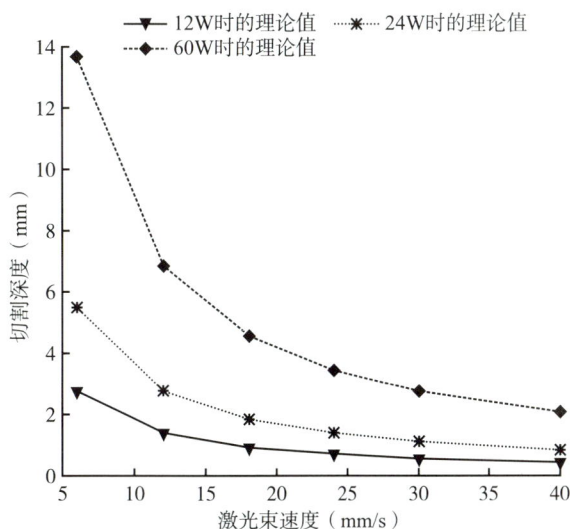

图 3　不同能量下切割深度与激光速度的理论关系

割深度 D 与切割速度 V 的关系图，所切割材料为聚丙烯塑料，材料密度为 $\rho=1.18 \times 10^3$ g/mm^3、比热容为 $Q=1.4$ kJ/g，假设激光发出的能量完全被材料所吸收，也就是 $a=1$。激光束直径为 $R=0.25$ mm，输出功率分别为 12 W、24 W 和 60 W。

包装材料种类很多，在项目研究中，通过理论研究和实践验证，重新进行数学建模，在常规激光切割公式中增加 3 个常参量：x,y,c；x 用来表示考虑热传导等耗散后能量的使用率，参数 c 用来降低激光能量对切割深度的影响，参数 y 则为一个材料厚度系数。如此则激光切割公式修改如下：

$$D=x\frac{a}{QR\rho c}\frac{1}{\sqrt{\pi}}\left(\frac{p}{V}\right)^y \qquad (1-1)$$

表1 几种常用包装材料的参数值

材　　料	密度（g/cm^3）	x	y	c
亚克力	1.18	0.415	0.7	1.22
松木	0.524	0.58	0.82	1.22
色丁	0.67	0.59	0.8	1.41
卡纸	0.9	0.791	0.82	1.31

在引入以上加工常量重新建模后，通过实践验证获取大量数据以建立专家系统，在加工时通过选择材料，自动优选生产切割参数，以获取最佳切割效果。

2. 数字化系统控制

（1）振镜扫描系统。

振镜系统包括振镜扫描头、振镜运动控制卡，以及将以上两者连接起来的通信协议。其中，控制卡接收上位机的控制信号，经过处理后通过数据线，利用专门的 XY2-100 振镜系统专用通信协议将信号传递给振镜扫描头，控制反射镜片的偏转，从而控制激光光束。

本项目采用北京世纪桑尼公司生产的 3D Scanhead-300-15D-A 型动态聚焦扫描振镜。振镜控制卡选用世纪桑尼公司的 CSC—USB 激光打标专用控制卡，以实现振镜系统的实时控制。

（2）数字控制系统。

本项目设备的工作过程：计算机读取切割数据后经过处理，一方面向横梁伺服电机发出走步脉冲控制激光器的左右移动（X 轴）；另一方面向底部输送带发出移动脉冲控制送料的进度与位置（Y 轴），这样 X、Y 轴按一定的顺序运动完成整个幅面的切割。

在项目中运动控制卡向上连接工控机，向下分别连接伺服电机及振镜电机，两个部件连接在一个控制卡上，这样就可以实现两者的协同控制，避免硬件间的相互通信所带来的不必要的消耗。激光经 CO_2 激光器产生和发出后，就会进入振镜系统，振镜系统由两片相互垂直的镜片组成，各接专用的振镜电机，它的原理类似于电流计，会根据通入电流或电压的多少而改变自己的偏转角度，由于镜片加轴的惯量极小，所以可以有很大的加速度，使激光点在加工平面上的快速移动成为可能。

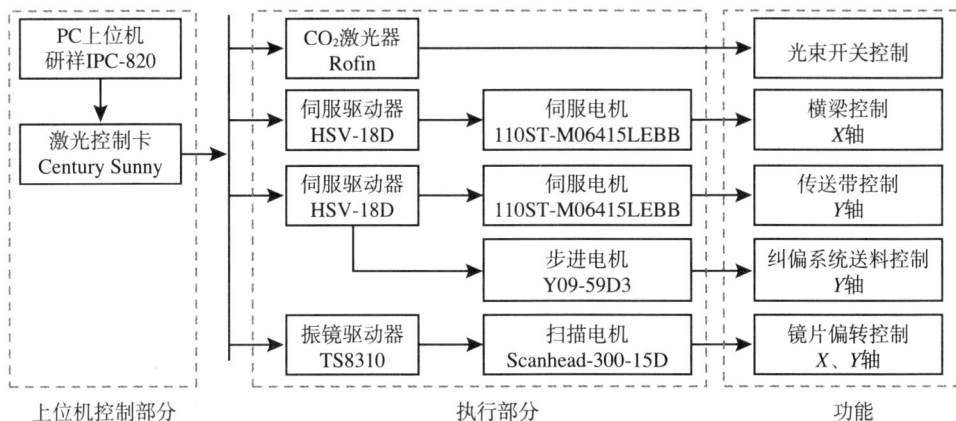

图 4 激光模切机控制系统

在激光切割中使用振镜系统的好处是可以实现激光点在加工平面上的快速移动，如果不用振镜而只考虑电机带动激光器实现切割，虽然切割中可以保证准直，但是切割速度会大大降低，不能够体现激光加工的优势。但振镜切割的缺点在于当切到边沿时激光束会变倾斜，就是不再垂直于加工表面，这在切割薄的材料时不会有什么影响，但是切割较厚的材料时会发生切割边缘倾斜的现象，并且切割的尺寸也会由于光束的倾斜而发生一定的改变。不过采用振镜系统的激光切割机在切割轻薄材料时则可体现出无可比拟的优势，而由于包装材料一般为比较薄的布料，所以本课题采用此系统。

由于振镜系统的扫描范围有限（一般为 400mm×400mm），所以加工大幅面的材料时，激光器加振镜系统必须可以移动，这就用到了步进或伺服电机构成的进给系统，进给系统主要作用是当振镜系统加工完一个区域（一般为 400mm×400mm）时，负责将之移动至下一个加工区域，以完成对整个材料的切割。

本项目采用工控机＋运动控制卡的控制模式。这是由于切割的包装材料形状各有不同，且比较复杂，会比较多地使用到各种复杂图案的切割中，所以要求系统的柔性度较高。并且在这种方案中，运动控制卡只需要从工控机接收控制信号，完成必要的数据处理，并实时发出脉冲信号、检测限位／原点等信号，这就可以很少使用上位机的资源。图 5 为系统的伺服系统控制简图。

此激光模切系统需使用两台伺服电机，分别控制横梁平移及传送带进给，由一块运动控制卡进行控制，实现两轴的联动。本课题选用武汉华中数控股份有限公司生产的 ST 系列伺服

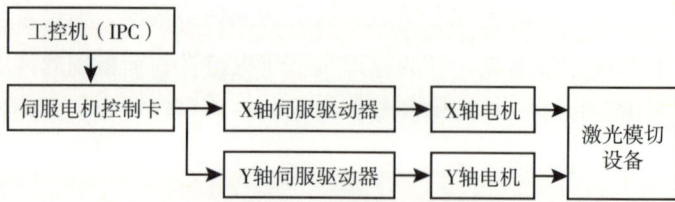

图 5　伺服电机控制系统简图

电机，型号为 110ST−M06415LEBB。此伺服电机实现了交流伺服主轴电机的位置、速度、转矩闭环伺服控制，具有短路、过流、过压、欠压、过载、过热、泵升等多种故障的包括软、硬件的全方位的保护功能。可以满足全自动化控制系统的设计要求，同时接线简单、安装方便。其额定功率为 1 kW，额定转矩为 6.4 N·m，额定转速为 1500 r/min，额定电流为 6 A，额定输入电压为三相 220 V 交流电。

图 6　数控电路外观图

在本项目中，由于包装材料柔性度较高，在放置加工时极易产生偏差，这样就会使材料的使用率下降，造成不必要的浪费。所以添加高性能的自动纠偏系统是提高包装材料产能、成品率的关键。其工作原理如图 7 所示。

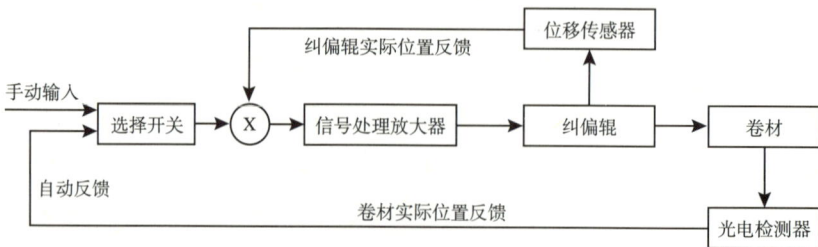

图 7　纠偏系统工作原理图

（3）切割图像读取和轨迹优化。

模切图形一般采用 AutoCAD 等绘图软件生成，激光数字模切系统软件首先要读取该图形文件数据，方可生成加工路径。在本项目中，通过研究对图形文件的读取后，能够自动运行轨迹进行优化，使之加工路径最短。

在图形文件中，直线和圆的读取方法类似，都是逐个比较组码，提取各自的图形元素，并将之存入为它们特别定义的结构体。为了使程序更加条理，在编程的过程中首先进行各个线形的判断，也就是确定现在读的是哪一种图形的数据，然后根据各图形不同的构成分别进行相应的读取，并在读取完成后进行数据的保存。

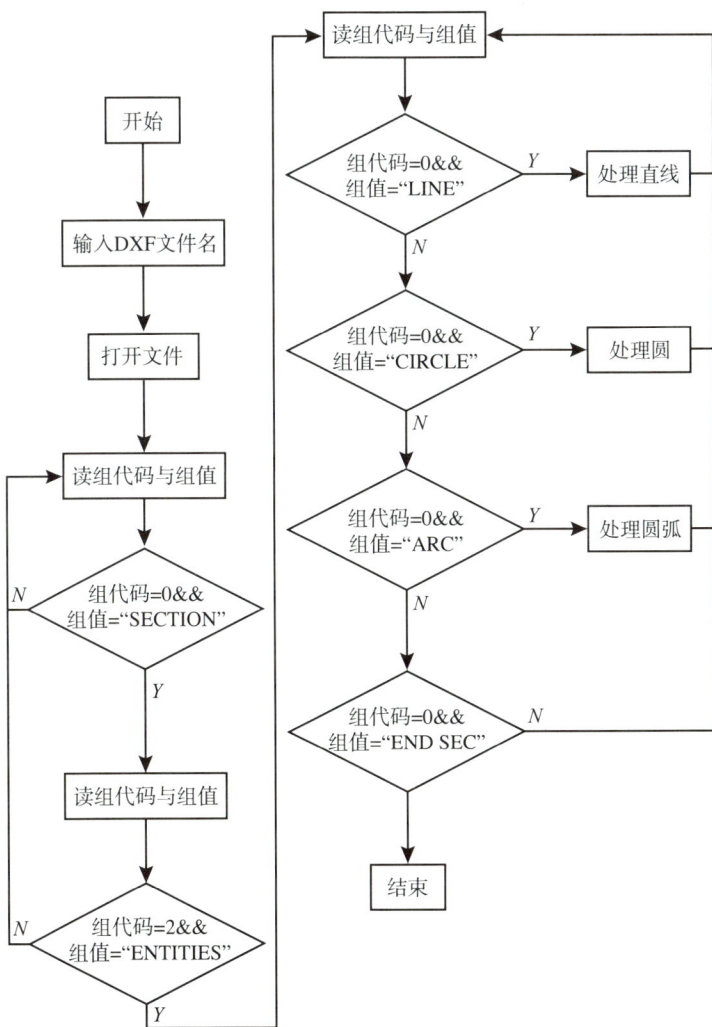

图 8　DXF 文件读取程序总流程图

（4）图像定位系统。

很多包装材料在进行模切前，其表面已经有印刷文字、图案等特征，为保证在包装后文字图案处于特定位置，所以模切边缘路径必须和图案特征保持固定关系，也就是说在模切时必须进行对位。传统对位方式是采用人工目视对位，先进行试切，由操作员观察模切效果再手动调整，在对位后如果模切材料位置发生偏移，则又需要重新对位。整个过程费时费力，又不能达到需要的精度。

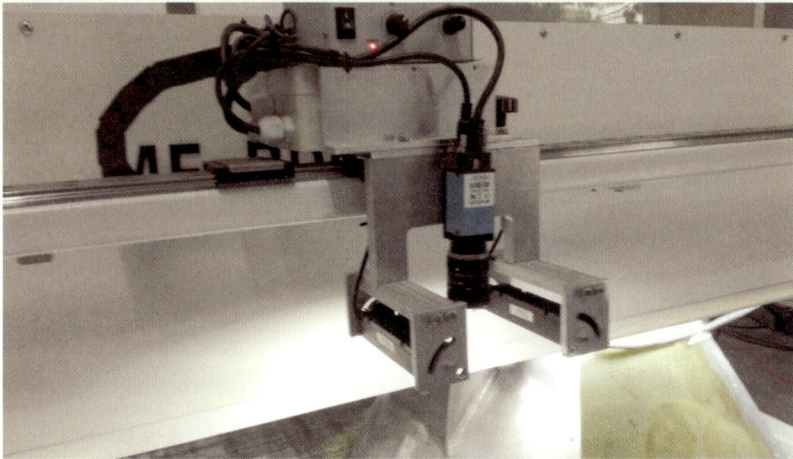

图 9　视觉系统外观图

在本项目中，采用机器视觉技术（图 9），设计了一套自动配准系统，可以根据模切产品特征进行分析计算，自动调整切割位置和角度。系统的工作原理如图 10 所示。

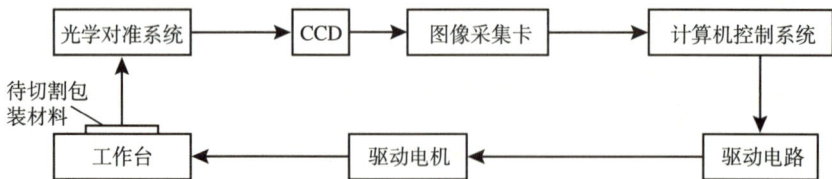

图 10　视觉配准系统工作原理

三、项目主要成果

通过项目研究，本项目研制新一代数字激光模切设备的原型机器 1 台。该机器主要包括自动上下料系统、激光加工控制系统、机器视觉定位系统、整机故障诊断和维护系统和整机机构部分。该设备采用了龙门式机械结构设计，精密的丝杆传动装置，双电机闭环驱动控制，使机器更加稳定，位置精度大大提高。设备多轴联动，其先进的软件插补及校正技术，保证了大幅面拼图准确高效；采用工业计算机控制，功能强大，操作便捷，性能稳定，抗干扰及客户变化适应能力强。

本项目共申请各种专利 5 件，其中发明专利 2 件、实用新型专利 3 件。同时，本项目发表论文 2 篇:《包装材料激光切割数学建模与实验研究》、*Morphological features of silicon substrate by using different frequency laser ablation in air and water*。

本项目原型设备已投入使用，由于设备柔性生产特点，表现为无刀模、换线快、调试时间短、精度高等，特别适合小批量订单的加工。单台设备每年可降低成本 73.32 万元。

本项目研制的设备经过 1 年多时间的运行，在公司内部和周边供应商中赢得一定口碑，得到了充分的认可和赞誉。目前已经和东莞市沛源包装制品有限公司、东莞铂越包装盒制造有限公司等 4 家公司签订意向采购合同，预计订购设备 6 台，合同金额共计 150 万元。预计在 2016 年下期，正式推向市场，以完成设备的市场化。根据前期的市场调查和设备问世后的市场反响，预计年度设备销售量为 40～50 台，年度销售金额为 1000 万～1250 万元。

在我国，印刷包装行业属于传统产业，现阶段印刷包装产业的发展面临着很大的挑战。激光数字模切装备是印刷包装行业重要的技术突破口。通过本项目的实施，对激光模切技术进行深入研究，获得激光数字模切装备制造的自主知识产权，并进行大力推广，达到了研发目的，为相关行业的产业转型升级带来强大动力。

同时通过本项目的研制成功，完全可以取代传统模切设备，在提高效率、降低成本、保障品质的同时，还减低生产中的噪声污染和设备能耗。以能耗计算，传统模切机能耗约 10～20 kW，以 15 kW 计算，本项目激光模切设备能耗为 5 kW，以每天工作 10 小时，每月工作 26 天，计算每台设备年度节省电力 3.12 万 kWh。为节能减排、保护环境做出了一定贡献。

四、总结及展望

通过长时间的艰苦研究，本项目已经宣告基本完成任务。在项目中主要进行了激光切割的理论分析，并对激光模切系统的硬件控制部分和上位机控制软件进行了设计。设计出了机器样机，并在公司的批量对包装材料激光切割的数学建模与实验分析进行了研究，并设计了图像定位系统。

在项目研究中，如何通过数字控制，优化运动过程，对切割路径进行优化，减少空行程，可以在不影响切割质量的前提下提高生产效率。这是后续的研究重点。同时由于该项技术最终需要在工厂中和其他包装设备联机运行，因此如何和其他各个加工系统协同工作，进一步提升自动化程度，还需进一步结合实际情况进行实验。

高速 PET 瓶装饮料装备数控系统的研发与应用

2012 年广东省"数控一代"机械工程创新应用示范工程专项资金计划项目

广州达意隆包装机械股份有限公司

国内饮料装备相关数控软硬件为国外企业垄断，单机设备通讯标准不统一，严重影响了后期整线的控制及信息化水平，亟需进行国产化提升。项目将基于实时工业以太网—Powerlink 总线的伺服电机及驱动、直线电机电子凸轮驱动、中大功率伺服驱动和嵌入式 ARM 数控系统及 24 轴同步控制器等数控技术应用于饮料装备，对于推动饮料生产线的智能制造水平意义重大。

一、导语

饮料装备制造已发展成为我国机械制造业的重要分支。30年来，国产饮料装备获得了高速发展，技术水平不断提高，尤其以装备自动控制水平的进步最为突出。国产饮料装备几乎都已实现了机电一体化，PLC逻辑程序控制、热力系统的PID调节、电动机变频技术、集成运动控制的应用已相当普及，自动化操作程序和数据采集系统已得到广泛应用。

但目前，设备的相关数控软硬件几乎为国外企业垄断，存在价格昂贵，维修费用高，难以进行二次开发等弊端。为了解决饮料包装装备数控系统的国产化及单机设备的通讯标准问题，促进饮料包装装备的智能化及饮料工厂的信息化发展，达意隆联合广东工业大学、深圳众为兴技术股份有限公司围绕带网络接口的嵌入式ARM数控系统、基于实时工业以太网—Powerlink总线的伺服电机及驱动、直线电机电子凸轮驱动、中大功率伺服驱动、24轴同步控制器等数控技术展开研究，并在水饮料吹灌旋一体机、水饮料瓶高速数控吹瓶机、热灌装饮料瓶高速吹瓶机等3种产品上实现示范应用。

广州达意隆包装机械股份有限公司为液态产品包装机械行业龙头企业，建有行业目前首家国家认定企业技术中心、国家地方联合工程研究中心和博士后科研工作站。现今已形成以全自动高速PET瓶吹瓶机和PET瓶灌装生产线为主导产品，涵盖前处理、注塑、吹瓶、灌装、二次包装全系列完整的产品链，成为全球少数几家拥有整线解决方案的综合提供商。

二、主要创新点分析

1. 存在的问题与难点

20世纪80年代，我国饮料机械制造行业兴起，通过测试仿制国外机械——消化吸收国外技术——自主创新的道路，目前形成了一批具有自主知识产权的规模以上企业，但数量较少。这些企业生产的饮料机械设备基本满足了国内饮料行业的快速增长，但与国际先进水平相比，还存在不小的差距，特别在高端技术和高端产品方面，目前基本上由行业内的国际巨头垄断。行业目前存在的问题主要为：

（1）数控装置几乎全部依赖进口。

国内行业的自主创新也基本上是在对国外技术的消化吸收上的创新，主要体现在饮料装备机械方面的创新，对于目前饮料装备普遍使用的PLC（可编程逻辑控制器）、电机、变频器、接线端子、检测系统、人机界面等数控装置目前高端产品几乎完全依靠进口，由SEW、

ABB、SIEMENS、FESTO、AIRTEC 等国际知名企业垄断。

（2）单机间数控产品无统一标准，无法进行通讯。

饮料整线设备由注塑机、吹瓶机、灌装机、二次包装产品等构成，由于不同产品采用的数控产品不同，在通讯上无法使用统一的标准，影响了设备之间的通讯，无法实现整线运行的数据采集分析，更无法实现智能工厂的信息化建设。

2. 解决方案

本项目针对饮料包装装备的特点，将数控技术与饮料机械设备有机融合，实现 PET 瓶装饮料装备数控系统的国产化，为实现 PET 瓶装饮料生产的柔性化和高集成控制提供了坚实的基础条件。研究内容主要实现用数控技术代替电气 +PLC 控制模式，提高 PET 瓶装饮料装备水平，节能降耗，提高产品的竞争力。

（1）带网络接口的嵌入式 ARM 数控技术。

在高速 PET 瓶装饮料装备中，利用带网络接口的嵌入式 ARM 数控技术代替传统的 PLC 作为主控制器。利用网络接口，实现嵌入式 ARM 数控系统的远程化控制。ARM 处理器选用 SANSUM 公司的 44B0 处理芯片，运动控制芯片选用 PCL6045。系统硬件采用主从式双 CPU 结构模式。主 CPU 为 ARM 处理器，用于键盘、显示，网络通讯等管理工作，而从 CPU 即为 PCL6045 运动控制芯片，专门负责运动控制的处理工作。PCL6045 与 ARM 的通讯是靠读写总线上的几个地址来进行指令和数据的传输。

为了最大限度地利用系统硬件资源，并且还要保证实时性，所以使用了 μC/OS 这个多任务实时操作系统。使用到 μC/OSv2.0 操作系统，通过它实现多任务实时控制。程序的编程语言为 C 语言以及 ARM 汇编语言。μC/OS 的所有源代码都作为本程序的一部分，并与其他代码一起进行编译和链接。

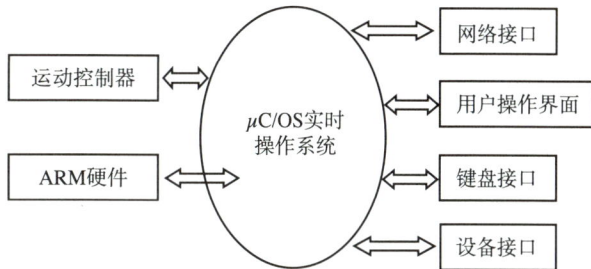

图 1　控制系统软件结构图

（2）基于实时工业以太网—Powerlink 总线的伺服电机及驱动技术。

利用 Powerlink 总线技术可以大大节省配线，提高装备系统可靠性能。为了实现数控 PET 饮料装备系统 24 轴之间的高速同步，需要由一个高速总线来实现各个轴之间的速度与位置关系按照工艺需求的曲线或同步关系来执行，这需要与伺服系统的位置环相匹配，目前智能型的伺服系统的位置环计算已经达到 400 ns 甚至更低的周期时间，这也使得通信必须在这个级别上与之匹配。

Powerlink 主要有两个方面的技术特点：一方面是能够与 IT 技术无缝连接，可以继续应用 IP 协议族（HTTP、TELENT、FTP 等）；另一方面，开发了网络协议栈取代传统的 TCP/IP 协议栈，从根本上实现了网络数据的有效控制和管理。Powerlink 在通信管理上引入了管理节点（managing node）和控制节点（control node）的概念。整个网络有唯一的管理节点，在管理节点统一调度下，管理节点和控制节点之间以及控制节点之间的通信周期地进行。每个通信周期可以有对应的时间域用于传输实时数据和标准以太网数据流。

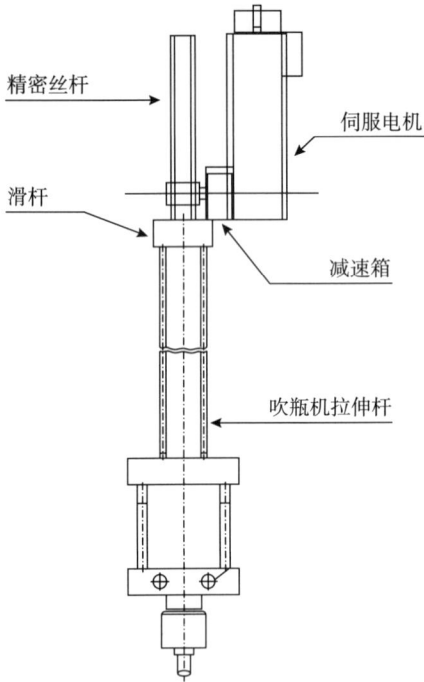

图 2　电子凸轮伺服拉伸机构

（3）直线电机电子凸轮驱动技术。

利用直线电机电子凸轮取代传统的机械凸轮，可以有效地减少凸轮与导轨之间的机械摩擦和冲击导致的磨损与噪声，速度与精度相比机械凸轮有很大提升，灵活控制速度按照正弦波或余弦波输出。

本方案采用交流伺服的电子气缸伺服系统来取代传统的导轨凸轮结构。电子气缸系统的主要部件是电子凸轮机构。电子凸轮系统采用高性能的运动控制微处理器来控制伺服电机的转动，通过减速器减速后驱动精密丝杠，以实现将旋转运动转变为滑块的直线往复运动，即通过改变电机的转速而使滑块模拟出不同的凸轮轮廓曲线。电子凸轮曲线可通过如下方案进行设计：

利用三维设计软件 UG，对吹瓶机的各凸轮曲线性进行运动模拟仿真，可得出运动件在高速旋转时的动力学参数，通过使用不同的凸轮曲线和调整运动件的参数，可得出 N 组运动件的动力学参数，进行分析对比，从中挑选出最优一组，从而进行优化。

（4）大力矩高精度伺服与减速一体机技术。

伺服电机与减速机一体化作为一种先进的控制匹配方案在数控领域具有极好的发展前景。

常用的应用于伺服电机的行星式齿轮减速器，由传动原理决定了传动比超过 10 倍的时候，一般就要采用多级传动，而且是沿轴向延长，这就使行星式齿轮减速器在比扭矩、比功率、比传动比等指标上和回程间隙等精度指标上难有跨越式提升。但是，自动化装备对高速化和小型化的要求永无止境。相比之下，RV 摆线减速器有着明显的优势。RV 摆线减速器在工业机器人、大型工程装备中都有成功的应用，精度指标、动力性能和可靠性都经历了 20 多年的考验。由于设计水平、制造精度原因，伺服电机与 RV 摆线减速器一体化产品，在国内尚无产业化的定型产品。达到和超过现进口 RV 摆线减速器精度和几何尺寸指标的伺服电机一体化产品作为一种先进的控制匹配方案，在自动化领域是一大创新，可以使国产关键基础部件直接进入高端应用领域。

伺服电机与减速机一体化高精度功能部件——伺服电机部分的研制，主要技术特征：伺服电机定子采用拼接式制造工艺，绝对式编码器采用凸轮、齿轮、位置传感器、轴套和外壳方式构成。

在网络化数控高速 PET 饮料装备中，应用伺服电机与减速机一体机的技术，可以实现响应速度快、控制精度高、抗过载能力强、噪声低。

（5）24 轴同步控制技术。

多轴同步控制是工业中经常遇到的课题之一，是塑料装备行业的关键技术。从实现同步的方案来看，多轴同步控制已经从传统的机械共轴传动、机械传动链实现转向独立传动、电子传动链的方式。将机械设备的机械齿轮传动链变成电子齿轮传动链，从而可以避免由于机械磨损给同步精度带来的误差。同时，电子齿轮传动链可以方便地调整齿轮比，提高了系统的柔性，简化机械结构。吹瓶机的拉伸杆与滑块连接，通过控制伺服电机的转速以及位移，使拉伸杆的运动轨迹满足吹瓶机吹瓶拉伸的要求。

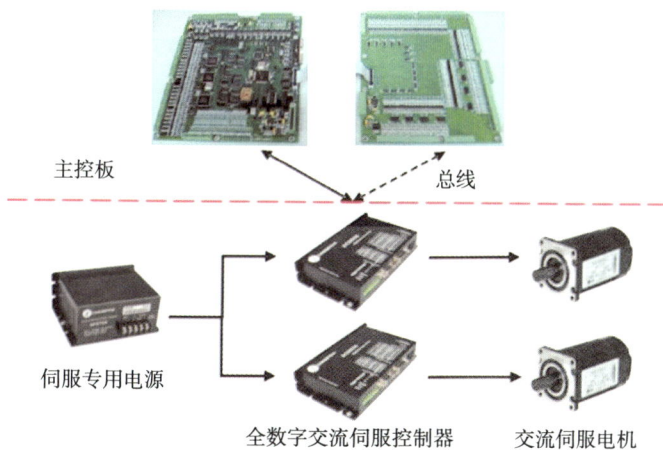

主控板　　　　　　　　总线

伺服专用电源

全数字交流伺服控制器　交流伺服电机

图3　具有自主知识产权的 2×12 轴同步伺服控制系统

由于采用具有自主知识产权的 2×12 轴同步伺服控制技术，依靠伺服电机的速度的控制来拟合拉伸杆的运动曲线，其机械结构非常简单可靠，根据吹瓶工艺要求可以使滑块的拟合曲线如图 4。

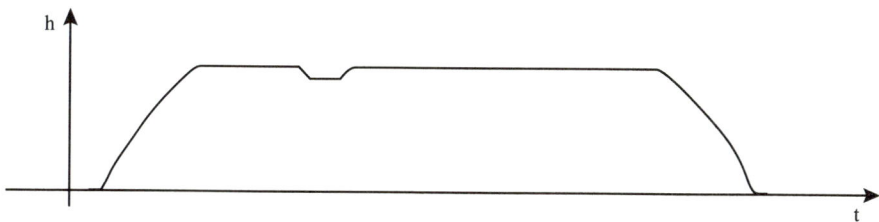

图4　伺服控制系统拉伸曲线的拟合

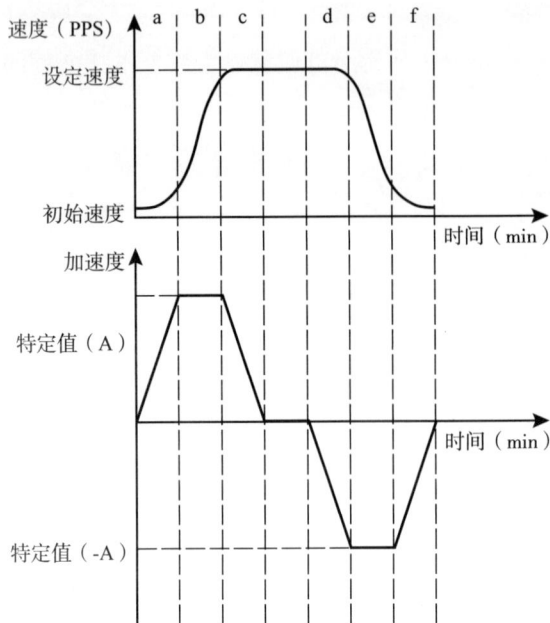

图 5　S 曲线加减速驱动

由于采用电子伺服，使得拉伸杆在吹瓶过程中拉伸速度以 S 曲线方式加 / 减速驱动成为可能，这会使拉伸杆对瓶坯的底部冲击变小，不容易产生破瓶或瓶底壁厚过薄，大大提高成品率。S 曲线的产生依靠控制器中的 FPGA 及强大运行能力、逻辑处理能力以及优秀运动控制算法。

S 曲线方式加 / 减速驱动方式下，加速度曲线并不是线性的，而是以梯形方式按线性变化。如图 5 为 S 曲线加 / 减速驱动的示意图。

3. 实施结果

（1）带网络接口的嵌入式 ARM 数字控制器，代替 PLC 控制 + 电气控制技术及其在 PET 饮料装备中应用。带以太网接口、24 轴 /4M 同步脉冲输出、256 路 I/O 的嵌入式控制器。实现薄坯高速饮料装备运行控制。该控制器也可作为其他装备的控制系统。

（2）直线电机电子凸轮驱动技术 +24 轴同步控制技术实现电子凸轮技术。代替机械凸轮高速运行的润滑和噪音问题，配合多模腔设计，实现柔性多品种 PET 饮料生产，提高速度，降低噪音。

（3）基于实时工业以太网—Powerlink 总线的伺服电机及驱动技术。它既是通用的多轴（高达 256 轴）总线驱动伺服电机产品，用于各行各业；也是 PET 饮料包装装备中取消同步皮带传动、高速同步、减少电缆、降低故障、提高可靠性的重要保障。

（4）PET 瓶吹灌旋质量快速图像识别检测系统。实时的、可靠的低成本的视觉检测，具有较低的漏报警率和误报警率，视觉检测系统具备吹瓶缺陷的检测、瓶盖旋封质量的检测和透明液体异物的识别以及不合格品的剔除等功能。具有吹瓶缺陷的检测、瓶盖旋封质量的检测和透明液体异物的识别以及不合格品的剔除等功能，而且为高速数字控制器准确液位控制提供准确信息。

（5）带快速多段红外测量的嵌入式 ARM 控制技术及其在 PET 瓶坯加热技术和节能技术。突破带快速多段红外测量技术，实现轻量化瓶坯的九段准确温度控制。采用小模架结构，实现轻量化 PET 瓶坯吹灌旋一体化生产，节约成本 40%；采用加温链节距 $p=38.1$，节约能耗 20%。

（6）基于 ARM 结构的 PET 瓶吹灌旋一体化集成和嵌入式同步控制技术。吹灌旋一体机合理布局（图 6），减少中间输送环节，在吹瓶机与灌装机之间采用双伺服驱动，在灌装和旋盖之间采用同步带联动的方式，保证各子系统间的速度同步，实现吹塑头数 14×灌装头数 50×旋盖头数 15 的技术指标，最高产量达 24000 BPH /h（容积≤ 550 mL 水瓶），同时大幅降低生产成本（图 7）。

图 6　全自动吹灌旋一体机

图 7　水饮料瓶高速数控吹瓶机

三、主要成果

（1）已设计完成基于 ARM 的 PowerLink 网络实验装置一套；

（2）论文 4 篇；

（3）专利：项目形成专利 11 件，其中发明专利 2 件、实用新型专利 9 件；

（4）经济效益：项目将实现销售收入 1.7 亿元，实现利润总额 1650 万元，预计缴纳税收 1011 万元。

四、当前存在的问题和展望

　　未来饮料装备将向智能化、节能化方向发展。当前我国饮料装备还存在国产化应用不高、集成创新能力不强等问题，在国产数控技术应用的基础上，国内企业需进一步加强装备的自适应、自调节技术的研发，推动节能技术的应用，为客户建立柔性化智能数字车间，并实现整线的信息化管理与跟踪管理，快速提升饮料装备的国际竞争力。

案例 24

嵌入式数控陶瓷深加工机械装备研发及产业化

2013 年广东省"数控一代"机械工程创新应用示范工程专项资金计划项目

广东科达洁能股份有限公司

根据产业升级转型、人力资源转移及市场发展的趋势，对抛光线自动化和信息化水平的提高提出了现实的要求。嵌入式数控系统的研发及应用，使得我们可以将生产工艺及生产过程数字化、信息化，让管理通过系统了解生产过程，并将管理思想通过系统传递到生产过程中，使整个企业形成一个有机的整体。通过该系统的开发将推动我国的建材装备自动化信息化水平的提升，增强在国际市场的竞争力。

一、导言

陶瓷深加工机械装备瓷质砖抛光生产线（以下简称"抛光线"）是瓷质砖生产中关键的一个环节。长期以来抛光线设备自动化和信息化水平低下，在设备操作使用中依赖人力投入和个人经验，缺乏定量指标作为设备使用的依据，给生产带来不确定性。广东科达洁能股份有限公司（以下简称"广东科达"）在经营管理和技术研发上一直秉承"创新永无止境，永远追求更好"的理念，创造性地将自主研发的嵌入式数控系统应用在抛光线设备中，既提高了抛光线设备本身的自动化和信息化水平，从技术上改变了抛光线传统的粗糙随性的使用模式，为继续引领陶瓷机械行业技术进步奠定了坚实的基础；同时也为瓷质砖生产企业提高经营管理水平以及人员素质提供了更高的平台。这套嵌入式数控系统不仅是通过自动化水平的提升将人力从传统劳动中解放出来，更是通过将原来定性操作过程转变为定量操作，将设备的操作和生产过程标准化，从而起到减员增效的作用。

二、项目研究的必要性及意义

抛光生产线产品一直是科达洁能公司在陶瓷机械装备领域的核心产品，抛光线主要设备包括：磨边倒角机（简称磨边机）、刮平定厚机（简称刮平机）、抛光机及防污打蜡机（简称打蜡机）。抛光线生产工艺流程如图1所示。

抛光线设备中有中磨边机横梁调宽、推砖机构及磨边头进给，刮平机滚刀升降，抛光机横梁双电机驱动机械轴硬同步摆动都控制的重点和难点，传统上采用普通PLC进行控制，交

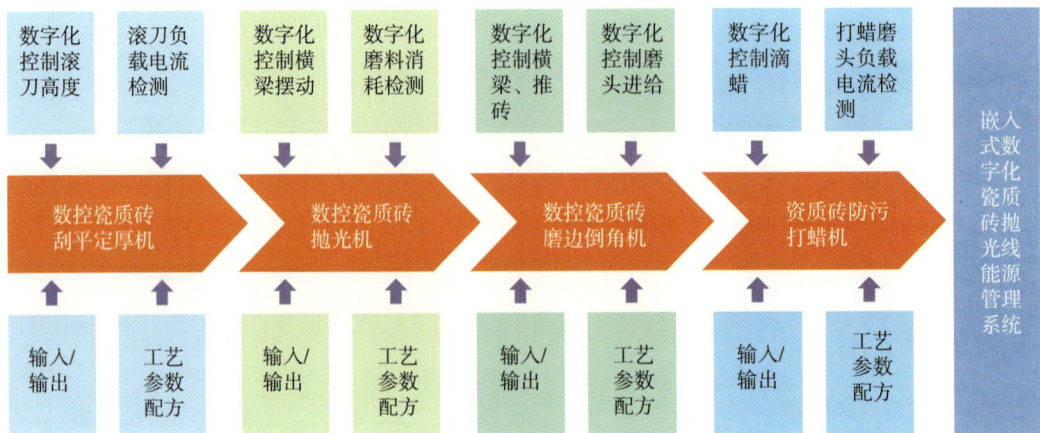

图1 抛光线生产工艺流程

流变频器驱动普通电机，由于受市场定位的制约，其硬件数据处理速度、能力、控制方法容量等受到较多限制，在处理速度、位置等大量实时模拟信号方面，已经逐渐难于达到更高的控制精度要求，不能满足产品的精度和快速性的要求。因此，本项目将研发出陶瓷深加工机械装备嵌入式数控系统，以期获得更好的控制效果。

针对此问题开发陶瓷深加工机械装备嵌入式数控系统项目的必要性。

（1）因现场操作人员技术水平和做事方法均有区别，造成陶瓷砖尺寸、对角线以及陶瓷表面光泽度控制不好。需要大量手动调整陶瓷磨边机的推砖位置、磨头进给量及横梁；刮平机的滚刀切削控制；以及抛光机横梁摆动频次、皮带速度等参数。

（2）对现场操作员工的技术要求高，适应岗位工作的时间周期较长，严重影响陶瓷厂生产效率。

（3）抛光线人工抄写各单机电耗、统计产量、计算单位平方电耗，整线迫切需要集成嵌入式数字化能源管理系统。

开发陶瓷深加工机械装备嵌入式数控系统项目的意义：通过本项目，将大大降低抛光线操作人员劳动强度并且只要通过现场操作屏调整参数或利用操作屏配方功能就轻松调整参数。提高磨边倒角机调整推砖位置、磨头进给量及横梁的宽度参数，精准控制陶瓷砖尺寸、对角线。并可通过瓷砖尺寸检测仪反馈信号，自动调整磨边机推砖位置、磨头进给量及横梁的宽度参数；刮平定厚机滚刀切削精度的提高；抛光机横梁摆动频次、任一位置停止精度的提高。

三、本项目的研究内容

1. 基于陶瓷深加工机械装备三机型中数字化控制的开发与应用

陶瓷深加工机械装备嵌入式数控系统，是针对磨边机调宽、推砖及磨头进给的伺服电机控制、刮平机伺服电机控制和抛光机横梁双伺服电机同步控制，而研发的嵌入式数控系统。

（1）磨边机的运动主要有：磨边机横梁的运动、推砖机构运动、磨边头进给的运动三部分，由于其驱动它们运动的采用伺服电机控制。

（2）刮平机的运动主要有：滚刀升降进给切削的运动采用伺服电机驱动。

（3）抛光机的动动主要有：横梁双伺服电机驱动机电子同步摆动的运动。

2. 陶瓷深加工机械装备嵌入式数控系统框架

陶瓷深加工机械装备嵌入式数控系统：操作系统、运行核、PLC 功能及数控功能 3 个不同层次的应用。它们之间的关系描述如图 3 所示。

（a）磨边机调宽机构图　　　　　　　　（b）磨边机推砖机构图

（c）刮平机滚刀机构图　　　　　　　　（d）抛光机横梁机构图

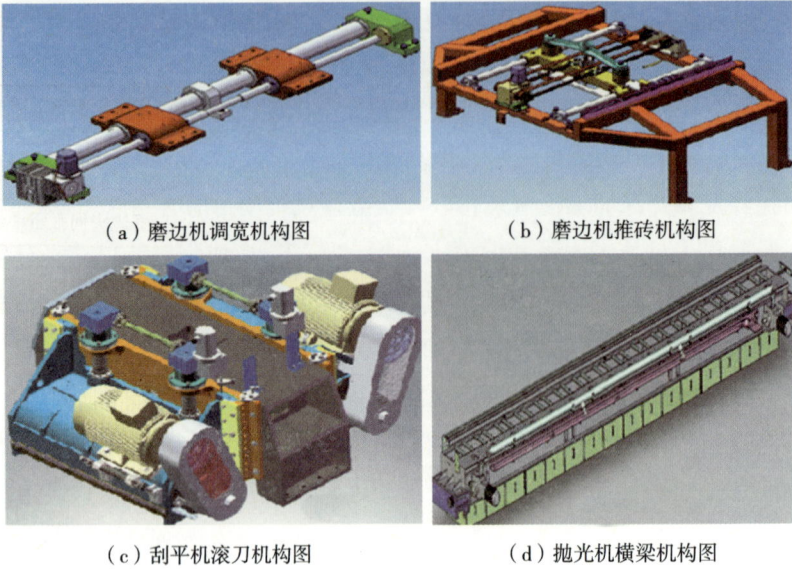

图2　陶瓷深加工机械装备嵌入式数控系统机械结构

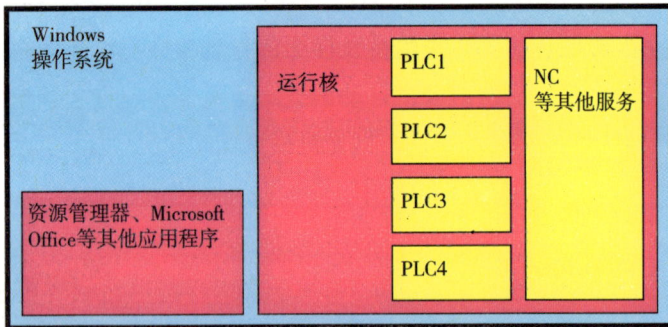

图3　陶瓷深加工机械装备嵌入式数控系统框架

3. 基于陶瓷深加工机械（磨边机、刮平机及抛光机）的伺服闭环数控的开发与应用

（1）磨边机嵌入式数控详细的技术路线如下：①伺服驱动磨边机的横梁运动电控系统的软硬件设计；②伺服驱动磨边机的推砖机构运动电控系统的软硬件设计；③伺服驱动磨边机的磨边头进给电控系统的软硬件设计；④数字存储、记录参数，智能存储所有运行参数。

磨边机拟开发的控制系统结构如图4、图5所示。

设计先进的智能控制策略，以高速的数据采样、处理和输出周期，使磨边机横梁调节、推砖动作、磨边头进给速度快、精度高、动作更进一步柔和的目标。

（2）刮平机嵌入式数控软件的详细的技术路线如下。

1）伺服驱动滚刀升降运动电控系统的软硬件设计。控制系统在分析目前GD系列刮平机

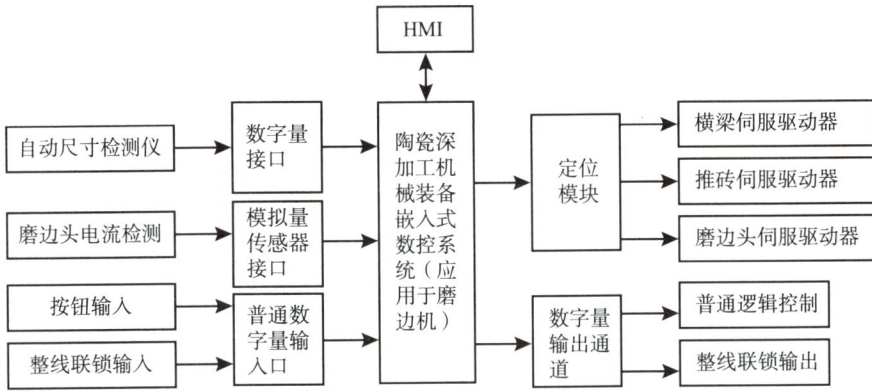

图 4　磨边机控制系统结构图

（a）数控磨边机人机界面主页

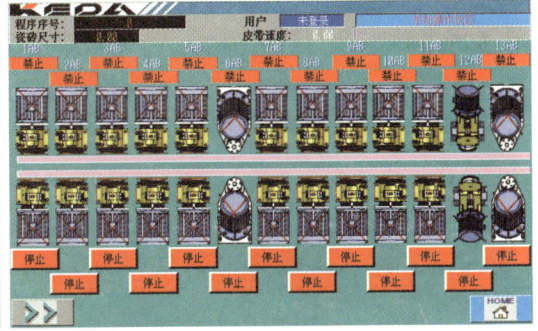

（b）数控磨边机磨头操作界面

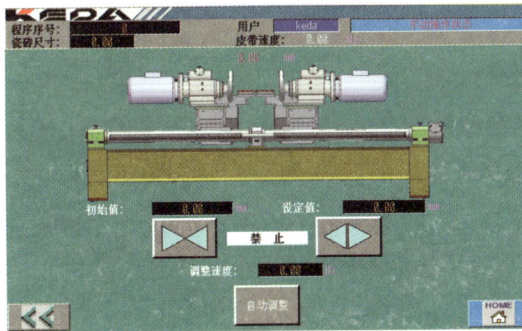

（c）数控磨边机横梁调整界面

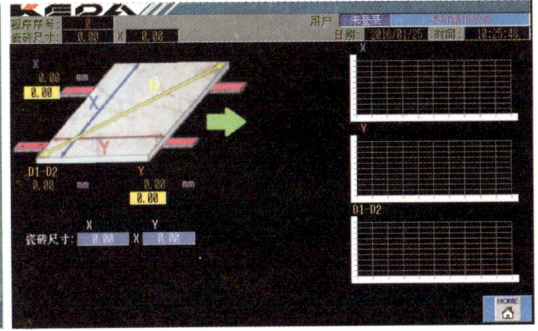

（d）数控磨边机加工产品尺寸界面

图 5　数控磨边机人机界面

滚刀升降运动控制系统的动静态特性，开发出陶瓷深加工机械装备嵌入式数控系统为核心，伺服驱动器＋伺服电机驱动滚珠丝杆，以及高速定位模块等，构成的滚刀升降的电控系统硬件部分；另外，通过电流检测负载特性反馈到高性能 PLC 的模拟量传感器接口，设计先进的智能控制策略，以高速的数据采样、处理和输出周期，使滚刀调节速度快、精度高、负载精准、动作更进一步柔和。

　　2）数字存储、记录参数、智能存储所有运行参数。刮平机拟开发的控制系统结构如图

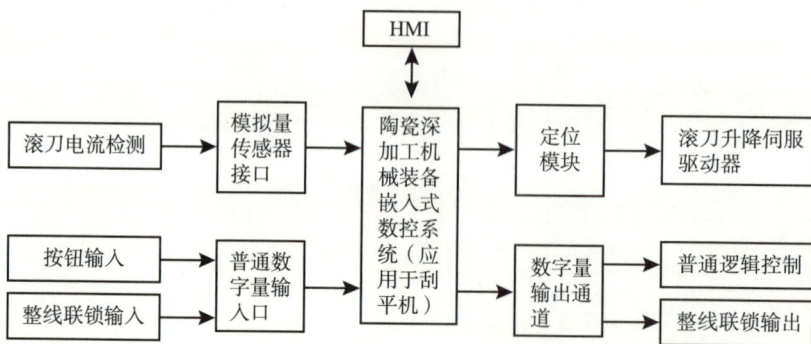

图 6　刮平机控制系统结构图

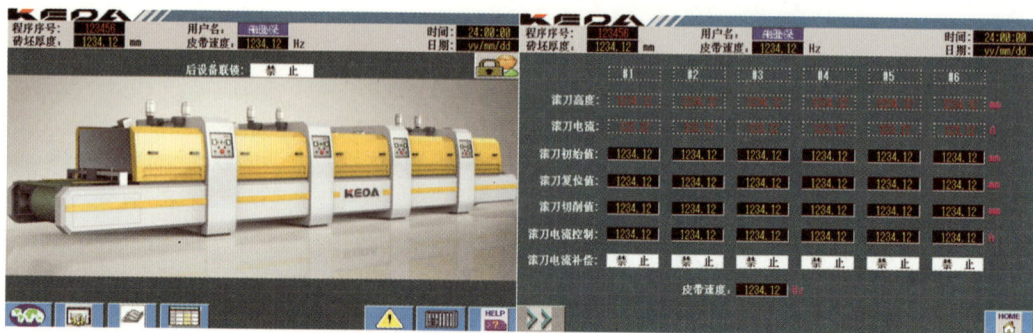

图 7　刮平机触摸屏主页和数控刮平机滚刀切削

6、图 7 所示。

　　设计先进的智能控制策略，以高速的数据采样、处理和输出周期，使滚刀调节速度快、精度高、负载精准、动作更进一步柔和。

　　（3）抛光机详细的技术路线。

　　1）双伺服横梁摆动同步的运动电控系统的软硬件设计。控制系统在分析目前 PJ 系列抛光机横梁摆动的运动控制系统的动静态特性，开发出以陶瓷深加工机械装备嵌入式数控系统为核心，用两台伺服驱动器＋两台伺服电机驱动实现电子同步以及高速定位同步模块等，构成的横梁摆动的电控系统硬件部分；设计先进的智能控制策略，以高速的数据采样、处理和输出周期，使横梁双伺服电机电子同步控制、速度快、精度高、横梁任一位置精准停止、动作更进一步柔和。另外，设计先进的智能控制策略，以高速的数据采样、处理和输出周期，使横梁摆动频率与主传动皮带速度自适应控制。

　　2）数字存储、记录参数智能存储所有运行参数。抛光机拟开发的控制系统结构如图 8、图 9 所示。

　　实现横梁双伺服电机电子同步控制、速度快、精度高、横梁任一位置精准停止、动作更进一步柔和的目标。另外，设计先进的智能控制策略，以高速的数据采样、处理和输出周期，使横梁摆动频率与主传动皮带速度自适应控制。

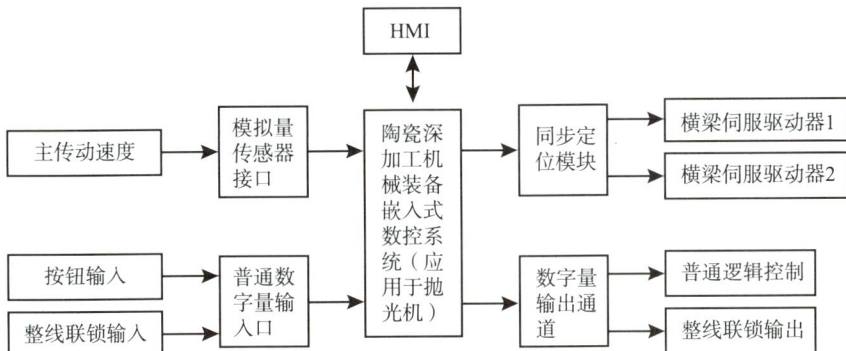

图8　抛光机控制系统结构图

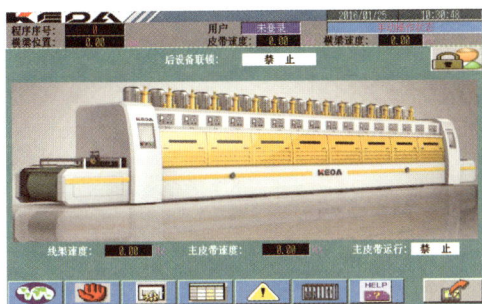

（a）数控抛光机人机界面主页

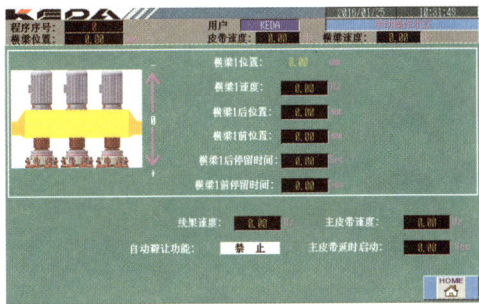

（b）数控抛光机横梁调整界面

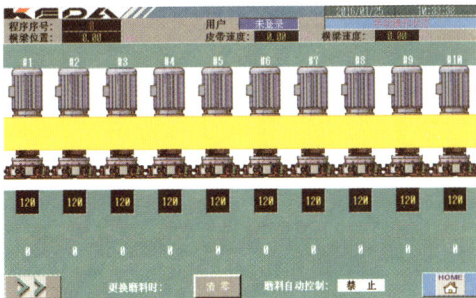

（c）数控抛光机磨头控制界面

图9　数控抛光机人机界面

四、瓷质砖抛光线远程管控系统——嵌入式数字化能源管理系统

随着能源的短缺、能源成本的增加，迫使陶瓷企业对瓷质砖抛光线节能减排增效的需求增大，陶瓷企业传统节能减排的最直接方式是采用变频器、节能电机等设备来达到节能增效，但随着对节能需求的不断提高，要求基于生产工艺、生产管理、生产计划优化等多种形式节能减排方式，从而需要一个能够实现能源透明化、能源消耗预测、能源节能减排等要求的综合评价体系，即瓷质砖抛光线嵌入式数字化能源管理系统。

1. 瓷质砖抛光线嵌入式数字化能源管理系统硬件组成

瓷质砖抛光线嵌入式数字化能源管理系统硬件控制柜主要元器件包括：工业 PC（型号：EC700-BT4051-TX）1 台、三相多功能仪表（型号：DTS8003-D7/R/P/N/1）11 台、数据采集器（型号：NY-C-500-4/SD）1 台、人机界面（型号：HMIGXU3512）11 台、PLC（型号：CP1L-N30DT-A）11 台、通信模块（型号：CP1W-CIF11）11 块、通信电缆（型号：RVVP2X1mm2）500 m、MODBUS-RTU 通讯电缆 11 根、科达云服务器 1 台。

抛光线嵌入式数字化能源管理系统技术路线：

（1）能源的采集：仪表、设备状态、通讯协议；

（2）输送方式：光纤、无线、安全加密；

（3）数据过滤、修复；

（4）能源数据的挖掘；

（5）能源展示形式。

2. 抛光线嵌入式数字化能源管理系统拓扑结构

现场各机器电力数据及运行参数采集网络系统图，主要采用工业以太网协议把现场数据传输至科达云数据库中（图 10）。

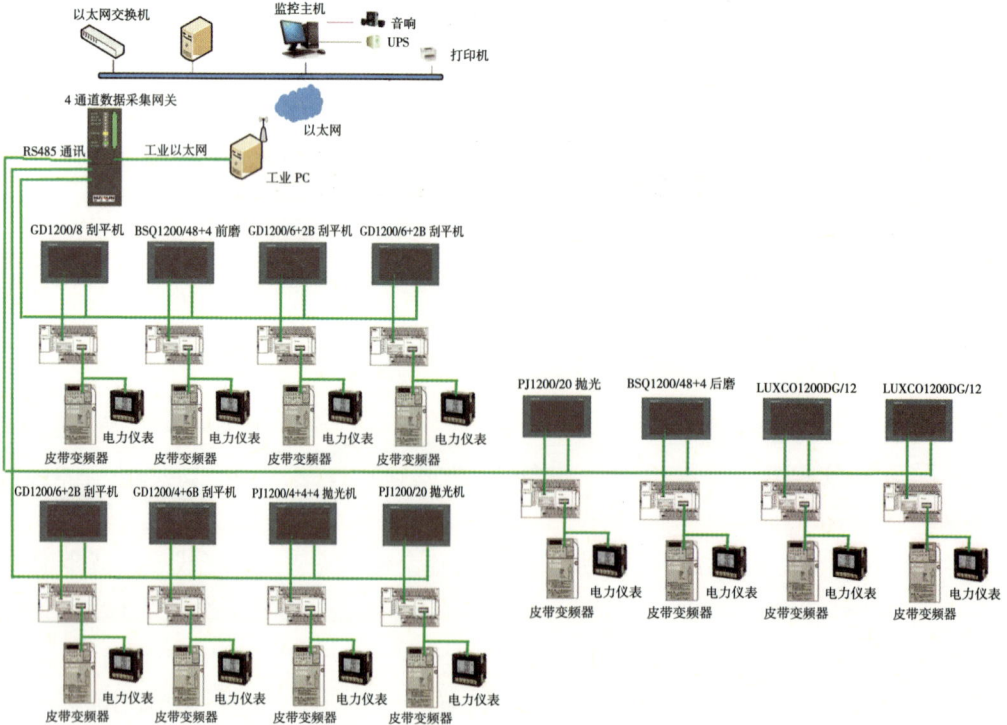

图 10　抛光线嵌入式数字化能源管理系统拓扑结构图

3. 抛光线嵌入式数字化能源管理系统设计思路

现场采集的数据，经工业以太网传输至科达云服务器数据的处理，再通过 Web 方式或 APP 展示给用户（图 11）。

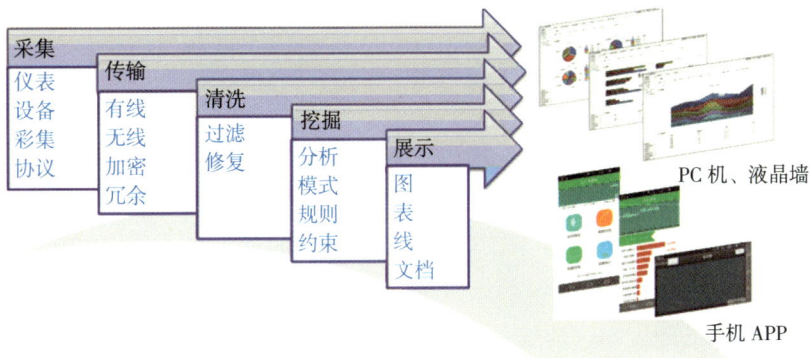

图 11 抛光线能源管理系统设计思路示意图

科达抛光线能效管理包括：能耗测量（主要是电力仪表测量各单机电耗及产量采集）；能耗的管理系统（现场采集数据汇集至科达抛光线能效管理系统进行数据分析、处理并评估），最后告诉用户如何降低能耗的方式。

能耗降低主要通过两方面。

（1）通过自动化实现的主动能效管理。

（2）告知生产管理人员、生产工如何提升生产管理效率。

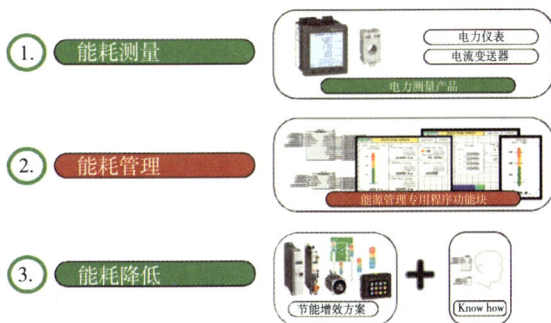

图 12 抛光线能效管理过程示意图

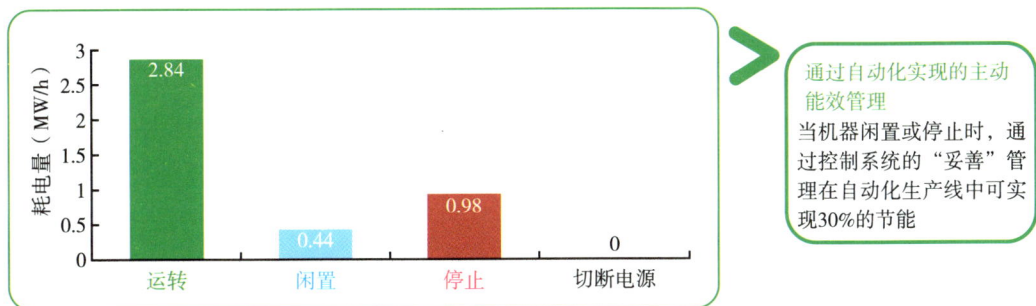

图 13 抛光线主动能效管理示意图

通过自动化实现的主动能效管理

当机器闲置或停止时，通过控制系统的"妥善"管理在自动化生产线中可实现30%的节能

4. 抛光线嵌入式数字化能源管理系统能源展示形式

抛光线能耗主要是生产流水线上各设备所消耗的电能，通过在各个设备用电回路安装测量仪表，即可对电机电流、功率的实时监测，了解整个生产过程的实时状况；可对电能的采集，了解各设备的耗能情况，结合输出产量，判断设备的能效状况；对电谐波的实时采样，了解设备运行过程中电能质量问题；通过开关量的采集，对设备的运行状态进行监视；软件可直接输入流水线的其他管理制度，如倒班、更换物料、更换设备等。

通过建设能源管理系统，实现以下功能：

（1）抛光线能源监视；

（2）抛光线能源控制，数据发布与远传，分析优化能源运行方案，记录和积累能源使用状况；

（3）抛光线能源管理展示，通过各种图表、曲线、柱状图等从真正意义上实现能源使用的实时在线监控；

（4）抛光线能源预测，为管理者提供不同层次的管理权限，随时随地可以对生产设备的用能情况进行查看，未来能源需求情况，改变生产工艺；

（5）抛光线能源评估，为工厂领导提供能源利用诊断、节能控制、节能潜力分析、节能效果验证，提高节能意识等提供有效手段；

（6）提高生产用电的安全性，稳定性，连续性，减少设备故障，提高设备的运行效率，保证流水线生产的可靠运行；

（7）强大的提醒与诊断功能，减少设备故障发生，提高生产效率；

（8）不同班组、流水线能耗排名，能效排名。不同时间范围内的能耗值排序，以升序或降序显示。帮助找出能耗最低和最高的设备单位。建立班组能效、产能排名对比，找出管理漏洞，提高产能，降低能耗。

1）实时监控功能：即时电压、电流、电能、功率等；

2）历史查询功能；

3）文字模式功能；

4）报警功能：分析单位平方电能是否超限；

5）报表输出：可打印出班参数等；

6）通过 Web 或手机 APP 展示等；

7）现场各主机有人机界面展示。

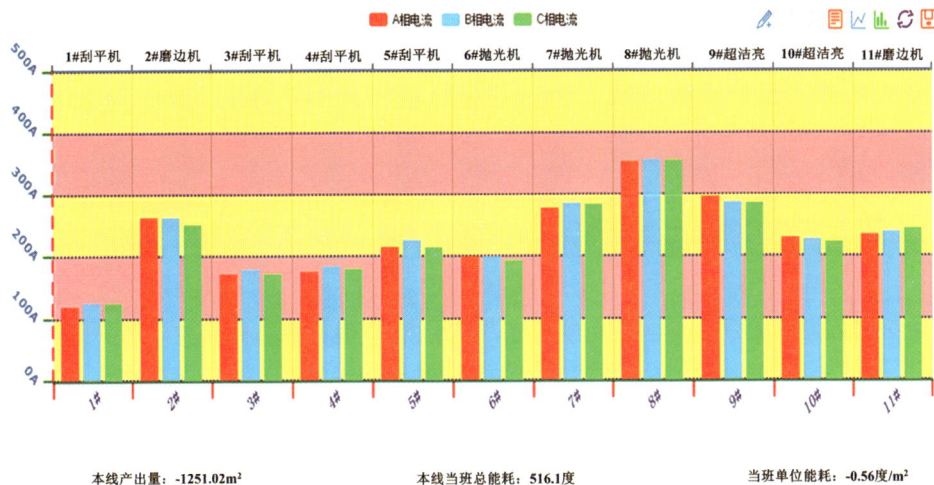

图 14　抛光线各单机即时电流 Web 展示图

五、主要成果

　　嵌入式数控抛光线设备从开发以来已经出口美国、墨西哥、意大利、西班牙、巴西、土耳其、伊朗等多个主要瓷质砖生产国家。在数控技术开发的过程中，注重知识产权的维护，获授权专利 15 件。截至本文完成，嵌入式数控抛光线设备已销售 20 套，每套售价 350 万元，实现销售收入 7000 万元。数控抛光线设备的开发成功为科达洁能股份有限公司带来了以下的社会效益：

　　（1）项目的研制成功能显著提高陶瓷机械生产效率、节约劳动力成本，促进行业整体技术提升，缩小与世界先进水平之间的差距。

　　（2）解决陶瓷机械装备在制造、调试、使用、维护全生命周期过程中数据与信息整合问题，提升产品附加值，创新发展模式。

　　（3）有效促进陶瓷行业工艺革新与数控化生产，降低生产成本、改善劳动环境、提高市场竞争力。

六、当前存在问题和未来展望

近年来，随着劳动力成本不断上升，陶瓷机械行业自动化、信息化水平不高的缺点日益凸显，设备使用缺乏规范性和标准化，人员素质低，劳动强度大，这些问题不仅制约了陶瓷机械行业的发展和提升，也制约了陶瓷企业的成长。同时在国外竞争对手制造的同类型设备的比较中处于下风。将嵌入式数控系统应用在抛光线设备后，科达制造的设备在操作简便性、自动化信息化水平上都达到了国外竞争对手一样的水平，摆脱了中国的陶瓷机械只能靠价格与国外竞争的局面，在美国、墨西哥、意大利、西班牙、巴西、土耳其、伊朗这些国家，科达的设备以不输给对手的技术水平得到了客户的认同。

数控高速高精陶瓷压砖机关键技术研发与应用示范

2012 年广东省"数控一代"机械工程创新应用示范工程专项资金计划项目

佛山市恒力泰机械有限公司

墙、地砖的干粉成型压制工艺要求日益严格，简言之，为在高生产率前提下达到高优等品率。根据陶瓷砖压制工艺特点研发的高速运行、高精度压制装备及其控制技术，有效满足对陶瓷压砖生产机效率和质量双高要求，提高我国干粉压制设备的技术水平，并提升我国陶机装备在国际市场领先地位。

一、导言

陶瓷液压自动压砖机是用于陶瓷墙地砖粉料压力成型的专用设备，是集机、电、液、气、自动控制和陶瓷工艺高度一体化的当代陶瓷墙地砖生产线上最关键的大型技术装备。它前连原料加工，后接干燥烧成，压砖机的稳定可靠性在很大程度上决定了整条生产线的状态和效率，也直接影响了砖坯质量的好坏。因此，发展应用高性能控制器，开发先进的智能控制算法，实现液压自动压砖机实时智能控制，提高陶瓷压砖机的性能质量，达到世界一流压机的水平，是国内自动压砖机发展的必然方向。

佛山市恒力泰机械有限公司是一家专业从事陶瓷机械装备制造的民营企业，公司通过计算机建模及仿真技术和测试技术，深入分析控制对象的特性，运用工业计算机及其他控制器，发挥控制器快速运算速度和高速采集信号的能力，开发了先进的智能控制算法，实现对复杂控制对象高精智能的控制，研制出具有自主知识产权的新一代数控技术智能控制系统，该系统融合了复杂逻辑控制和智能运动控制技术，实现数据的检测保存、分析、图形显示归档等功能。

二、智能数控陶瓷压砖机控制系统的研发及应用

1. 研发背景

一直以来，以意大利萨克米（SACMI）公司为代表的国外公司，其在压砖机的高速高精智能控制方面代表着世界领先的技术水平。近年来，以恒力泰、科达为代表的国产品牌，经过多年发展已经逐渐接近世界先进水平，但仍然存在差距。随着控制任务的复杂和要求的提高，现在简单逻辑及重复性的控制技术已不能满足新的砖坯成型要求；且控制系统中，如活动横梁的升降控制、主缸压力的加压控制等液压系统，存在流量大、惯性大、滞后性强、控制精度低、鲁棒性差等特点，历来都是控制的难点。然而，这也是陶瓷压砖机的控制要点，压砖机性能的高低取决于其控制系统的速度精度及智能化程度。本项目旨在提高国产陶瓷压砖机的控制性能及提高陶瓷砖的制造品质，以增强国际竞争力和满足消费者的需求。

2. 关键技术的研发

智能数控陶瓷压砖机控制系统，主要包含动梁升降、顶出升降和主缸加压等3个伺服闭环控制子系统，以及与压机其他控制部分相结合的控制系统。其系统架构见图1。本项目的

两套电控系统的硬件平台见图 2，倍福 CX1010 工控机平台系统与西门子 S7–315T 系统，其运算处理速度均能保证每周期 2 ~ 3 ms 以内。

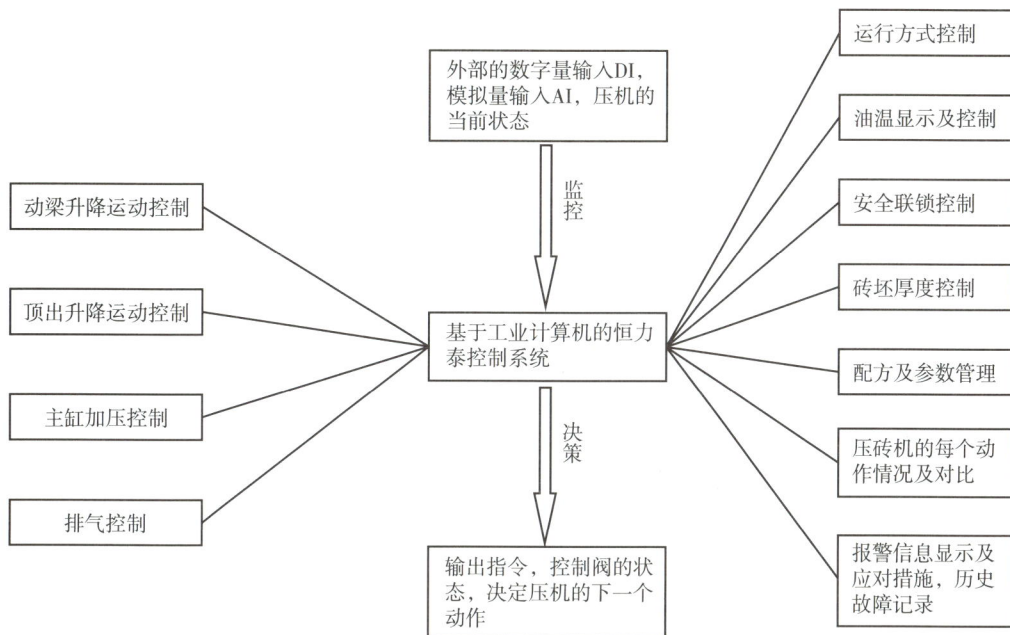

图 1 "数控新一代"系统架构图

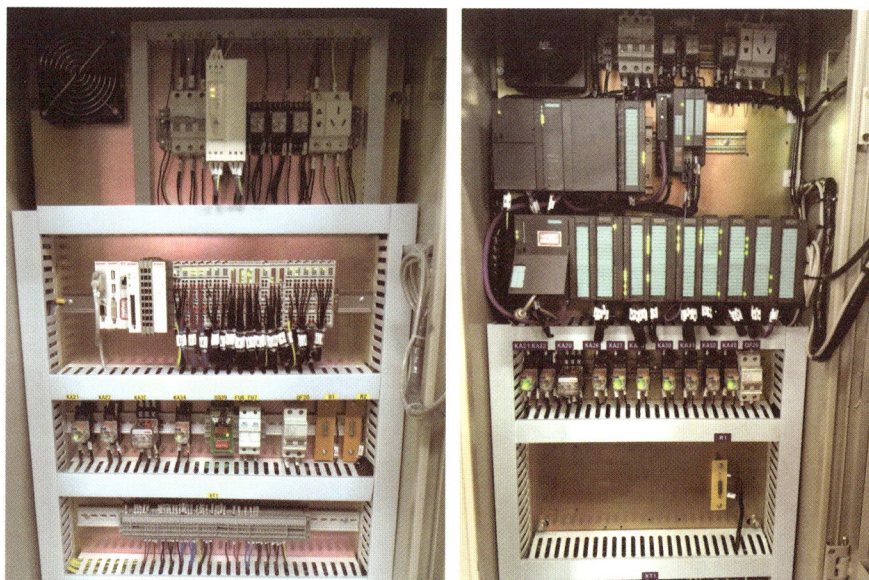

（a）倍福 CX1010 工控机平台　　　　　（b）西门子 S7–315T 高性能 PLC 平台

图 2 两套新型电控系统的硬件平台

（1）动梁运动控制系统的软、硬件设计。

压机在空载的快速行程阶段，为节省循环压制时间，要求动梁的运动速度足够快。然后在接触粉料位之前减速至较低的速度，而且在快速转慢速的过程中，过渡要求顺滑。可见，快速运动高速性与慢速运动的柔和性是矛盾的。为实现对动梁运动的良好、准确控制，运用力计算仿真分析技术及测试技术，对压砖机动梁控制系统进行动静态特性分析，优化了控制油路；研发并使用了参数在线辨识优化技术，编写智能控制算法，实现了自动优化控制参数功能，提高了动梁运动闭环控制的精度及稳定性，提高了动梁的运行速度，实现动梁运动控制的高精确和高稳定性，见图3。参数在线辨识优化算法（曲线1）比现控制算法（曲线2）使动梁更快更准。

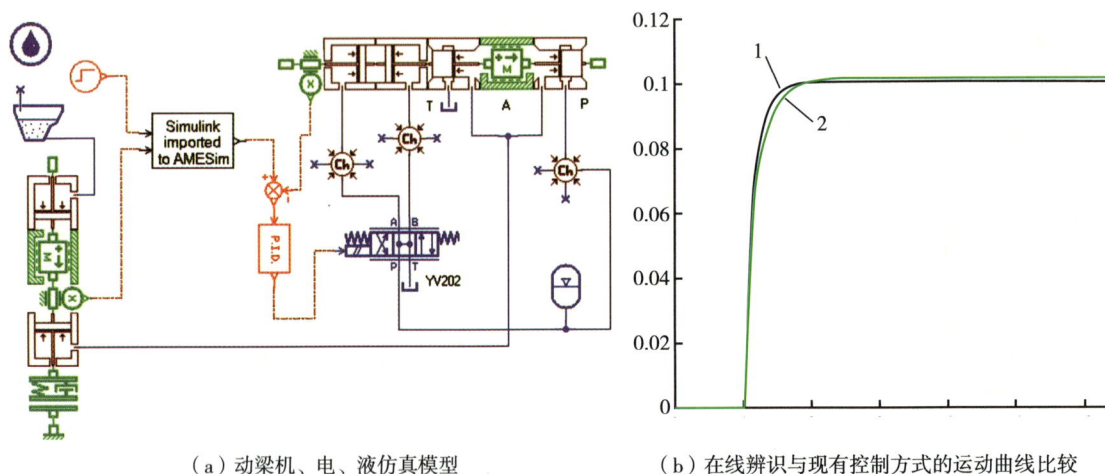

（a）动梁机、电、液仿真模型　　　　　　　（b）在线辨识与现有控制方式的运动曲线比较

图3　动梁动控制仿真

选用倍福CX1010工控机平台及西门子S7–315T高性能PLC平台，以高速计算技术为核心，结合高速高精度的信号输入/输出模块，构建动梁运动控制系统的电控部分。这两套硬件控制系统，从信号采样到算法运算，再到指令输出仅需2～3 mm，完全满足高性能控制系统的需求。

图4为采用新控制算法的动梁下降位移及速度曲线。可见动梁最快的下降速度可达400 mm/s，且速度及加速度变化平滑，完全达到陶瓷压制的苛刻工艺对动梁运动的要求。

图5为实际测试的3种压机的动梁下降时间波动情况，图中棕红色的为采用旧系统的YP4000压机动梁空程运行时间波动误差曲线，灰色的为采用新控制系统的YP4009压机的，而蓝色的为意大利萨克米PHC3500压机的。从图中可以看出YP4000波动最大，PHC3500次之，波动最小的是采用新控制系统的YP4009压机。可见采用新系统及新控制算法的YP4009动梁运动控制的优越性显然易见，这意味着压机的性能更加稳定，表现更加出色。

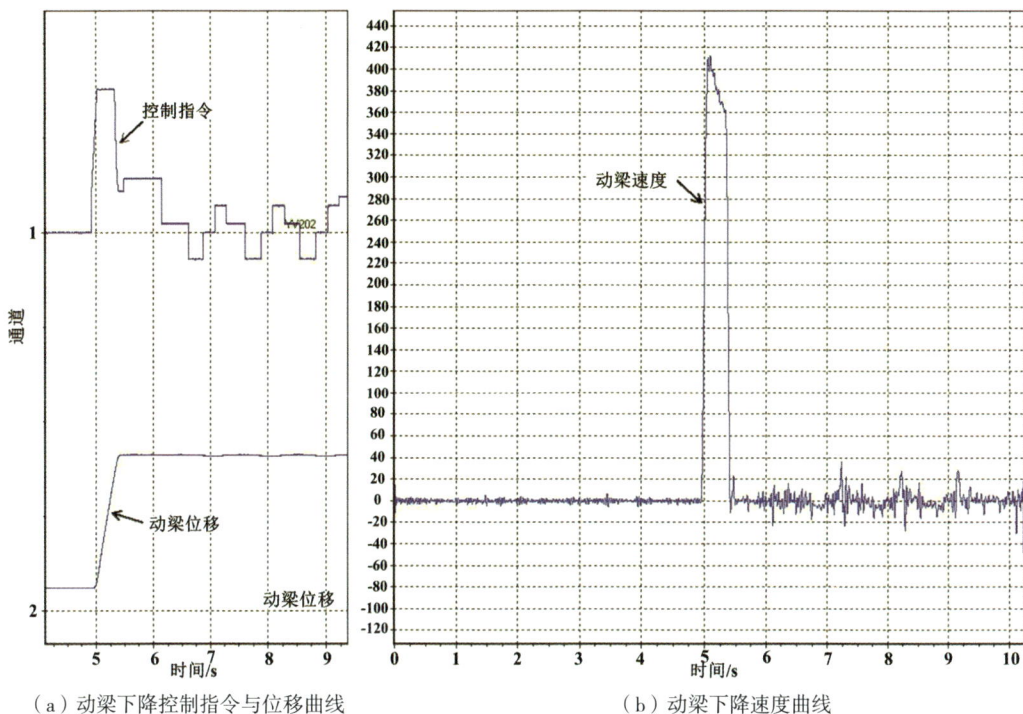

（a）动梁下降控制指令与位移曲线　　　　　　（b）动梁下降速度曲线

图 4　动梁下降位移及速度曲线

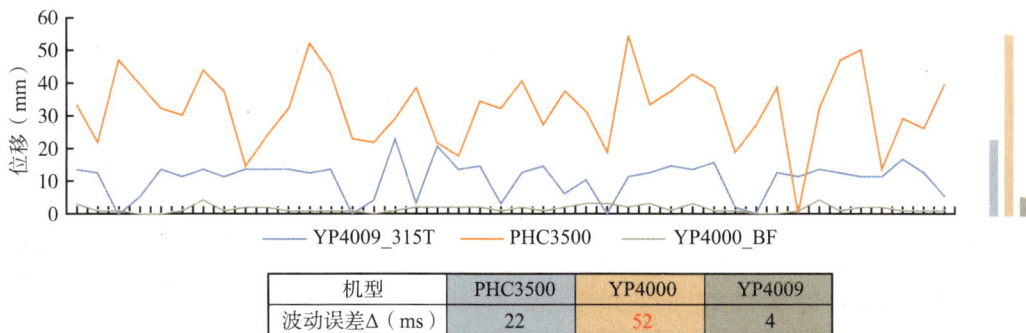

机型	PHC3500	YP4000	YP4009
波动误差Δ（ms）	22	52	4

图 5　动梁下降时间波动误差比较

（2）顶出运动控制系统的软、硬件设计。

顶出装置的性能关系到填料的精度及质量，也就是关系到砖坯尺寸精度，因此其性能对砖坯的品质影响很大。

1 个循环压制周期中，顶出需执行多次上升和下降动作。而在这个升降的过程中，工艺对顶出的到位精度要求非常高，且高品质砖坯要求控制精度在 0.1 mm 以内。旧系统采用独立的 MOOG 伺服控制卡，其已不能适应新的工艺要求。并且局限于性能，其不能运行新的高性能算法。新系统选用倍福 CX1010 工控机平台及西门子 S7–315T 高性能 PLC 平台，结合计算机模型仿真技术，模拟出理论上的控制效果，并调整出较优的运动控制参数，优化控制油路；并运用模糊控制技术，自动优化控制参数，提高了顶出装置闭环控制的精度。此外，运用恒力泰成熟的数据采集系统，通过对采集的数据进行分析，编写出合适的控制程序，最终达到了令人满意的效果。从图6和图7可以看出，在新的智能控制系统下，顶出在多次升降运动中，均能做到到位准确、快速且不出现严重的超调，实现了良好的运动特性。基于新智能控制系统，恒力泰的顶出装置更加的完善，到位更加精确，能满足更高的客户要求。图8是恒力泰新研发并使用的板式顶出。

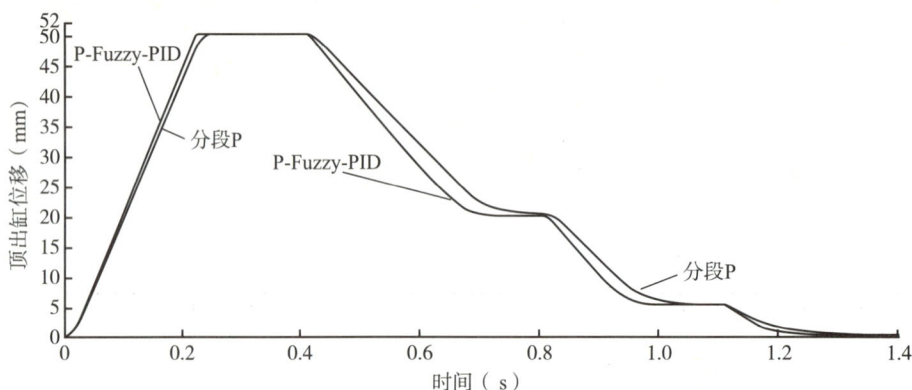

图 6　基于倍福控制器开发的模糊控制算法顶出位移曲线

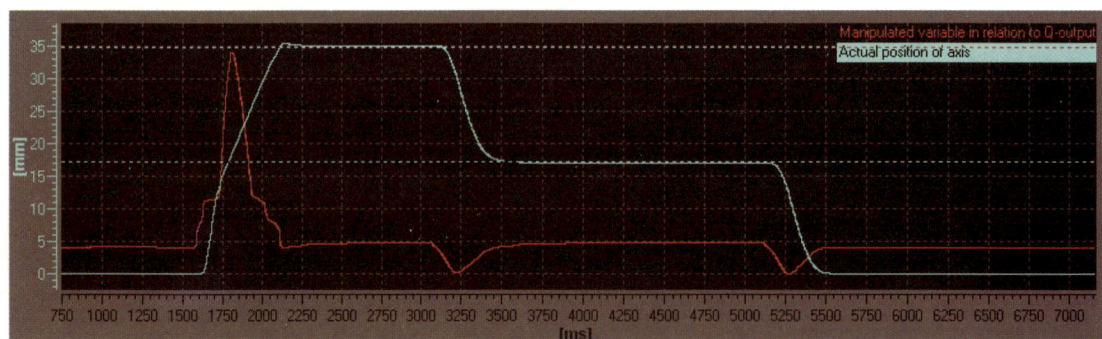

图 7　基于西门子 T−CPU 系统开发的模糊控制算法顶出位移曲线

（3）主缸加压控制系统的软、硬件设计。

砖坯需经历低、中、高压多次压制才能成形，而压制力的稳定性关乎砖坯能否成形及砖坯的尺寸精度。压力的建立与系统状态（系统压力）及负载（粉料特性）有关，若系统状态或负载改变，则原有控制参数不能保证控制的压力精度，可以使砖坯分层破坏或尺寸超差。并且，主缸由压缩油液到建立压力，仅为 200 ~ 500 ms，时间非常短，另外流量非常大，基于传统控制方式及控制器要实现快速且稳定的压力控制，较为困难。

主缸压力受影响的因素最多，如布料的一致性、供油压力的稳定性、动梁速度的稳定性

（a）板式顶出液压管道　　　　　　　　（b）板式顶出阀组集成块

（c）板式顶出执行机构　　　　　　　　（d）板式顶出三维模型

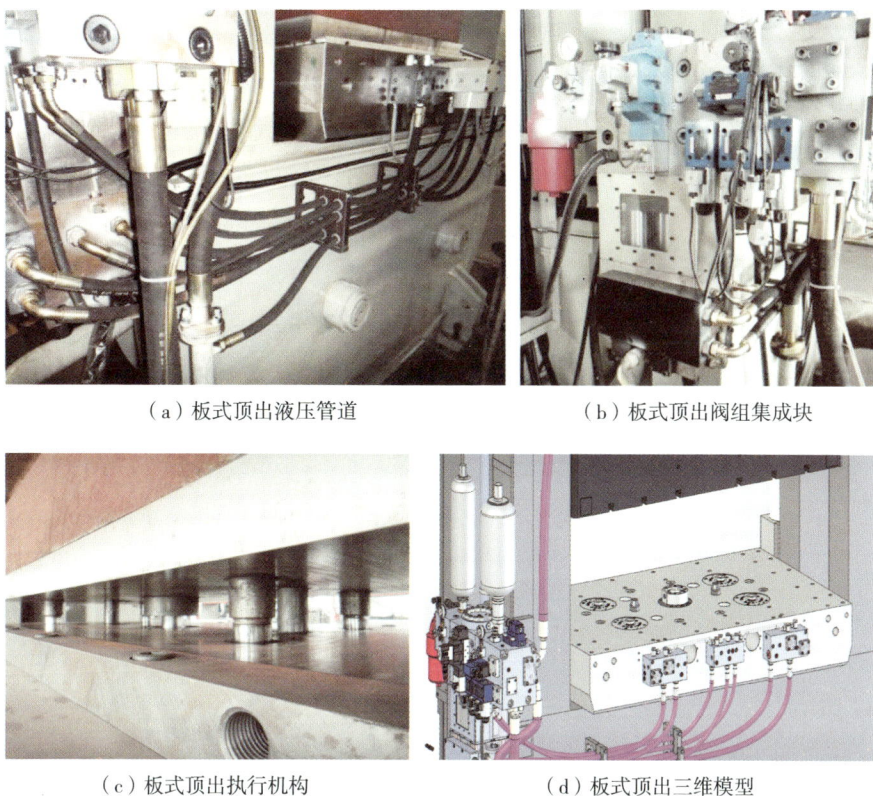

图8　新型板式顶出

等，并且其控制的时滞后性最大。研发的智能控制系统，运用基于模型的预测控制算法，使对外界参数的变化，立即做出提前控制，保证了最终压力的控制精度及稳定性。并且利用高性能控制器的优势，提高了主缸压力控制的精度及稳定性，完全满足高档砖坯的成形要求。图9中蓝色折线为采用旧系统的YP4000压机加压位移误差波动曲线，棕红色折线为意大利萨克米PHC3500压机的，而灰色折线为采用新控制系统的YP4009压机的。可见使用旧系统的YP4000压机的位移波动是0.71 mm，PHC3500的是0.27 mm，而使用新控制系统的YP4009压机的位移波动仅为0.09 mm，明显优于其他两者。

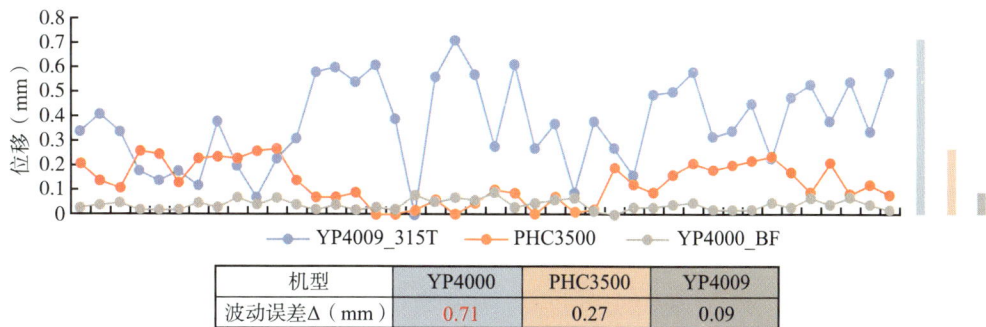

机型	YP4000	PHC3500	YP4009
波动误差Δ（mm）	0.71	0.27	0.09

图9　压制位移波动误差对比

图 10　数据存储人机界面

由此可见，采用本项目研发的基于高性能控制器及新控制算法的主缸加压控制系统，可以大大提高压力的精确性及稳定性，即保证了砖坯的成形精度及品质。

（4）智能参数存储。

实现了智能存储压制参数及运行状态数据的功能，如图 10 所示。方便在新产品试机或需要时，提供直接调用历史运行的所需参数，使得压砖机可以立即恢复历史良好状态，而不必重复调试。

（5）运行状况可视化。

通过系统的精确计算，将压砖机的每个动作时间、绩效指标通过可视化技术以报表及图形的方式显示，为操作者高效定位故障、优化参数、采取调节手段提供依据，从而可以快速使得压砖机达到最佳性能或排除存在的故障，最大限度地减少产品的损耗，提高了生产效率，如图 11 所示。

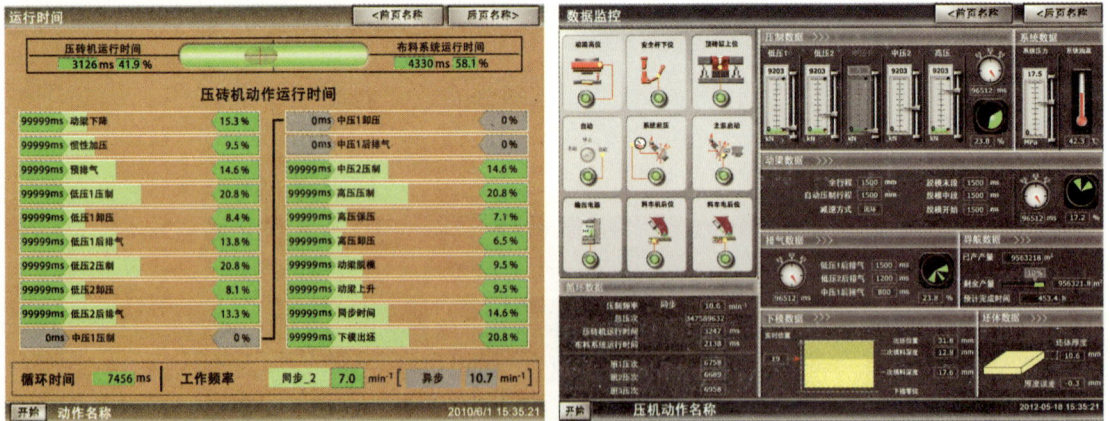

图 11　人机界面数据监控页面

图 12　项目产品之一：YP4009型液压自动压砖机

3. 应用示范及经济效益

截至目前，配备本项目技术支持的产品有 YP4009（图12）、YP4209、YP4009L、YP5009、YP5609、YP7200L 等压砖机，运用本项目的压砖机动梁、顶出、主缸压力均定位更精确，压机重复性提高，压砖机的整体性能提升 10%。以 YP4009 为例，项目实施后，其具体的技术指标前后对比如表 1 所示。此外，陶瓷产品合格率提升了，从原来的 96% 提升至 98.5%，降低了原料消耗、压砖机能耗及窑炉空窑率，符合低碳经济发展方向，为社会节省能耗。

项目于 2013 年 12 月投入使用，市场反馈效果极佳。至 2015 年 5 月，该项目技术运用的压砖机累计销售 251 台，累计销售额 49631 万元，利润约 15878 万元，产生综合税收约 4213 万元，为公司取得良好的经济效益。

表1　项目实施前后对比表

项目指标	实施前的数据	实施后的效果
控制系统扫描周期（ms）	10 ~ 24	2 ~ 3
动梁定位精度（mm）	±2	±0.5
顶出定位精度（mm）	±0.25	±0.1
顶出重复精度（mm）	—	±0.05
压力重复精度（bar）	±2	±0.5
空循环次数	18次/分	19次/分
成本的提高幅度	—	-5%
整体性能提升		10%

三、主要成果

两年来的技术攻关，形成了多项显著成果：获计算机软件著作权 2 件、发明专利 3 项、实用新型专利 4 项、论文 4 篇、培养人才工程师 8 名。

四、展望

新一代陶瓷压砖机的智能数控系统，汇集了业内当代先进的控制技术、计算机技术及传感器等技术；充分利用计算机仿真技术，对控制系统进行了建模分析及优化；同时，针对系统特点，对动梁运动、顶出运动和主缸加压采用了不同的控制策略，使压砖机整体性能达到最佳，大大提升了恒力泰 YP 系列陶瓷压砖机的性能，实现了高速、高精的长期可靠运行，不仅能够满足国内建筑陶瓷业对大型压砖机日益增长的需求，大大降低进口设备的份额，而且对于提升我国建筑陶瓷生产装备的整体水平，缩小与发达国家差距，扩大出口以及在国际陶瓷砖压机市场的影响力，具有重要的意义。并为国产压砖机跻身于高档压砖机行列，为出口拓展提供更有力的保障。

随着我国的建陶行业规模越来越大，数控一代已成为国家提倡的主题，推广和应用智能数控陶瓷压机技术，实现机械产品的全面创新升级换代，为从"制造大国"到"制造强国"的跨越式发展建功立业。

高效节能平玻璃钢化自动生产线产业化与行业示范

2013 年广东省"数控一代"机械工程创新应用示范工程专项资金计划项目

佛山索奥斯玻璃技术有限公司　顺德职业技术学院　广东省自动化学会

玻璃钢化装备普遍存在高能耗、自动化程度低、设备维护成本高等问题。本项目针对上述问题开展研究高效节能平玻璃钢化设备数控化改造升级、玻璃钢化工艺与核心装置的创新与开发，实现玻璃钢化设备的数控化改造与数控系统升级。项目通过创新应用空气压缩系统、炉内自热对流循环系统、纳米陶瓷反射炉壁技术等，实现改进玻璃钢化加工工艺、核心装置的结构优化创新以及玻璃加工产品的品质提升。

一、导语

玻璃钢化自动生产线是用于对各种规格玻璃进行钢化、提高玻璃表面硬度、提升玻璃安全性能的设备，主要应用于建筑、家具、汽车、家电、光伏、工业等行业的安全玻璃生产加工。钢化玻璃品种繁多、钢化设备规格多、钢化制品质量控制要求高、加热与冷却工艺复杂、工艺流程较长，基本靠技术人员和半自动运行操作为主；因此玻璃钢化装备普遍存在高能耗、自动化程度低、设备维护成本高等问题。

本项目针对上述问题开展研究高效节能平玻璃钢化设备数控化改造升级、玻璃钢化工艺与核心装置的创新与开发。经过多年的系统技术攻关及应用技术研究取得重大突破，创新采用具有自主产权的温度采集与控制技术、交流变频技术、加热系统跟随控制技术等数控化技术，实现玻璃钢化设备的数控化改造与数控系统升级。项目通过创新应用空气压缩系统、炉内自热对流循环系统、纳米陶瓷反射炉壁技术等，实现改进玻璃钢化加工工艺、核心装置的结构优化创新以及玻璃加工产品的品质提升。

项目承担单位佛山索奥斯玻璃技术有限公司位处有"中国玻璃机械重镇"之称的佛山市顺德区伦教镇，是专业研究开发各类玻璃深加工技术、提供国际领先的玻璃深加工解决方案及配套设备的综合性高新技术企业，先后为 800 多家知名玻璃加工供应 1200 多台（套）先进设备。

二、主要研究内容

本项目的主要研究内容包括新一代玻璃钢化控制系统的开发与数控化升级技术、核心工艺与装置的创新研究与开发和产业化，并在行业内进行应用示范；项目研究的核心技术与内容如图 1 所示。在成功完成上述 3 方面研究后，建立起新一代玻璃钢化自动生产线，如图 2 所示。

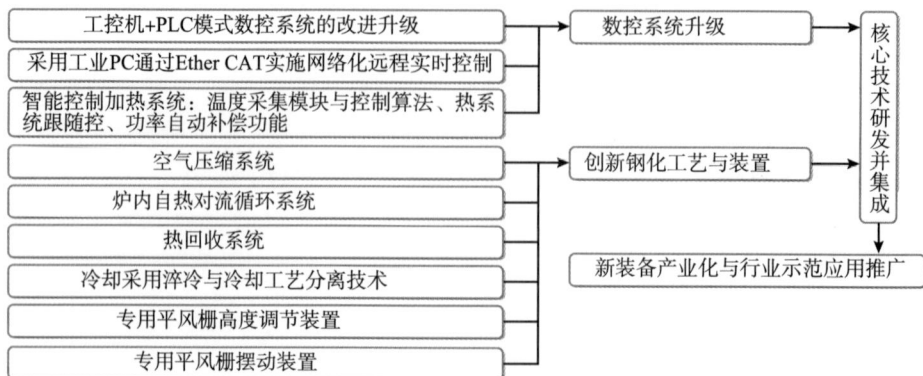

图 1　新一代玻璃钢化自动生产线项目研究核心技术与路线图

图 2　新一代玻璃钢化自动生产线

1. 玻璃钢化设备数控系统改造升级与关键部件的研发

本项目研究并开发具有自主产权的温度采集模块、温度控制算法，采用嵌入式 PC 进行系统核心算法的运行与控制，PLC 仅作为基本开关量的控制，并采用总线方式进行数据采集与控制，进一步形成新一代的玻璃钢化数控系统（图 3）。新一代嵌入式 PC 控制系统优点如下：

（1）嵌入式 PC 采用无风扇结构，适合玻璃加工恶劣场合。

（2）采用 PC 控制的方式，PLC 实时控制程序与温度控制的高级语言程序均在同一个 PC 硬件上实现，共享内存通讯，PC-Based 使系统高效结合，保证系统稳定性。

（3）基于 PC 的温度控制，运算能力非常强大，可借用 Beckhoff 现有的软件库进行开发，可实现各种复杂温度算法。

（4）热电偶采集模块通过 EtherCAT 或 Profibus 总线传输，精度最高支持 24 位，采样单路最快转换时间 20 ms。

（5）软 PLC 使用通用的 IEC61131-3PLC 编程语言，支持多种方式编程灵活方便。

项目研究并应用工业 PC 通过 Ether CAT 实施网络化远程实时控制，实现对钢化设备的远程在线控制、监测，系统架构如图 4 所示；对钢化设备生产过程中的温度、各机构的机械状态量、设备的运行状态进行数据采集，同时对设备出现的异常情况进行故障诊断。提升设备控制效果、改善设备生产状态、提高维护及维修效率，并通过工业 PC 现场总线的功能实现高速、高效、自动化程度高的玻璃钢化装备控制。

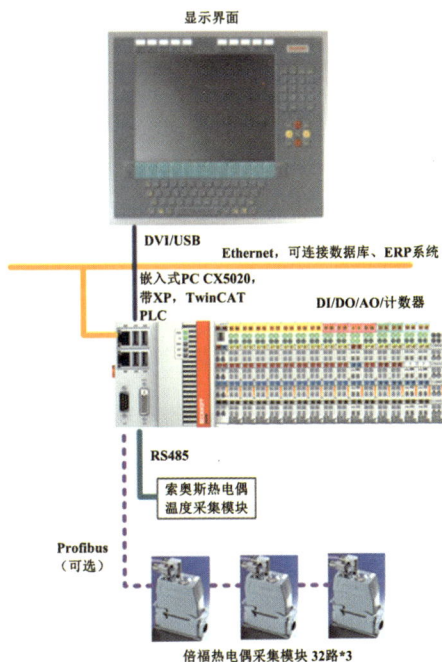

图 3　嵌入式 PC 控制系统

213

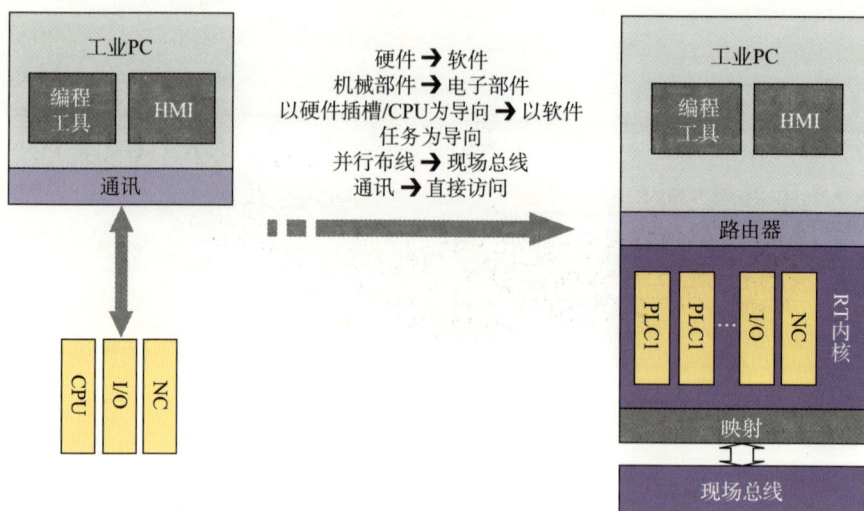

图 4　基于总线方式的远程 I/O 监控系统

2. 创新加热方式对玻璃吸热均匀性的影响研究

加热均匀是钢化玻璃的一个至关重要的因素，和加热有关的参数是上部温度、下部温度、加热功率、加热时间、温度调整、平衡装置、强制对流（热循环风）装置。

目前国内外钢化玻璃存在的主要问题是碎片颗粒度达不到要求而造成的钢化度不高，主要原因是：一方面为了保障钢化后的外观质量，减少钢化玻璃使用过程中自爆的概率，人为降低加热温度和减少加热时间；另一方面是在加热区域加热元件布局造成温度场不合理、玻璃受热不均匀、温度控制精度差等问题。

本项目创新研究钢化加热区加热元件布局及加热补偿装置，极大提高了加热效率、提升钢化玻璃加热品质以及提高效率、降低能耗。主要创新技术如下：

（1）加热炉内采用优质耐火硅酸保温板及纳米陶瓷反射炉壁技术的应用。

纳米陶瓷反射炉壁通过在炉壁上设置热反射层，使原本被保温棉吸收的热辐射，被纳米陶瓷反射层发射回玻璃表面。项目采用的技术方案是：在加热炉膛的顶壁和四周侧壁分别按一定的尺寸热反射内衬板，热反射内衬板上还涂有能增强热反射率的纳米陶瓷反射层；加热装置一方面对玻璃表面加热，一部分热量被涂附有纳米陶瓷反射层的炉壁反射回玻璃的表面，这样大大提高了加热的速度，更减少了发热丝加热机构功率的消耗，提高热效能的同时也使炉膛变得清洁，提高了玻璃表面的质量，使玻璃钢化冷却效果更佳。

实验表明，采用优质耐火硅酸保温板及纳米陶瓷反射炉壁技术后的钢化炉炉膛温度由原来的 720℃降到了 670℃，单位功耗也降低了 0.6 kW，节省加热能量约 10%。同时，更使被加热的玻璃吸热更加均匀，玻璃产品的质量显著提高。

（2）空气压缩系统、炉内自热对流循环系统和智能控制加热系统的技术应用。

为使炉内温度均匀，增加了一套空气压缩系统和炉内对流循环系统；在玻璃加热时，压缩空气进入炉膛内的不锈钢螺旋对流管，在不锈钢螺旋对流管内经加热的气体由不锈钢喷嘴喷进炉膛，吹入炉膛的热风带动发热丝的热量均匀快速四散到玻璃（尤其是几乎不吸热的LOW-E镀膜玻璃）表面，确保玻璃的快速均匀加热。本技术应用的优点如下：①在普通辐射加热的基础上，大幅度增加对流传热的比例，使玻璃上下两面的吸热对称，热膨胀量的差异减少直至消失，确保板面平整及均匀加热；②压缩空气压力高，对流循环频率高，容易实现上下对流，提高加热效率及钢化产量，达到很好的节能效果；③压缩空气的加热温度控制在660℃±2℃，炉内空间温度严格控制在680℃以下，保证膜层不产生氧化变色、脱膜。

（3）热回收系统的技术应用。

普通的钢化炉，加热炉腔对流管内经加热喷出的压缩空气在加热炉腔内四散，无渠道排出，经炉腔缝隙或排气机构排出，造成有缝隙陶瓷辊处的轴承表面温度过高，容易烧坏，造成热量极大散失，设备能耗上升。

增加热回收装置，使排出的热量与准备排进去的冷空气进行热交换，冷空气被废热加热后再次进入炉腔内，减少热量的流失，并使炉腔内四散的废弃热量快速排出，减少从炉腔缝隙排出的热量，既能减少热耗，节能环保；又能保护有缝隙陶瓷辊处轴承，延长设备部分零件的寿命。

3. 创新实施钢化与冷却工艺新装置

（1）钢化与冷却工艺分离技术的技术应用。

钢化与冷却工艺分离技术是在冷却风栅前面增设一通过段，该通过段配套一高压的大功率风机，在钢化3～4mm薄片玻璃时，先在通过段淬冷，再进入后面风栅段冷却。增加了通过段的钢化设备，使节能型平钢化炉生产线可钢化玻璃的厚度范围大大增强，同时在钢化厚片玻璃时仅用后面的小风机吹风，节约了冷却电耗。

（2）专用平风栅高度调节装置的技术应用。

专用平风栅高度调节装置是在位于机身上设置有升降架，升降架底部连接有上平风栅。需要调整上下风栅高度时，先启动驱动装置，使升降蜗杆作上下移动并带动升降架及相连的上下风栅，上风栅作上下移动，下风栅在链条作用下会相对上风栅作反向的上下移动，即同时调整了上下风栅之间的距离，整个操作简单、精准、容易，同时冷却上下风栅联动与单独驱动组合，可分别精确控制上下风栅风嘴的合理高度，配合上下风栅风量的平衡控制，使玻璃上下表面达到最佳的散热效果配比，有效地保障了钢化玻璃的效果。

（3）风机变频器的频率跟踪功能的技术应用。

普通的平板钢化炉，在完成第一道加热工序以后，风机马上对玻璃进行淬冷和冷却第二道工序。由于加热时间始终都大于淬冷和冷却时间之和，所以玻璃完成第二道工序以后，风机要等至少 35% 加热时间才需要开启对第二炉玻璃进行淬冷。传统的机器在风机等待期间一般使用 20 Hz 进行待机工作，为了节省更多的能耗，本项目实施风机在待机期间频率降到零，达到风机不工作的时候达到零电流损耗。

4. 新一代玻璃钢化生产线实施效果

本项目开发的节能型平玻璃钢化炉（型号 TPG-A）系列自动生产线，通过研究、开发先进的控制、加热以钢化工艺模式达到进一步提升设备的工作效率，使设备保持更高效及自动化程度更高的新一代钢化生产线。项目开发的加热冷却新模式把目前传统设备的工作效率提升了 15%，电力消耗降低了 10%～20%，人工减少了 3/4，遥遥领先传统业内同类设备的性能指标。

项目设备具备多种控制模式、加热模式、冷却模式等功能，在减少人工、提升工作效率、降低电力消耗的同时，大大提升了设备的全自动化操作和维修控制模式，具有较强的竞争优势。节能型平玻璃钢化炉系列生产线技术同传统模式的钢化设备相比较的性能差异分析如表 1 所示。

表 1　节能型平玻璃钢化炉系列生产线技术同传统模式的技术差异分析表

	传统钢化设备	项目计划研发的设备
设备型号	5024 型钢化设备（以此型号为例）	TPG-5024-A（以此型号为例）
钢化模式	人工上片 - 发热原件加热 - 冷却 - 下片	自动上片 - 发热原件 + 空气加热 - 淬冷 - 冷却 - 自动下片
钢化玻璃最大规格	5000 mm×2440 mm	5000 mm×2440 mm
钢化玻璃厚度	4～19 mm	4～19 mm
钢化能力	13 炉 / 小时	16 炉 / 小时
用电量	5 度电 / 米² 玻璃（以 5 mm 玻璃连续生产计）	3.6 度电 / 米² 玻璃（以 5 mm 玻璃连续生产计）
适应玻璃品种	透明浮法玻璃、本体着色浮法玻璃、单面丝网印刷玻璃	透明浮法玻璃、本体着色浮法玻璃 单面丝网印刷玻璃、镀膜玻璃、离线 LOW-E(E=0.04-0.15) 玻璃
自动化功能优缺点	1. 采用单纯发热丝加热、大功率风机冷却，造成加热时间长、加热不均匀、冷却能量浪费大、钢化效率低，钢化效果差等问题 2. 普通钢化炉结构设计上的不合理，设备的使用不便利以及存在能源浪费、钢化质量差方面的问题	1. 采用远程控制操作平台，自动上下片，优化控制算法、采用新型控制模式提高加热效率，降低能耗 2. 优化炉体结构，改进工艺与装置，实现多种加热模式、多种冷却模式，多种控制模式的应用，实现了高效、方便、高节能的新一代钢化关键技术

三、结论

1. 项目研究成果

自项目实施以来，索奥斯公司不断进行技术创新，围绕项目相关的论文先后发表 5 篇、发明专利授权 3 项、实用新型专利 7 项，研制新一代玻璃钢化自动生产线系列多套。索奥斯公司在 2015 年创新研制出国内首台 2 mm 超薄玻璃钢化生产线，并成为国家超薄玻璃钢化标准制订承担企业。

2. 项目推广的社会效益

索奥斯作为伦教玻璃协会会员单位，积极参与产学研项目合作、开展玻璃协会技术研讨与产业发展研究，先后举办超薄钢化玻璃推广示范技术研讨会、超薄玻璃钢化标准制订与技术推广研讨会，联合高校举办先进 PC 控制技术培训班、玻璃钢化技术培训等技术培训，为高校、企业与社会先后培养技术人员累计 200 人。

四、展望

我国新型玻璃钢化行业正处于转型升级时期，超薄钢化玻璃生产、自动化程度高、网络化、节能环保、生产品质高、生产效率高、操作与维护更简便的新一代玻璃钢化生产线是未来发展的主要方向。

依托该项目通过数控化手段、智能化节能加热技术、冷却技术攻关，彻底改变传统钢化炉存在的自动化程度低、生产效率低、人工强度大、电力消耗大、钢化效果差的落后模式，解决国内众多钢化玻璃生产企业存在的电能浪费问题，人员消耗问题、钢化质量问题，降低钢化玻璃生产的价格成本，提高钢化玻璃的产品市场竞争力和推广力度，获取更好的产品利润，拥有广阔的市场空间。

金属精密成型机械专用数控系统及高端数控装备研发及应用

2013 年广东省"数控一代"机械工程创新应用示范工程专项资金计划项目

广东锻压机床厂有限公司

目前普通锻压设备不能满足现有的新材料、新工艺以及个性化的冲压加工的要求。将专用数控系统、低速大扭矩伺服电机与简单的锻压设备相结合，研发出的新一代的高端节能型数控伺服锻压设备，取代了传统压力机而成为塑性冲压加工的主流设备，满足了制造业各个方面的需要，极大地促进整个锻压行业的技术进步，从而提高我国锻压设备在国际市场的竞争力。

一、导言

针对目前广泛使用的金属成型机械工作特性不可调、性能差、能耗高的问题，本项目用交流伺服驱动取代普通感应电机，并采用计算机伺服数控技术，开发新一代高端数控伺服精密锻压装备，通过对大功率伺服驱动技术、伺服驱动器模块化嵌入式控制系统、大功率伺服系统的伺服控制器和低速大扭矩伺服电机的研究开发，解决用于锻压装备的大功率伺服驱动和新型伺服压力机设计制造中的关键技术问题，建立伺服驱动的新型锻压装备的设计理论和方法，开发出具有自主知识产权的金属精密成型机械专用数控系统及高端节能型数控伺服锻压装备产品。高端数控伺服精密锻压装备具有柔性化、高精度、高效率、低噪声、节能环保等特点，较同规格普通锻压装备节能 20% 以上，冲裁噪音降低 20 分贝以上，对我国建设环境友好、节能型社会具有十分重要的意义。

二、主要研究内容

本项目主要内容为研发金属精密成型机械专用数控系统及 GPS-160 型伺服压力机，满足强度高难成形的镁合金、钛合金等冲压加工的需求。该项目严格按国家有关技术标准、强制标准设计、开发和生产，技术性能指标达到和高于相关技术标准。

1. 伺服驱动控制及硬件方案的开发

采用多种控制策略，如 Petri 网控制技术、迭代学习控制，滑模变结构控制，鲁棒自适应控制等不依赖精确数学模型的自动控制方法。图 1 是本项目的伺服驱动控制及硬件方案原理图。图中虚线是锻压机也就是被控对象，用数学模型描述它是一个非线性、大惯性、负载与滑块行程是相互耦合的参数，锻压机构运动与滑块下行影响伺服电机工作时的负载扭矩，如果采用常规伺服驱动器是无法使电机正常工作，现在采用消除伪过载现象的策略控制方法，当冲头接触模具时，在伺服电机上加一个 0.1 ~ 3 s 的脉冲电流，使电机扭矩冲过伪负载。为了满足大功率交流伺服系统高速、高精度、高可靠性要求，硬件方案采用 DSP+FPGA+MCU 的方案。以 DSP 和 FPGA 实现对电机转矩、速度和位置状态进行控制的空间矢量脉宽调制算法。因为在交流伺服系统中，由于电机本身具有非线性和强耦合特性，其控制算法相当复杂。本项目驱动器运动控制算法为基于定转子磁场正交的空间矢量脉宽调制（SVPWM）算法，即基于极坐标的磁场定向控制算法。该控制算法可以实时地控制电机的转矩、速度和位置状态。MCU 以实现各种外围接口，人机交互、RS232、TCP/IP、传感器（线性位移、编码器、加速度传感器）等信号处理。

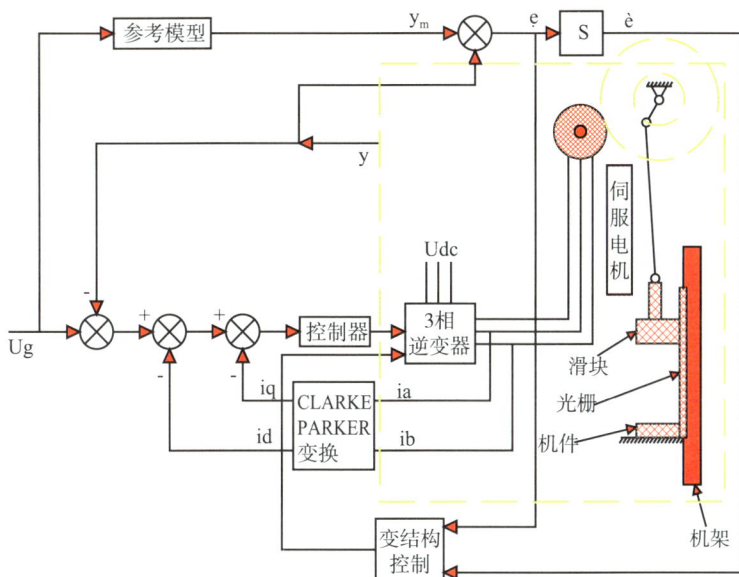

图 1　伺服驱动控制及硬件方案原理图

2.　带目标反馈全闭环伺服控制的开发

标准控制器只对被控对象伺服电机进行速度、扭矩方面的闭环控制，而实际装备需要对执行元件最终目标做出精确的控制，伺服电机和执行元件往往存在机械构件、液压、产品等方面中间介质，如何通过执行元件反馈的压力、速度、位置、加速度等动态变化量，实现对最终目标量精确闭环控制，是本研究首先要解决的技术问题。本课题研究的方法是采用目标反馈单元采集动态信息直接反馈到专用伺服控制器，通过控制伺服电机运行来实现目标执行元件精确控制。在锻压机械方面，伺服控制系统给出要求位移，通过滑块上光栅尺进行位置检测，实时检测到的信号反馈回控制系统，系统不停比较给定位置与实际位置的差距，通过控制电机来实现精确的定位，提高机床的位置精度。交流伺服驱动电机在输出动力的同时，依靠内部编码器将电机转速信号反馈给伺服驱动器，实现了电机转速的闭环控制和在线检测。图 2 为伺服全闭环控制成套系统。

（a）运动控制模块　　　　　　（b）集成电路系统　　　　　　（c）伺服驱动系统

图 2　伺服全闭环控制成套系统

3. 压力机无飞轮驱动系统的研发

与金属切削不同，锻压工艺的特点是工作有周期性的短时尖峰负载，产生强烈的振动和冲击。传统的压力机采用大惯量飞轮解决这一问题。新型伺服压力机取消飞轮及离合器，使用大扭矩重载伺服电机通过齿轮或直接驱动曲轴转动，带动滑块组合成各种运动模式，这将是很理想的设计方案，但其所需的静力矩值将较原有普通的电机功率大七八倍，尽管可使滑块运动状态完全由电机控制以及电机本身更适应断续工作规范，但机械和电器结构设计困难，设备投资太大难以推向市场。现实采用的是折中的办法，选用较小的伺服电机带动有一定惯量的从动系统来完成系统的驱动及做功，如图3所示。工作前驱动系统从动惯量 I_1 具有动能 $A=I_1\omega_0^2/2$，曲轴工作时承受公称力 Pg 及扭矩 Mg，这是系统满足的强度条件；电机传至曲轴的最大扭矩 iM_{max}（i 为电机到曲轴的传动比），作为驱动的力矩条件（图4）。工作时，由 $I_1\omega_0^2/2$ 及 iM_{max} 共同做功 A，其中系统从动惯量 I_1 在曲轴出现尖峰负荷时将释放出能量 $\Delta A \approx A/2$ 来削平力矩峰值 $Mg \rightarrow iM_{max}$，原有结构是飞轮惯量 I 用其速度降释放出能量来完成 A 值，故可计算出 I_1 仅为 10%I，同时现伺服电机按最大扭矩确定的容量约为原电机的2.5倍。所以，按照这样设计思路，选用较小的伺服电机带动有一定惯量的从动系统可满足设计要求，从而降低制造成本。

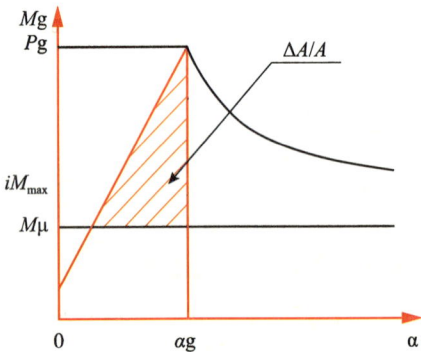

图3 曲轴扭矩做功图

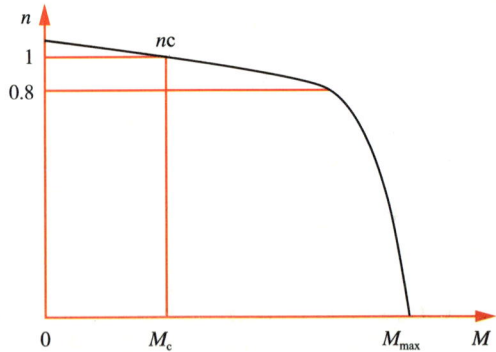

图4 重载伺服电机机械特性

4. 非线性运动控制理论和线性化伺服驱动开发

在锻压机械设备中，滑块冲压是按一定的工艺曲线操作，而驱动部件是通过连杆机构或曲轴机构进行连接。因此伺服电机输入与目标运动输出是非线性关系，通过对伺服电机的控制使目标运动的速度、位移实现全闭环控制，使目标运动以精确的曲线规律进行；同时可根据成形效果对曲线规律进行修改生产出理想产品。当需要更换曲线运动规律时，只需改变控制伺服电机运动的曲线程序即可达锻压机械的柔性化、智能化、低噪音的滑块非线性运动控制，由于其伺服功能，锻压设备的滑块运动曲线不再仅仅是正弦曲线，而是可以根据工艺要求优化设计的任意曲线，可实现锻造冲压工艺的柔性化。可以在控制器中预存适于冲裁、拉深、成形、压印、弯曲等不同工艺以及不同材料的特性曲线（如图5）。使用时，不同工艺、不同材料调用不同曲线。这就大大提高了压力机的加工性能，扩大了加工范围。通过控制冲裁时的滑块速度，在模具接触瞬间使其速度锐减，可使冲头等模具向下的震动减少至其力量的 1/8 以下，从而减少冲裁的振动和噪声，提高模具使用寿命，实现滑块在整个冲压工作行程高精度位置控制。图6是本项目开发的线性运动控制理论和线性化伺服系统。

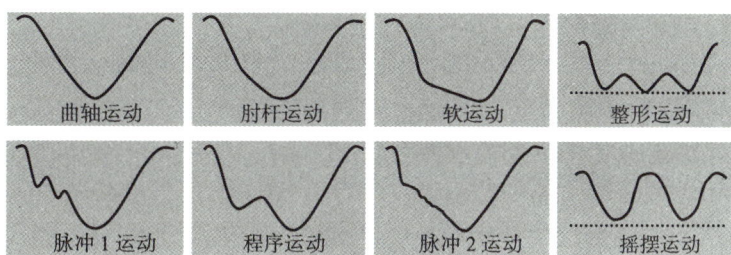

曲轴运动　　肘杆运动　　软运动　　整形运动

脉冲1运动　　程序运动　　脉冲2运动　　摇摆运动

图5　冲压工艺曲线

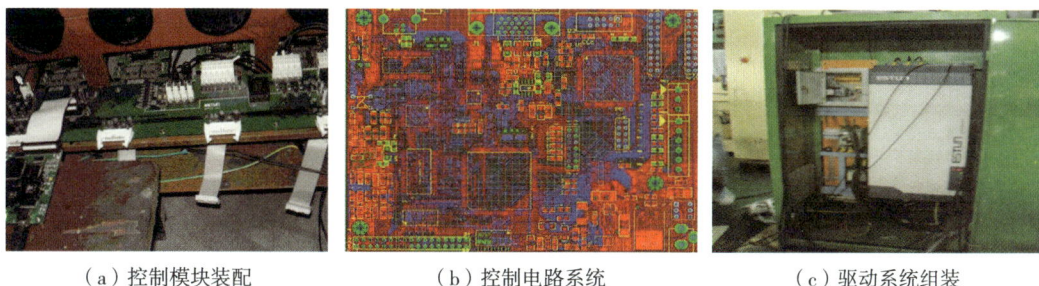

（a）控制模块装配　　　　（b）控制电路系统　　　　（c）驱动系统组装

图6　线性运动控制理论和线性化伺服系统

5. 伺服驱动器智能学习系统开发

在许多成型装备中，需要对设备本身异常和产品质量进行动态跟踪分析，此时提出要求伺服驱动器能够对设备正常生产工艺优化或合格产品数据进行智能学习，并在生产中对实际工况进行对比分析，及时提示或自动调整相关参数，修正设备运行，提高装备安全性能和产品质量。如在锻压机械设备中，需要增加模具保护功能，要求伺服驱动器能够对设备正常生产运动系统摩擦力进行学习，在学习后能对实际工况进行对比分析，当出现异常现象时能够及时停止，达到保护模具和操作者的安全。

三、结论

经过研发团队的努力，广东锻压机床厂有限公司开发的 GPS-160 型伺服压力机完全满足设计要求，现将项目总结如下：

1. 普通压力机 JH21-160 原状况（图 7）

采用传统的三相异步电机通过皮带、飞轮和离合器、齿轮传动带动曲柄连杆机构使滑块在机身导轨中作往复运动，进行冲压。其缺点：滑块行程固定不能改变，压力不能控制，能耗高、噪音大等。

2. 项目新开发 GPS-160 型伺服压力机状况如下（图 8）

采用新研发的大转矩伺服电机驱动齿轮传动带动曲柄连杆机构让滑块在机身导轨中进行往复运动，完成各种工作规范。其优点如下：

（1）加工时可以任意设定曲线，大大提高了工作效率；并且在不改变行程次数的情况下，还能实现低振动加工。

（2）无离合器、飞轮等部件，操作和维护简单，维修量也减少。

（3）冲裁时噪声较普通压力机降低 20 dB 以上；由于没有电机和飞轮的空转，不冲裁时，基本没有噪声；并且提高了用电效率，节能达到 20% 以上。

（4）电气控制操作方便，安全保护功能齐全，工作平台安全可靠。

（5）本机能达到以下重要的参数指标：滑块无负荷连续行程次数 1 ~ 50 spm；行程 90 ~ 180 mm；具有下死点自动补偿功能，下死点重复精度达到 ± 0.01 mm。

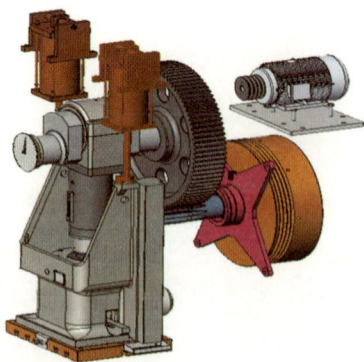

图 7　普通 JH21-160 传动结构图　　图 8　GPS-160 伺服压力机传动结构图

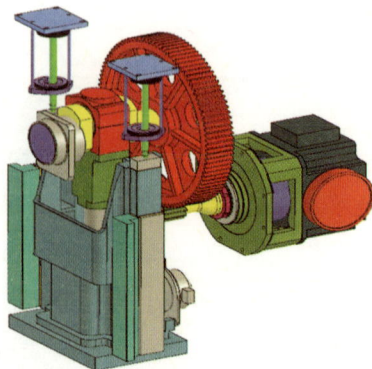

四、展望

（1）伺服压力机是成形装备未来的发展重点，其打破了传统机械压力机缺乏柔性加工的历史，适用于汽车、机电、家电、IT行业的精密成形加工，可根据工艺要求设计优化的任意曲线，大大提高了压力机的加工性能，扩大了加工范围，具有环保节能、柔性可控、高精度、低噪声、低振动、延长模具使用寿命等特点。GPS-160型伺服压力机价格仅为同类进口价格的一半左右，如果我们在产品质量、性能、外观等方面多下功夫，能接近进口同类产品，具有很强竞争力。

（2）本项目技术是20世纪末才兴起的新技术，国外发达国家也刚起步，技术难度大，可借鉴的技术资料很有限，需要解决的关键技术难题较多，如产品机械结构上比较复杂，零件精度高，生产工艺较复杂，给产品的制造增加了难度。

（3）伺服压力机是一种参数可控的新型压力机，其参数柔性可控，可以完成普通压力机不能完成的工作。但其效益的充分实现还需要相应的新工艺与之配套。下一步尚需加强适于伺服压力机新工艺的开发，打开新设备的广阔市场，推动整个锻压行业的技术进步。

面向家电生产自动化的数控关键技术及装备

2013 年广东省"数控一代"机械工程创新应用示范工程专项资金计划项目

中国电器科学研究院有限公司

劳动力资源短缺、生产装备落后、市场需求多元化等因素导致家电企业面临前所未有的挑战，信息化、自动化升级改造是改善我国家电企业现状的唯一途径。本项目研究集制造、物流、管理为一体的柔性化生产解决方案，重点针对家电制造行业零部件钣金冲压、上下料、物料搬运等工艺开发了专用的数控系统及装备，有效降低家电行业生产成本，提高生产效率，满足产品多样化、小批量生产需求。

一、导语

我国是家电制造业大国，广东省是我国家电产业的集聚地，有格力、美的、海信、志高等几大家电龙头企业坐阵，产业规模居全国家电业首位，在全球的地位举足轻重。然而，我国的家电工业大而不强，制造技术还是以传统作业方式为主，整个行业设备自动化、信息化程度普遍落后，多数家电生产企业仍采用手工 / 半机械化的制造模式，普遍存在高耗能、低效率的现象，导致产品质量参差不齐；而部分企业采用的高端装备则依赖于进口，价格昂贵，在核心高端装备技术上的瓶颈严重制约了我国家电行业的发展，随着美国、欧盟各国家和日本为主的发达国家的家电市场需求规模趋于稳定，为了在国内外激烈的竞争中，提高产品的核心竞争力，大规模用数控化装备实现先进制造模式的转型是我国家电产业发展的必经之路。

本项目分析家电行业生产装备现状，针对产品品种多、生产量大、更新换代快、劳动力密集等特点，通过产学研合作，研究出一系列集制造、物流、管理为一体的柔性化生产解决方案，重点针对家电制造行业零部件钣金冲压、上下料、物料搬运等工艺开发了专用的数控系统及装备，包括面向家电生产自动化的高端装备专用数控系统软件开发平台，冲压机器人系统，自主物料搬运移动机器人系统及整线自动化系统，突破了一批制约家电行业转型升级的关键共性技术并形成自主知识产权，增强了我国家电行业的产业竞争力，推进了地区特色产业持续快速协调发展。

中国电器科学研究院有限公司（CEI）隶属于中国机械工业集团公司。集科研开发、国家检测和科技产业为一体的国家级创新型企业。拥有国家重点实验室、国家级国际科技合作示范基地等 10 个国家级科技研发平台和 13 个省、市级科技开发平台；取得 4300 多项科技成果，拥有超亿元的世界一流的科研仪器设备。公司成套装备事业部致力为全球客户提供家电生产、检测成套装备和技术服务、承接家电生产整厂规划及总承包、机器人自动化生产线、涂装、表面处理生产线等业务，是国内最大的试验装备与自动化检测生产设备供应商之一，也是目前唯一一家提供家电工厂规划全套解决方案的国际化专业公司。

二、关键技术创新

本项目主要开展了高性能嵌入式数控系统软件设计技术、机器人运动学、轨迹规划编程、AGV 控制技术、自动化生产线控制技术的研究，完成了家电行业数控装备专用控制系统、钣金冲压机器人控制系统、AGV 系统、冲压自动化生产线控制系统的研发，形成了一批具有自主知识产权的家电行业专用数控系统及自动化解决方案。

1. 家电制造行业数控装备专用控制系统

现有数控系统已经具备较好的通用性，然而却包含大量家电制造行业数控装备不需要的功能，增加了操作的复杂性，加大系统运行负担，降低了设备的安全性和可靠性，影响系统运行效率，增加了成本。同时，通用数控系统往往不具备家电制造行业所需的功能，例如冲压工艺中力与位置的同时控制，自动化冲压生产线的多目标联动控制等，针对上述问题，本项目开发了适用于家电制造行业的高性能数控系统。

（1）基于计算模型 MOC 的嵌入式控制系统建模与仿真技术。

嵌入式控制系统包含多个复杂异构模块，这些异构模块与控制器之间的交互具备多并发高实时的特性，对这些异构模型直接应用实验验证其性能的方法成本高和周期长，信息交互的准确性往往得不到保证。为保证控制系统各模块之间信息的准确交互融合，保证系统性能，降低开发周期，本项目通过研究基于角色的模型驱动设计方法，构建系统的计算模型和交互模型，集成系统的仿真模型并进行仿真验证，通过对模型的进一步求精使系统达到最优性能。然后根据仿真模型着手对相关算法进行实施。

建模环境采用 Ptolemy II，对控制系统中层次异构模型的并发和通信进行抽象，通过角色组件同时考虑功能和非功能属性，组件间的交互机制，利用计算模型和角色组件层次组合系统，通过逐步引入对实际环境的考虑，实现从概念模型向真实系统的优化设计，并运用代码生成功能产生系统代码以辅助完成系统的最终设计，缩短了开发周期，保证了实现与仿真结果的一致性，最重要的是实现不同控制系统的重构设计及开发（图 1）。

（2）基于模型集成框架的高性能数控系统开发平台。

通过上述基于 Ptolemy II 角色模型的嵌入式控制系统建模与仿真，保证了所需数控系统的功能和非功能属性，以及异构数控系统模块间交互的实时性和准确性，在此基础上，针对面向家电行业自动化装备嵌入数控系统的特点，基于模型集成框架方法（MIF），构建控制系统元模型，实现嵌入式实时组件库，研究模型转换技术，最终实现面向家电行业装备嵌入式数控系统共性开发平台，该平台下可进行图形化数控系统的设计，并支持多种硬件平台最终执行代码的自动生成，从而可实现专用数控系统的快速开发和维护。

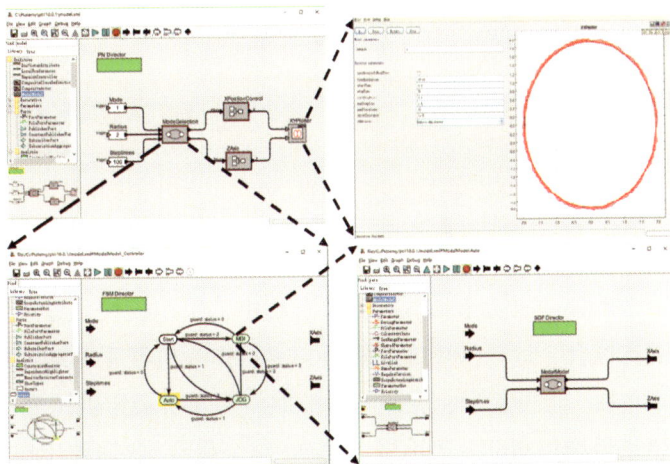

图 1　嵌入式异构控制系统 Ptolemy II 建模与仿真

MIF 嵌入式数控系统开发借鉴特定领域建模开发思想和基于组件的软件开发思想，将数控系统开发的各个阶段集成在统一的开发框架下。采用面向领域建模方法建立数控系统的领域模型，通过对数控系统在功能及性能方面的抽象，形成精确的面向数控系统的建模语言，通过构建模型的方式将影响数控系统设计和开发的若干因素（算法、软件实施、硬件平台、操作系统等）在设计早期进行表征，借助形式化描述及第三方工具集成实现对数控系统在模型层的功能仿真和性能验证，从而预测拟完成的数控系统的功能和性能是否满足预期的设计要求，满足设计要求的设计将通过组件的组合和代码黏合实现代码的自动生成。其开发流程框图如图 2 所示，主要包括建模、模型转换、模型验证和代码自动生成。

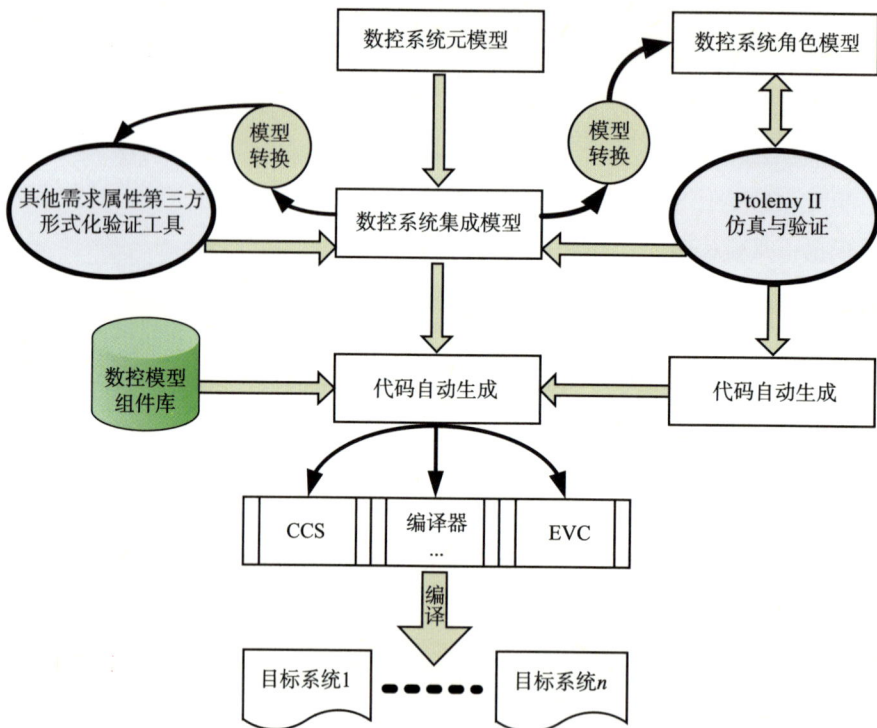

图 2　MIF 嵌入式数控系统开发流程

2. 自动化冲压输送系统

本项目主要针对家电行业钣金冲压的行业特点设计一种低成本的连杆式冲压输送系统，用于钣金冲压上下料。在设计过程中，采用模块化设计思路，整个冲压机械手包括主机、横梁支撑台、运动横梁 3 个模块，主机作为机械手驱动模块有两台伺服电机控制并控制机械手臂左右、上下运动，完成物料抓取。图 3 所示为机械手主体结构图。

系统控制部分采用嵌入式 PC 结合高性能运动控制卡的硬件架构（如图 4 所示），反馈传感器采用高线速的光电编码器，并通过伺服驱动器的倍频技术进一步提高检测精度，运动控

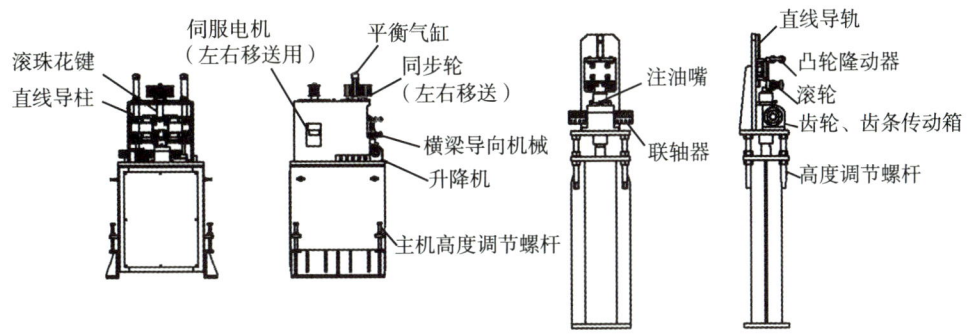

图 3　连杆机械手主体结构

制卡以高端 DSP 为核心，支持多轴控制，具有复杂曲线的插补功能，同时实现各种信号的输入输出及处理。控制器软件采用面向对象语言进行开发和实现，并应用多线程技术实现多种任务的协调调度，功能上主要完成机器人的示教和再现，进行正逆运动学的求解，完成运动轨迹规划及插补，并进行精确的位置控制。

3. 自主搬运 AGV 系统

（1）AGV 本体结构设计。

AGV 本体将使用潜入式 AGV，该本体结构采用结构简单控制灵活的两轮差速驱动，各轮采用独立直流伺服电机驱动，经过齿轮减速器输出，同时可根据实际需要增加配置单个或多个万向轮，构成三轮或多轮式 AGV，实现系统的平稳运动和高运动精度，保证系统的高承载能力。整车结构如图 5 所示，结构上还采用了剪式悬挂驱动技术，提高 AGV 对不同地面环境的适应能力。

（2）AGV 车载控制系统。

1）分布式硬件系统架构。AGV 车载控制系统硬件系统架构方案如图 6 所示，系统采用基于 CAN 总线的分布式架构，CAN 总线为基于事件触发的多

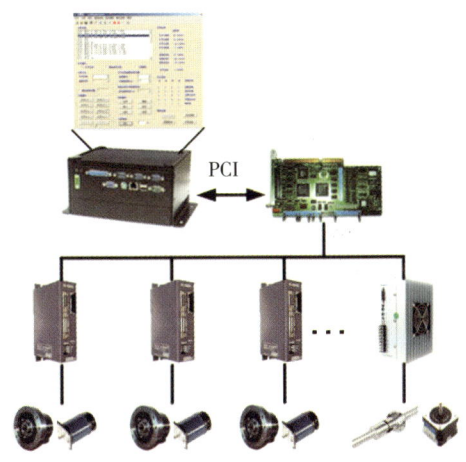

图 4　机器人运动控制卡的硬件和架构

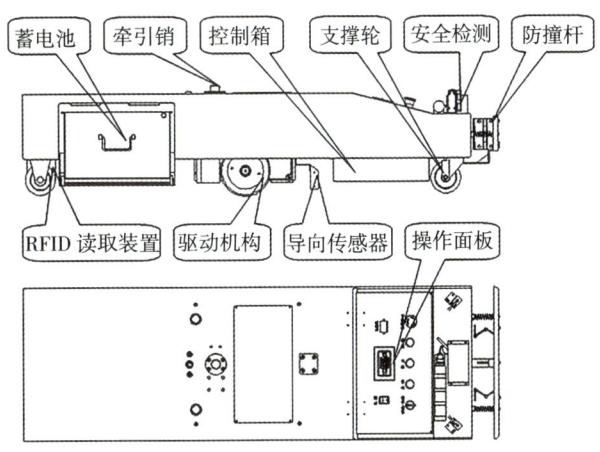

图 5　潜入式 AGV 整体结构图

主系统，具备较高的实时性。可扩展部分包括通讯模块（其他无线通信方式接入）、导航模块（其他导航方式接入）、驱动模块（如牵引辊的驱动）和 I/O 模块。AGV 控制器是 AGV 车载控制系统的硬件核心，由高性能工业控制计算机做主要控制硬件，实时多任务操作系统与桌面操作系统复合的方式实现传感器信号的接入、控制信息的输出及其他接口控制、HMI 等扩展，电机控制器采用 32 位高性能 MCU 及实时操作系统实现。

2）AGV 车载控制系统软件功能可重配置的实现。

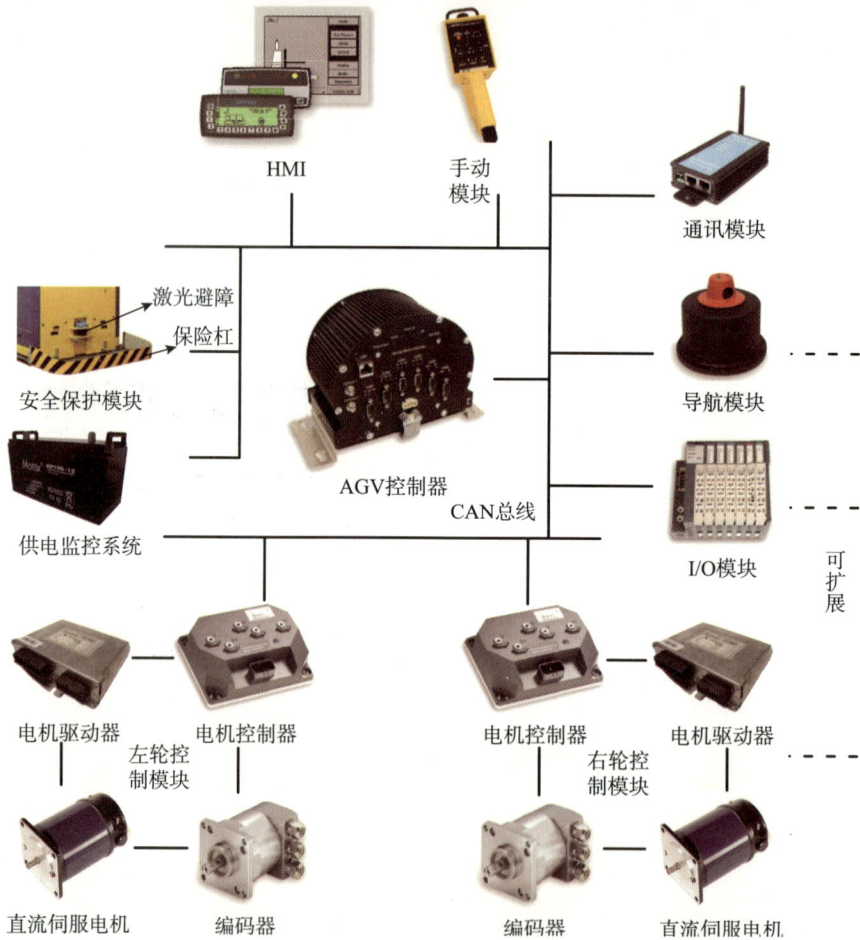

图 6　AGV 车载控制系统硬件基于 CAN 总线的分布式架构

本项目采用基于组件的开发方法（component-based development，CBD），采用软 PLC 实现对车载逻辑功能的配置。基于组件开发的软件可重配置原理如图 7 所示，用户通过 HMI 设置所需功能组件的信息，通过配置文件设定应用所需的功能组件，并注册到系统软件中，由中间件（MiddleWare）的互操作协议与各组件进行交互，组件库中组件以功能单元为基本粒度划分，为适合嵌入式应用，组件封装规范考虑了非功能属性。

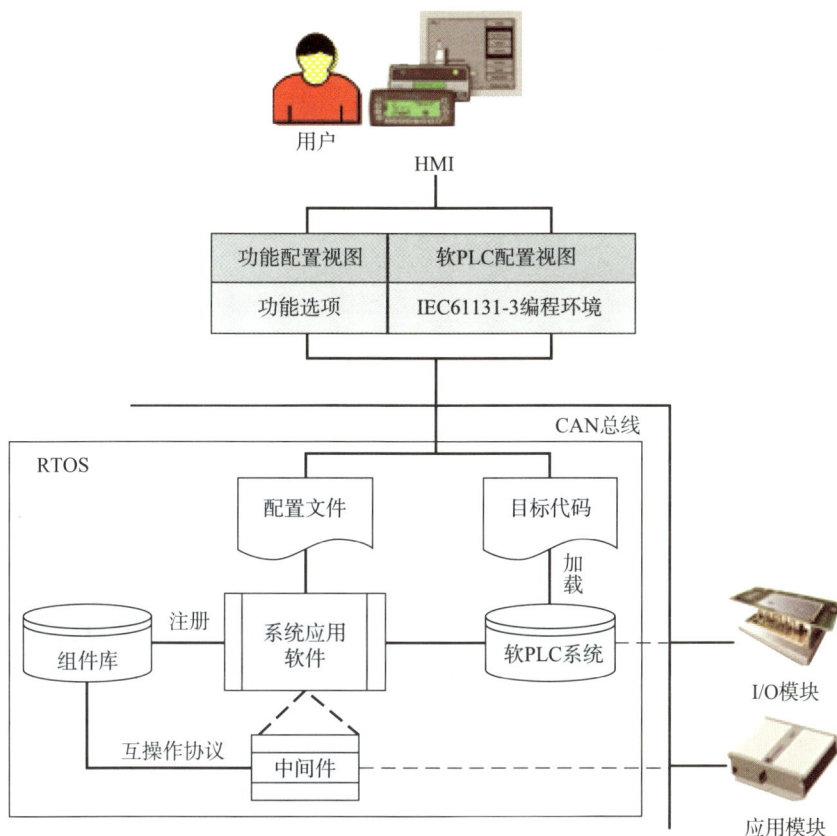

图 7　AGV 车载控制系统功能可重配置设计方法

系统应用软件运行于 RTOS 之上，由中间件和组件组成，实时内核负责分别与硬件和中间件相互通信，中间件屏蔽掉硬件上的差异，向上提供统一的 API。中间的主要功能包括调度管理、资源管理、配置管理和服务质量（Qos）管理等，图 8 为 AGV 移动小车样机。

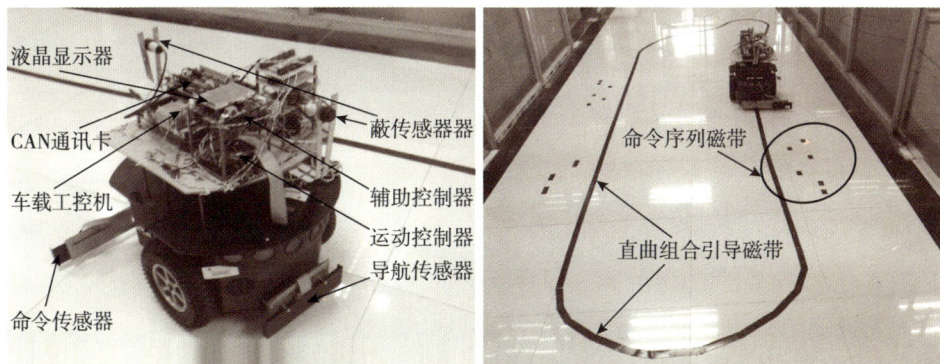

（a）AGV移动小车本体　　　　　　　（b）AGV移动小车磁带

图 8　AGV 小车样机

4. 自动化生产线控制系统

对于家电企业来说，行业之间的竞争比较激烈，产品利润率低，钣金零部件冲压作为企业产品生产的关键环节，冲压生产的自动化水平直接影响着企业的市场竞争力。现阶段，多数企业仍以手工操作、人工上下料的传统生产模式，导致生产效率低、产品质量不稳定、工人劳动强度大等诸多弊端。鉴于目前这一生产现状，本项目针对家电行业特点开发出一种高效、低成本的自动化冲压生产线集成系统，该系统采用自主研发的连杆式冲压机械手及 AGV 运输小车作为该自动化冲压生产线的输送系统，主要用于冰箱门板成型冲压的生产，共 3 道工序完成，整条生产线由 5 台冲床、连杆式上下料机械手、AGV 小车、胚料输送机、安全防护系统组成；现场采用 PROFIBUS 总线单主站网络拓扑构建生产线控制网络，开发了基于总线的生产线控制系统，系统具有结构简单、可靠性高、成本低、扩展性高等优势。图 9 为冲压生产线系统现场设备网络结构图。

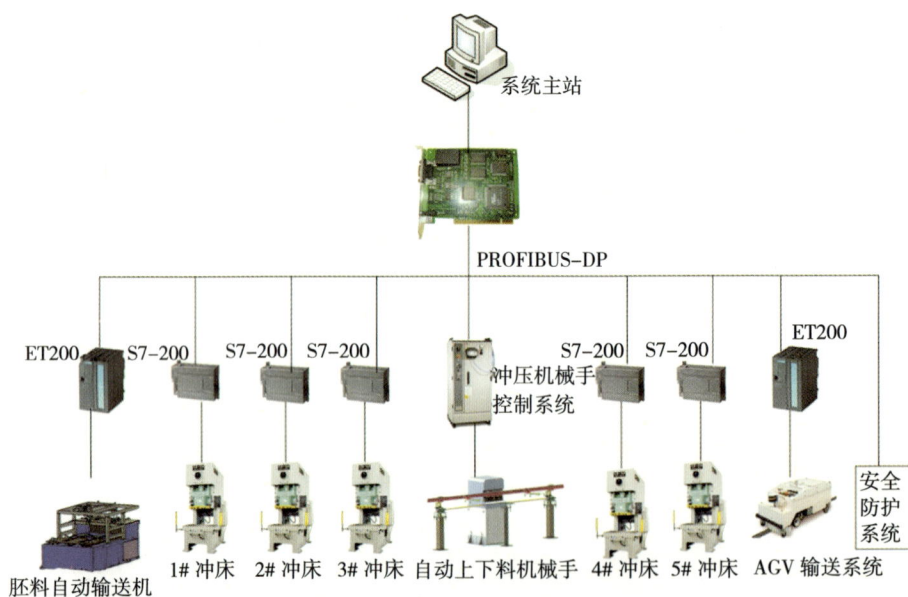

图 9　冲压生产线系统现场设备网络结构图

三、结论成果

项目实现对家电行业高端装备专用数控系统的统一平台开发，重点解决钣金冲压，物料搬运，整线自动化等 3 类关键装备的控制需求，形成多种关键数控装备，达到国际先进水平，填补国内家电行业的空白，实现家电生产从单机自动化到整线自动化的提升，并形成多个企业的应用示范，对于我国家电产业的转型升级具有战略性的支撑和推动作用。

项目申请专利 3～5 件，其中发明专利 3 件，软件版权 1 件，制定企业技术标准 3 项以上；形成具有完全自主知识产权的软件产品 2 件：家电行业专用数控软件系统开发平台和冲压生产线监控系统；数控装备 3 个：冲压机器人、AGV 整机和自动化冲压生产线。

本项目研究成果不仅用于家电行业，也可向其他制造行业推广应用，应用范围广，市场前景广阔，对于制造企业来说，引进该项目研究成果，采用自动化、信息化的生产模式，企业的生产制造能力将提高 40% 左右，人均效率至少提高 30% 左右。引进自动化生产装备不仅可以解决企业招工难的问题，同时还可降低劳动成本、提高生产效率及产品质量，为制造企业带来很好的经济效益。

通过本项目成果的推广应用，将带动一系列技术的发展，改造我国制造业传统的生产模式，提升我国制造业自动化水平，并促进产业转型升级，具有重要的社会意义。具体而言有以下几点：改善装配过程中环境恶劣的情况，降低工人劳动强度；解决家电制造业劳动力市场短缺问题；提高生产效率，满足市场多品种、小批量生产的趋势；降低废品率和产品成本，提高企业技术创新能力，提升企业竞争力。

智能化机器人生产线在机械制造行业的研发与应用

广州数控设备有限公司

装备制造业的转型升级，对工业化发展提出了更多要求。网络化、智能化的实施则有效地推动了工业化进程。本文基于智能化手段，采用工业机器人代替人升级传统加工制造，构造车间柔性电机端盖及电机轴自动化示范生产线，其生产线上的 CNC 机床、输送线、料仓等设备与工业机器人有机结合为一体，使电机端盖和转轴可无人化生产，借此，把生产线控制技术、设计理念与同行分享，并服务于同行。

一、导言

随着工业装备产品的功能不断完善，网络化和信息化的功能成为工业发展的新特点。数控机床、工业机器人等装备制造产品具有信息化、网络化和智能化的功能，成为工业制造行业推进信息化的关键动力。通过集成数控机床和工业机器人等关键产品，开发控制管理系统，可以实现通过网络进行运作管理和故障维护，搭建柔性化、网络化的机械制造系统，是工业化和信息化融合的一种重要方式。

本项目以广州数控设备有限公司自有的工业机器人和配备其 CNC 的数控机床为主，对面向机械制造加工业的基于机器人的柔性自动化生产线进行研究和开发，开发管理和控制系统，探索其核心、关键和共性技术，建立集成若干台工业机器人、数控机床和周边设备的机器人或机床的零部件加工的柔性生产线。本项目的成功实施，对提升我国加工制造业的技术水平和自动化程度，对本地区乃至全国的产业转型和升级换代起着引领和推动作用，对推动我国工业化和信息化"两化"深度融合具有良好的示范作用，为开发大规模制造业自动化生产线技术以及发展我国完全具有知识产权的自动化生产线产业打下坚实基础，探索一条从"中国制造"到"中国创造"的新路径，具有很大的战略意义。

二、实施方案及创新点

1. 生产线控制方案

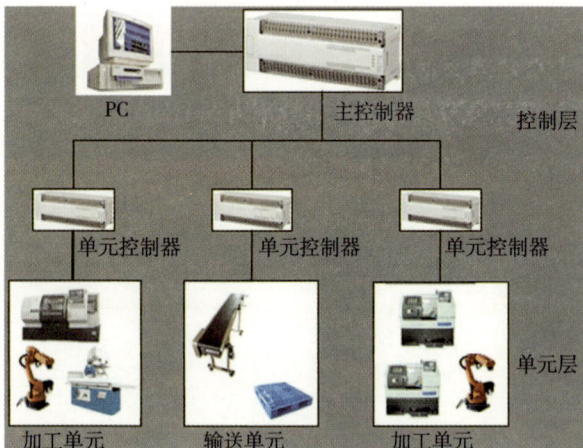

图 1　机器人柔性生产线控制方案

生产线控制方案选用分布式控制方案，分布模式不像集中式那样对主控制器有着很强的依赖性，其结构模块相对比较独立，具有分段实时性，而且系统各模块之间界面分明，可并行开发，方便维护。如图 1 所示为机器人柔性生产线控制方案，这种控制结构可分为 3 层：控制管理层、单元控制层和设备控制层。

2. GSK-Link 现场总线技术

本项目生产线的规划基于 GSK-Link 现场总线技术。GSK-Link 基于工业以太网物理层，参考 SERCOS 应用协议，实现 CNC 主站与不同从站之间高速通信的总线协议。这种总线标准采用超 5 类以太网线，物理层采用标准以太网接口芯片，采用 FPGA 实现链路层协议，应用层协议通过软件实现。这种总线标准的系统连接和主站、从站逻辑图如图 2 所示。

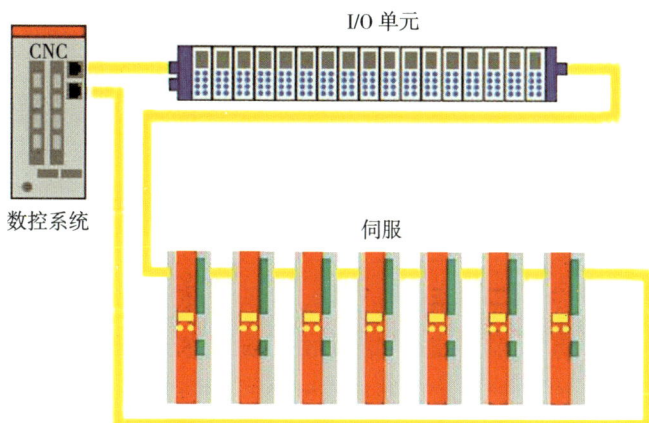

图 2　现场总线系统连接示意图

3.　GSK-Net 设备总线技术

GSK-Net 设备总线技术基于工业以太网的物理层，采用双环型拓扑结构进行物理层连接，GSK-Net 采用可编程器件实现数据链路层，用其他处理器实现应用层协议。GSK-Net 的链路层数据帧格式以及应用层通信协议以及实时性指标等技术细节的设计上更适合多个设备间的数据通信需求。

通过 GSK-Net 设备总线，可采用分布式控制模式将数控系统等各类柔性生产线上不同的生产设备用简单的布线进行连接，从而构建了设备总线网络，使设备间能进行实时的数据交换，实现了设备之间时序逻辑的柔性化（表 1）。通过 GSK-Net 设备总线网络实现主控 PLC 与数控系统（CNC）之间的控制信息实时交换，可实现设备之间的柔性控制逻辑，为柔性生产线、柔性车间的实现奠定技术基础。

表 1　GSK-Net 主要技术指标

项目	技术指标	项目	技术指标
拓扑结构	双环型拓扑	通信模式	令牌环
物理层波特率	100M bit/s	通信周期	1～512ms
最大节点间距离	105m（可使用中继器）	时钟同步精度	±100ns
最大节点数	253		

4. 大型可编程逻辑控制器 GPC1000（图 3）

图 3　GPC1000 可编程控制器

基于工业以太网的可编程逻辑控制器作为生产线的总控装置，支持 GSK-Net 设备总线，负责生产线中数控系统、传送带、工件检测设备及其他电气设备间的逻辑时序控制；可通过 GSK-Link 控制总线扩展 I/O 模块，并可连接支持 GSK-Link 总线的伺服驱动装置，实现位置方式的运动控制；提供 TCP/IP 以太网接口，支持 Modbus/TCP 协议，与上位机连接进行用户程序更新或系统程序升级，以及连接 PC 机或 HMI 进行生产过程的监视和控制。

通过 GSK-Link 控制总线技术，主控可编程逻辑控制器（GPC1000）可实现 I/O 单元的扩展和伺服驱动的运动控制；在基于 GSK-Net 设备总线技术构建的设备总线网络中，作为该网络主站的可编程逻辑控制器负责管理设备通讯，使设备间能够实时、有序地进行数据交换，通过基于 TCP/IP 协议的本 PLC 还可实现远程监控功能。

5. 电机轴、电机端盖加工柔性生产线（图 4）

根据项目特点，公司选择了电机端盖和电机轴的零件加工，建立机器人应用示范。

（1）电机端盖加工分 3 道工序，为了平衡生产节拍，第 1 道工序使用 1 台车床，1 台机器人；第 2 道工序使用两台车床，第 3 道工序使用两台加工中心，第 1 台机器人和第 2 台机器人之间有带翻转装置的平面输送带传输工件，生产线的前端有一个放置毛坯的可旋转的料盘，生产线的后端有一放置成品的料架，整条输送线共有 5 台数控机床、3 台机器人、2 条输送线、1 个转盘、1 个成品料架。

（2）电机轴的加工分 4 道工序，为了平衡生产节拍，第 1 道、第 2 道工序分别使用 1 台车床和各 1 台机器人；第 3 道工序使用两台车床，1 台机器人。第 4 道工序使用 1 台车床加工中心，1 台机器人，每两台机器人之间有带储料的伺服输送线传输工件，生产线的前端有一个具有分料功能的毛坯料盘，生产线的后端有一放置成品的料车，整条输送线共有 5 台数控机床、4 台机器人、3 条输送线、一个毛坯转盘料架、

图 4　电机端盖加工柔性生产线现场

一个成品料车。

在设计和制造自动化生产线的过程中，着重考虑以下两个因素：

（1）安全性。

自动化生产线由于是全程自动化，安全运行是首要考虑的因素。从设计方面，采取了机械限位和电子信号检测相结合的办法来实现安全运行。比如，车床门的自动开合装置上的液压缓冲器，

图 5　电机轴加工柔性生产线现场

可有效缓冲车床门在打开或关闭时的冲击，保护装置上的相关运动件。转轴生产线的毛坯转盘料架上，有一过位保护装置，在毛坯转盘带料过位转动时，过位保护装置可将毛坯料自动卸掉，从而避免将面板损坏或电机的过载报警等情况。

电子信号检测对安全性的保护最重要，我们采取步步检测、环环相扣的办法来保证安全运行。比如，车床门的开启终点和关闭终点均有电子信号输出，机床或机器人系统检测到信号后才进行下一步操作，这样可以避免门没有打开或打开不到位机器人就进行上下料的操作，从而引起碰撞事故；机器人抓取工件的手爪上，也有两个信号源，机械手爪的开启和抓取都有信号输出，机器人系统检测到信号后才进行下一步操作，这样可以避免抓取不到工件或重复抓取工件的现象。

通过机械结构和电子信号，有效保障了生产线的安全运行。

（2）生产线的柔性。

生产线的柔性主要体现在可覆盖的加工零件种类的多样性和调整的方便性，本项目中的端盖生产线可覆盖公司 130SJT、110SJT 主要品种电机的后端盖加工，更换零件品种时，只需对毛坯料盘、翻转装置、成品料架稍作调整即可，调整时间不超过 10 分钟。电机轴生产线可覆盖 130SJT、110SJT 两种电机 10 个规格电机轴的加工，只需调整毛坯料盘，其他无需调整。

6. 监控与管理系统开发

生产线监控与管理控制系统有两个主要的组成软件：一是管理信息系统软件，主要负责基础数据及工艺数据的录入和维护等；另一个是设备监控软件，主要负责工单的调度执行和状态监测。当工艺数据等发生更改时，数据管理软件需要及时通知设备监控软件，以便实时更新。

车间信息化管理以生产计划、工单、生产调度、机械加工、设备监控为主线，实现零件加工生产过程的全面跟踪和管理，依据零件工艺及工艺流程实现对生产的控制和执行（图 6）。

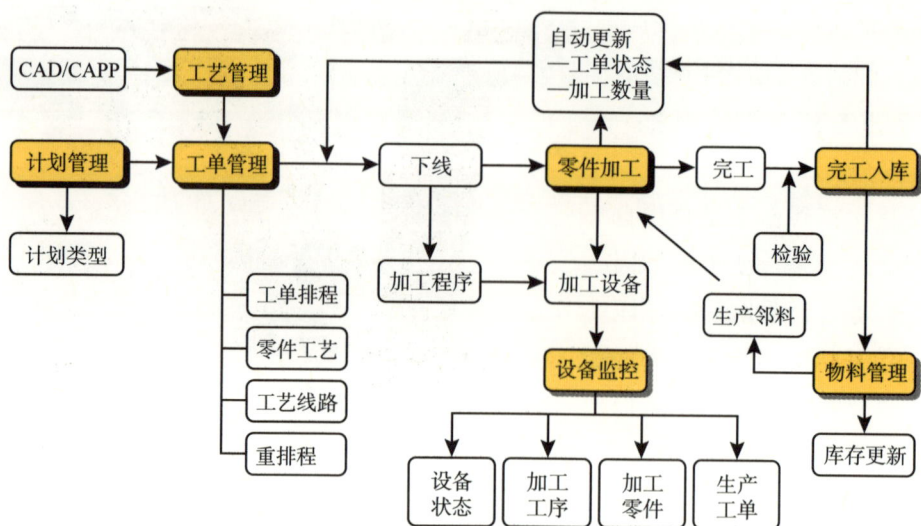

图 6　车间管理业务流程

通过设备监控和数据采集、动态更新，实时跟踪生产进度和工单执行情况，实现数控机床、机器人作业、信息技术以及现代管理技术有效集成。生产线监控台如图 7 所示。

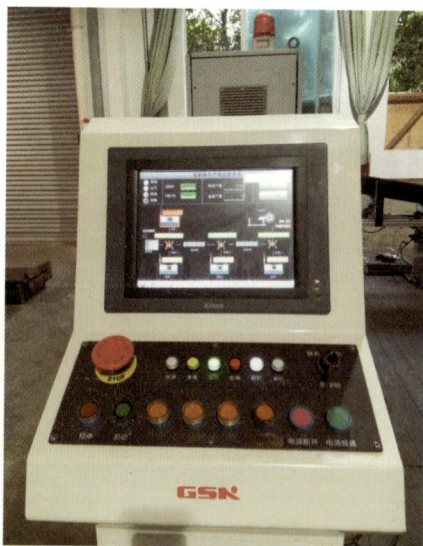

图 7　生产线监控台

三、取得成果

本项目建成实施后，使机械加工车间实现网络化、智能化管理，减少人力成本，提高产品质量和生产效率，促进机械加工车间管理的两化融合，产生良好的经济效益和社会示范效应。

1. 经济效益

本项目共设计和制造两条自动线，其中电机后端盖加工自动线可覆盖公司 130SJT、110SJT 主要品种电机的后端盖加工；电机轴加工自动线可覆盖 130SJT、110SJT 两种电机 10 个规格电机轴的自动化加工；生产加工后检验次品率 < 1‰，效率提高到原来的 4 倍，生产线仅需一个人看守，可实现 24 小时不停机生产，由于自动化程度的提高，单班减少操作工人 10 名，每年节省人工支出约 65 万元。同时，以电机后端盖及电机轴加工柔性生产线为应用示范，效果显著，2012 年公司成立了智能制造中心，服务国内外机械加工行业，把智能化机器人产线推广到机械制造行业。

2. 社会效益

本项目的成功研制，为国产机床进入网络化智能化加工车间提供设备基础与技术基础，提高国产制造设备的网络化、智能化控制水平，促进国产机床智能化车间的整体发展，推动国产机床在汽车、航空等领域的应用，逐步替代进口自动化生产线。同时，促进了国内机械加工水平的提高，促进国内制造装备自动化、生产过程控制智能化与企业管理信息化的融合，在降低能耗的前提下，实现生产效率与产品质量的双线提升。

四、对企业和行业的影响

1. 对企业的影响

本项目的成功实施，使机械加工车间实现网络化、智能化管理，减少人力成本，提高产品质量和生产效率，从而产生良好的经济效益和社会示范效应。

本项目综合应用数控机床加工技术、自动化技术、PLC 技术、现场总线技术、信息技术，通过在多项技术交叉领域中进行探索与实践，取得了一批具有自主知识产权的技术成果。

通过电机后端盖加工柔性生产线与电机轴加工柔性生产线的推广应用，能够及时发现工业机器人在硬件、软件方面的不足之处，并加以改善，提高自主品牌工业机器人产品可靠性和稳定性。促进了公司工业机器人的发展，从而更好地贴近客户，适应市场需求，制定各种工业机器人应用方案。

2. 对行业的影响

本项目的成功实施，促进制造装备自动化、生产过程控制机械加工与企业管理信息化，有利于提高生产效率与产品质量，降低消耗，促进企业管理模式的创新、制造技术的创新以及企业间协作关系的创新，从而全面提升制造业企业的竞争力。机械加工车间网络化从根本上提高制造企业的利益，符合世界新技术发展的方向。

该项目实现机械加工车间网络化控制的应用示范，提供机械加工车间网络化控制的完整技术方案和关键设备，为国产机床进入网络化智能化加工车间提供设备基础与技术基础，提高国产制造设备的网络化、智能化控制的水平，促进国产机床智能化车间的整体发展，推动国产机床在汽车、航空等领域的应用，为我国机械加工行业的技术升级奠定技术基础和产业化基础。

驱控一体和总线系统在机器人领域的应用

深圳众为兴技术股份有限公司

国内对机器人需求的快速增长促使机器人关键零部件需求的增长，控制系统作为机器人核心零部件的"大脑"，对国内机器人的发展是至关重要的。而一直以来机器人控制系统的"江山"被国外制造厂商占据，众为兴公司依靠数十年国内市场的行业应用经验开发出驱控一体和总线伺服两种机器人控制系统，使国内机器人的应用在更接地气的同时打破了国外制造商长期占据国内机器人核心零部件的局面。

一、导言

随着人口红利的不断消失以及中国智造的逐步兴起，机器人越来越被各领域所追捧，国内机器人需求不断攀升，2014年中国成为全球最大的工业机器人消费市场，预计未来几年，中国将持续是机器人应用的主要大国。虽然需求很大，但谈到机器人自主制造，还是鲜有国内制造商的身影，一个很重要的因素是配套的国产自主品牌机器人控制系统十分欠缺。

深圳众为兴技术股份有限公司作为国内最早一批涉足机器人领域的企业，针对机器人核心部分进行了多年的研究，开发出驱控一体和总线伺服驱动两种机器人控制系统，突破了机器人核心零部件中控制、驱动和机器视觉三方面的技术难题，因地制宜为国内各细分行业厂商提供机器人系统解决方案。

二、机器人控制系统的研究

工业机器人的发展有赖于广泛的工业自动化应用，国产机器人起步较晚，技术经验不足，国外机器人及其相关核心技术虽然已见成熟，但是并不十分适用国内细分市场。众为兴结合在运动控制领域各细分行业10余年的应用经验，引进国际先进技术，围绕伺服驱动、运动控制和机器视觉方面，创新研发出QC驱控一体系统和总线伺服驱动系统。这两个项目的实现改变了国内机器人核心零部件依赖进口的局面，满足了工业机器人在各细分行业的个性化需求。

（一）驱控一体系统在机器人领域的应用

驱控一体系统是一款专门针对小型桌面机器人而开发的智能机器人控制系统，它巧妙地将伺服驱动技术、运动控制技术和机器视觉技术融合在一台机器上，通过内部高速并行总线进行信息交换，充分满足细分行业的应用定制和工艺定制要求，目前驱控一体已在多个细分行业中实现应用，下文以四轴SCARA机器人在3C产业的应用为例对这个项目进行介绍。

1. 迷你化机身设计

3C产业发展迅猛，其产品生产具有轻载多量的特点，这就对机械手提出了新的要求。为了能够适应小型流水线作业，机械手必须变得足够轻巧，而对应的控制系统也必须满足这个条件。众为兴公司驱控一体系统的设计理念是：设计最"合适的"系统，然后做到足够的小，小到可以忽略它的存在，同时兼顾性能最优化。如何实现这一点呢？最主要的一个原因是它采用了内部并行总线的方式替代繁琐的外部接线，通过内部板载走线，普通的接插件均可以满足动辄一二十兆的数据吞吐。此外，驱控一体化技术不单数据总线是并行的，同步时钟线也是并行的，同步时钟的抖动完全靠FPGA晶振的精度和芯片电气的延时决定，轻轻松松就可以达到纳秒级别。

2. 专业的运动控制技术

与传统市场相比，3C行业机器人对细微技术处理、柔性化以及集成化等方面要求更高。QC驱控一体系统融合了众为兴公司DSP运动控制卡技术，可以实现

机器人控制柜　　　　　QC驱控一体系统

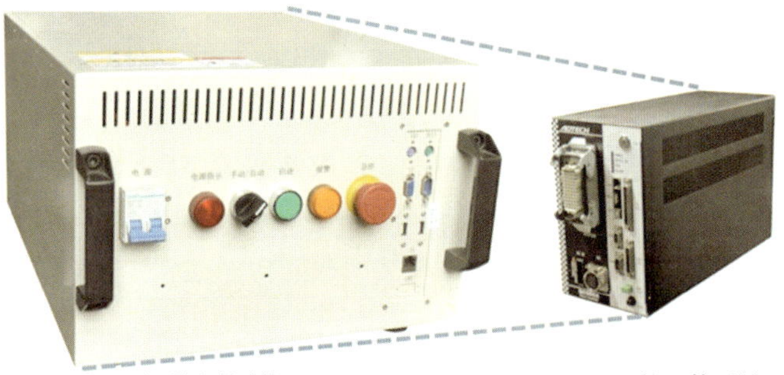

图1　QC驱控一体系统机身外观图

各种直线和圆弧插补，样条教导，轨迹跟随，速度前瞻，T、E、S、C型加减速模式等功能，让机器人运动更加稳健平滑。

（1）分布式CPU。

和传统的控制平台不同，驱控一体系统并没有考虑x86的PC Base方案，这是因为虽然电脑越来越高速，但要真正做到工业现场安全、实时的要求，基于x86的平台并不能很好地

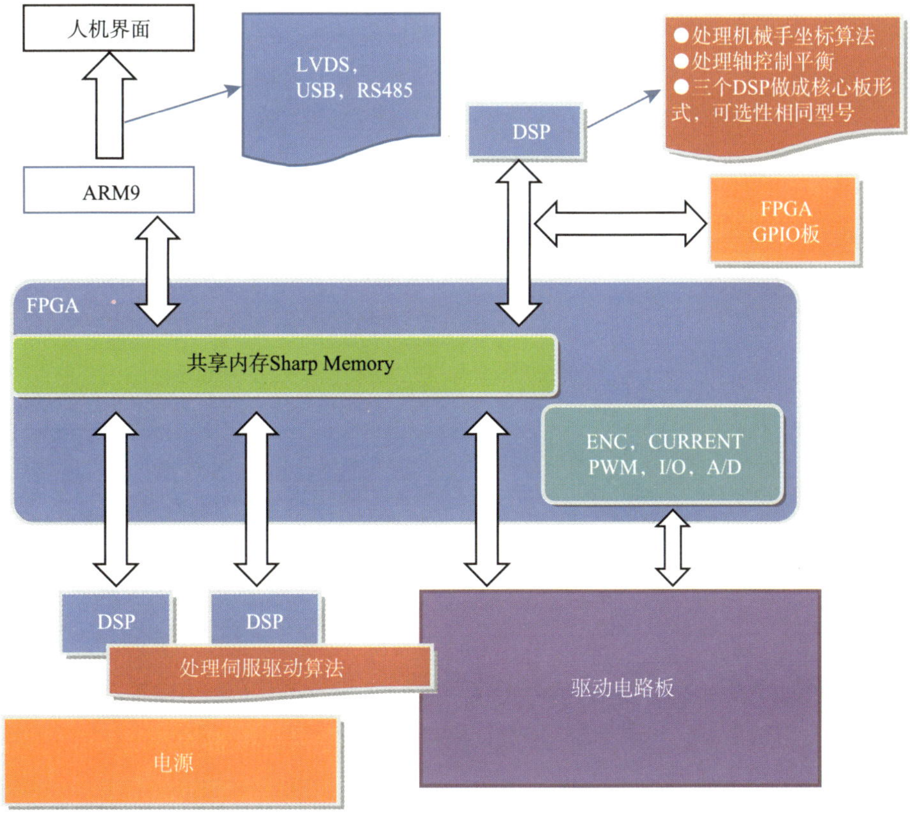

图2　QC系列分布式CPU方案示意图

保证这一点，例如一台双核的 2G 主频 CPU，无法保证 100 μs 中断，1 μs 的延迟抖动。

驱控一体系统采用了分布式 CPU 架构，使得硬件各尽其职。分布式 CPU 架构从实时角度上来说，一个 CPU 干一件事就是一种硬实时，保证了方案的可靠性。此外它还有效地利用了嵌入式 CPU 的特性来发挥系统的高效性，如 FPGA 适合做高频的逻辑处理，ARM 适合做人机交互，DSP 适合做算法运算等，各自发挥各自的特长，从而保证整体的性能更优。

（2）多方式增强稳定性。

1）速度自适应：实际应用中，存在很多不规则运动，驱控一体系统提出了一个自适应速度控制队列模型，通过对各种约束条件的判断来计算出一个合理的速度衔接值，从而无须做减速也能实现速度连贯。

2）位置速度前瞻：伺服在急速加减速时也会产生大的震动，导致误差加大，驱控一体系统通过预知速度变化信息，推算轴转矩变化，动态送入伺服电流环来控制误差。

3）实时计算惯量：驱控一体系统可以实时获取各关节的扭力变化，使机器人一些控制算法可以发生改变，例如现在研究中的机器人动力学、柔性机器人运动控制等。

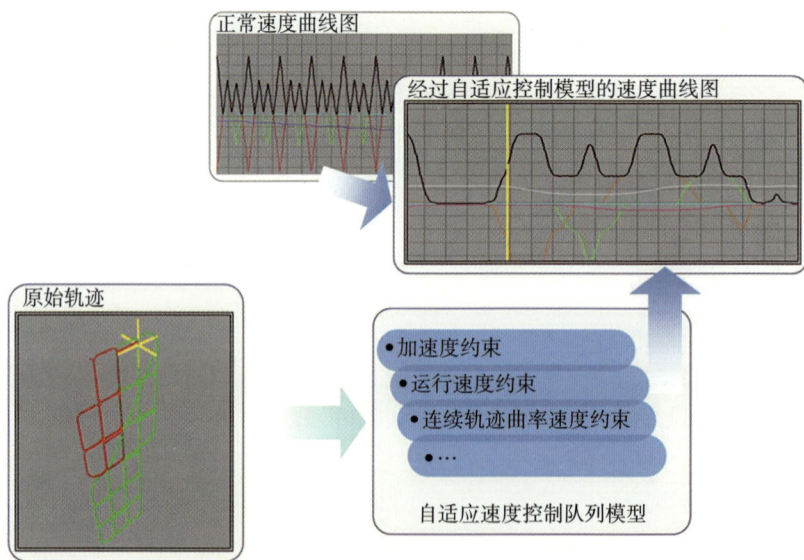

图 3　多方式增强稳定性示意图

（3）可编程。

1）QC 驱控一体系统拥有海量存储空间，支持教导、G 代码、AR 等开发方式，让无论是编写 PLC、数控机床还是 C/C++ 的工程师，都能够选择自己熟悉的开发方式，大大缩短了开发时间。

2）支持在线、离线三维轨迹仿真，提高机器人现场应用的安全性。

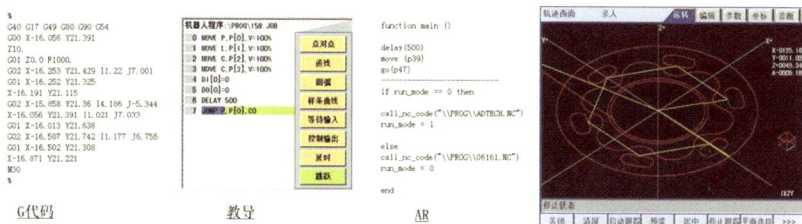

图 4　程序编制示意图

3. 世界前沿的伺服驱动技术

QC 驱控一体系统融合了众为兴 QX 伺服驱动技术。QX 伺服驱动器是众为兴经过 4 年不断探索，分析比较了国内外各品牌的伺服驱动产品，引进国际前沿技术，开发出来的国产高端伺服驱动产品，其性能已达国际先进水平。QX 与 QC 的完美结合，满足工业机器人在 3C 等精细化产业的高速、高精等要求。

（1）兼容性强。

不同种类的机器人对电机的要求也不一样，对于控制系统而言，电机的选择尤为重要，众为兴公司 QC 驱控一体系统通过支持不同的编码器来有效解决电机选择问题。

1）编码器可选择性：目前编码器的通讯并没有统一的格式，而是由各大编码器厂家自定协议，市面上主要的高分辨率编码器厂家有日本的松下、尼康、多摩川等品牌。QC 驱控一体系统可以支持这些品牌编码器。

2）电机可选择性：QC 驱控一体系统的开放性满足客户在不同应用场合电机性能的选型需求，不仅支持众为兴系列电机，还支持山洋、多摩川、松下等电机。

（2）高速、高精度响应。

伺服的精度来源于编码器和位置环的响应频率。

从编码器角度上来说，QC 驱控一体系统通过支持不同编码器的协议，进而获取高分辨率的控制，例如配合松下 20 位的绝对式伺服马达，控制分辨率能达到一百万分之一圈（1/1048576），精度相当高。

而要达到高速下的高精，就要靠伺服的位置环刷新周期了。由于是驱控一体化的结果，伺服的位置环刷新周期可以简单理解为插补周期，以 QC 为例，最高可以做到 16 K，以 10 m/min 的速度来算，16K 插补周期的插补轴控制精度可以做到 0.01 mm 插补精度，真正意义上的高速高精。这是驱控一体化技术的优势，因为 16K 刷新率只有在内部高速总线上才能轻松实现。

（3）可视化数据采集。

传统伺服通过脉冲或模拟量的方式与控制器连接，控制器只能获得位置信息。QC 驱控一体系统具有现场总线通讯的优越性，能实时获取伺服驱动器位置、速度、电流、加速度等参数，同时通过驱控调试软件，可实时监控多个伺服驱动器的运行信息，比如电流、速度、位置大小以及跟随状态等，并以波形的形式呈现参数变化趋势。

（4）振动抑制。

在需要实现高精度制造的场合比如手机装配、电路板焊接、精密仪器加工等，振动抑制显得尤为重要。这不是速度环和位置环的调整能解决的，需要在控制方法上有所革新，QC系列驱控一体系统通过两套方案来实现振动抑制：

1）平台振动抑制：通过陷波滤波实现机械高/低共振抑制。

2）末端振动抑制：通过反向叠加算法，实现末端振动抑制。

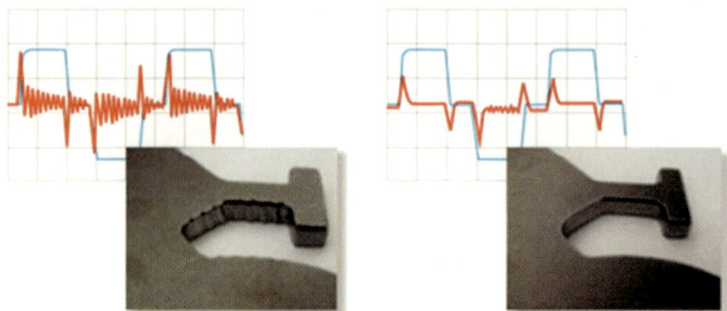

准停　稳停

图5　振动抑制示意图

4. 机器视觉技术

图6　机器视觉装置

深圳众为兴公司多年来在QC驱控一体系统集成视觉控制领域的研究成果，通过串口、以太网智能相机、普通相机视觉通讯接口，智能调整位置偏差，提升控制精度。

1）定位模块：基于高速以太网像机，实现快速的视觉定位。

2）视觉测量：通过简单的参数设置，实现特征点间的视觉测量。

3）CR字符识别：内置多种字符库，实现快速的字符识别。

（二）EM总线系统在机器人领域的应用

应工业机器人通讯技术由脉冲型向总线型发展的必然趋势，众为兴公司推出了EM机器人解决方案，它兼具强有力的路径规划算法及插补功能的机器人控制器和快速响应的网络型伺服驱动器，可以支持 PowerLink、EtherCAT、ProFiNET 等多种主流实时工业以太网，适用于多种类型的机器人，例如：六轴多节机器人、SCARA 机器人、DELTA 机器人等。应用 EM 机器人解决方案，不仅可以实现单体机器人的控制，还可以完成多个机器人的多通道并行控制，且仅需要一个机器人控制器。

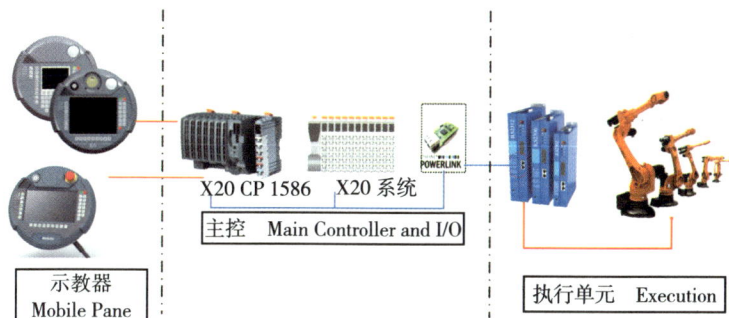

X20 CP 1586　X20 系统
主控　Main Controller and I/O
示教器 Mobile Pane
执行单元　Execution

图 7　EM 机器人解决方案

1. 高性能机器人控制技术

EM 机器人控制器集成在柔性控制平台下有完整的机器人控制功能以及可靠的硬件和软件组件，拥有多种规格选项，支持通用的机械手臂模型，无论是简单直线抓取机械手还是复杂的多关节曲臂机械手，都可以提供完美的系统解决方案，满足客户所有需求。

（1）安装简便，应用广。

EM 机器人控制器每个 CPU 集成了 ETHERNET、PowerLink 接口，从而实现实时通信的功能，同时它可以直接连接伺服驱动器，十分方便。尽管一个标准 CPU 已经能够满足许多高要求，但我们仍然在 EM 上设计了 3 个多用途槽位供其他接口模块使用，以满足更多的应用需求。

（2）易于编程功能强。

EM 机器人控制器融合了基于 IEC61131-3 的可编程序控制器 PLC，可以被作为集成 PLC 的机器人控制器或是集成运动功能的 PLC，使用户可以使用通用的编程语言简便地创建控制功能。同时，功能强大的 AutomationStudioTM 编程环境，由一组用于在线和离线机器人编程操作的工具集组成，可以在 AS 及 Windows 工具下组态和诊断控制器，创建和仿真机器人和 PLC 程序。

（3）数据保护，安全好。

EM 机器人控制器采用 RAM 为用户提供大容量的存储空间，非易失性 SRAM 保存特殊任务数据和永久变量。当停止供电时，已声明的永久变量会自动复制到安全的 SRAM 上，使数据内容完整保存，当控制器重新启动时，过程数据可以简单地恢复。同时，系统集成的 Compact Flash 卡也可以保存程序或项目数据，有效地保护了用户的数据安全。此外，通过 X2X 内部集成总线确保全面的投资保护和可升级的高性能，使得集成解决方案的设计适合长远的使用。

（4）数据处理性能高。

EM 机器人控制器基于最新的 Intel Celeron 处理器技术，CPU 的循环周期可达 200 μs。同时，优化高效的 Atom 平台，超紧凑设计的 1.6 GHz 处理器、512 MB DDR2 RAM、1 MB SRAM 以及可更换内存卡 Compact Flash 为控制任务需求提供了精确的计算性能。

2. 网络型伺服驱动技术

众为兴公司 EM 系列伺服驱动器运用网络型伺服驱动技术，基于国际标准的实现，具备标准的 Ether CAT、Ethernet POWERLINK 网络接口，设计了标准的 Cia402（IEC61800）伺服应用协议、高同步性、稳定

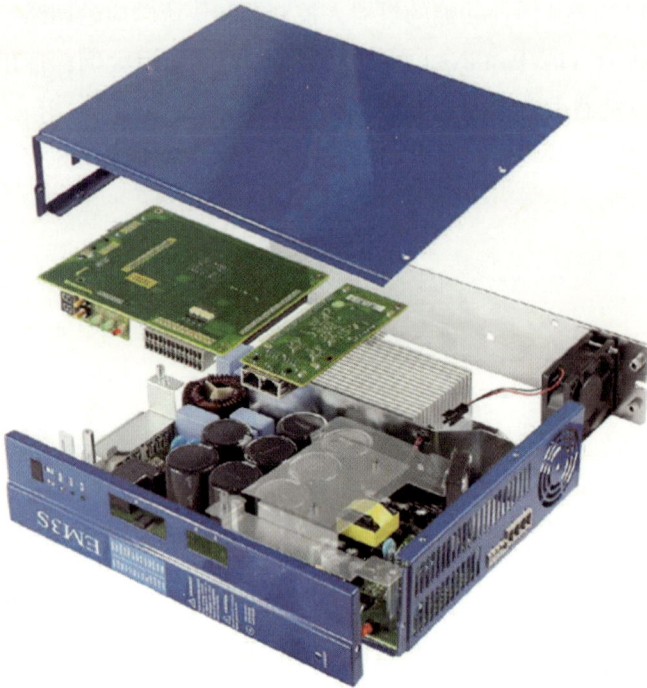

图 8　EM 伺服驱动器

可靠、速度和扭矩前馈、振动抑制以及实时自动增益等特点。

（1）卓越的同步性能。

机器人控制系统是典型的多轴插补控制系统，为了保证插补过程严格同步，继而为机器人 TCP（Tool Center Point）严格按照目标轨迹运行提供技术上的保证，除了总线能够提供较高精度的同步信号之外（如 EtherCAT 总线采取分布时钟 Distribute Clock 技术，通过 EtherCAT 报文自动连续地使本地时钟与总线时钟保持同步，同步偏差可小于 100 ns；Ethernet POWERLINK 的同步精度小于 10 个节点时，也小于 200ns）伺服亦需要根据同步信号同步本地操作。目前，同步技术常见的做法是同步伺服的位置环，然而这种方式并不能满足高精密机器人应用的要求。EM 网络型伺服通过电流环同步算法，实现了更高的伺服同步控制精度，同步精度达到 100ns。

（2）稳定可靠。

EM 网络型伺服驱动器通过两种方式来提升机器人的稳定性：

1）实时纠错：通过基于纠错编码、译码的高速周期性通信数据的实时纠错方案，来保证马达得到准确的伺服通讯数据，进而保证机器人的正常运作。

2）抗电磁干扰：通过良好的电磁兼容性设计，有效提高了机器人控制系统的抗干扰能力，增强系统可靠性。

（3）速度和扭矩前馈。

由于机器人的机械特性，当各个关节的运动过程发生变化时，其惯量也会随之改变。例如，当机械手臂处于 X 轴方向伸长时，如果沿 Y 轴方向的旋转角度在 0°～90°，其惯量从最大变到最小，如果旋转角度在 90°～180°，其惯量又开始变大，这种惯量的变化会对驱动器整个控制过程产生调制振动。在理想的刚性连接情况下，仅需计算出所需的扭矩即可驱动系统，使其处于高动态特性运转，但由于机械系统的连接具有弹性变形，例如减速机、皮带、联轴器等，使其无法实现真正意义上的高动态控制特性，所以对于机器人伺服驱动器而言，良好的惯量匹配才能产生更好的动态性能。

以往驱动器对负载的控制过程中，其电流环的计算周期非常快，在惯量匹配值较大的情况下，系统需要给出一个非常大的偏差才能在 PID 调节中实现输出，然而这一扭矩输出会产生较大的振动。众为兴通过长期对机器人技术和专用伺服技术的研究，成功掌握了相关的接口技术和前馈功能的实现技术。通过建立动态的惯量模型来为系统的控制提供前馈变量，并计算出前馈力矩输出给电机，该值与控制器给定值在电流环中的控制输出进行叠加，使得扭矩输出可以快速地实现稳态调整，从而降低扭矩输出的偏差，实现稳定的控制。

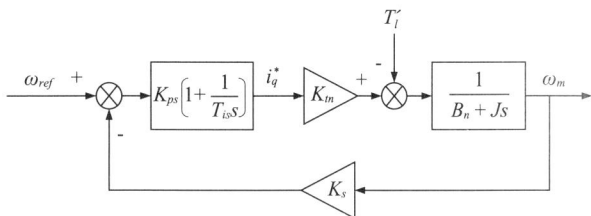

图 9　速度和扭矩前馈

（4）振动抑制。

针对由于机器人关节刚度较低而带来的低频振荡，以及由于前馈技术引入的控制器指令直接馈送到电流环所造成的振动，EM 有不同的解决方案。

1）低频抑振：通过限波滤波器，可以设置低至 1 Hz 的低频抑振滤波器，实现低频滤波。

2）解决由于前馈技术引入的振动：识别振动和振动产生的原因，在振动发生时迅速识别振动，削弱前馈的影响，通过伺服本身的位置环控制功能，稳定机器人，避免电机、本体、工具的损坏。

（5）实时自动增益。

实时自动增益调节技术作为一项自适应技术，可以部分的解决机器人姿态变化过程中，各个关节电机负载惯量比变化产生的增益变化问题。

EM 网络型伺服驱动器通过 3 个可以衡量模型参数控制效果优劣的评价公式，在通过模型参数整定公式计算得到初步模型参数后，不再是以传统的速度阶跃响应曲线的阻尼、峰值、振荡时间等作为模型参数优化的标准，而是使电机速度按照三角波曲线运动，在运动过程中以评价公式的计算结果 E 作为衡量控制效果的量化标准，以缩小 E 值作为改变模型参数的目标，在初步参数整定的基础上不断对模型参数进行微调，使系统获得更优越的静态和动态控制性能。

三、结束语

QC系列驱控一体化系统和EM总线控制系统都是从最终产品的角度着手，结合细分行业的特性进行运动控制产品的定位和设计，配合不断丰富的适用于不同应用工艺的软件包，来促进机器人在各领域的广泛应用。目前，这两种系统结构均已具备应用工艺扩展性、编程方便性、机器人生产方便性、机器人应用安全性、基于感知的智能化等特性，可以说是相对成熟的系统了。但是，时代在快速发展，目前国内也有不少科研和商业公司在开展这方面的研究。未来，机器人控制系统产品也会逐步趋于同质化，这是任何产品发展必经的趋势，也是对我们的挑战。

案例 31

木工双端铣榫数控系统的研制

广州数控设备有限公司

随着数控技术的快速发展，数控木工机械也得到了快速发展。然而市场上出现的开榫机木工机械配套的数控系统存在编程复杂、加工效率低、购买数控系统成本高等缺点。为解决这些难题，本公司研制了木工双端铣榫数控系统，用图形填空式编程替代复杂的 G 代码编程，用单通道数控系统实现多通道加工要求。这款系统的推出不仅提高了加工效率，减轻了编程的难度和复杂度，降低了产品成本，也提高了市场竞争力。

一、导言

数控技术是用数字信息对机械运动及加工过程进行控制的技术，它是将传统的机械制造技术、计算机技术、现代控制技术和传感检测技术集于一体的现代制造业的基础技术，并具有高精度、高效率、柔性自动化等特点。数控技术的应用不但给传统制造业带来了革命性的变化，使制造业成为工业化的象征，而且随着数控技术的不断发展和应用领域的扩大，对国计民生的一些重要行业的发展起着越来越重要的作用。

当前，国内已有部分数控系统可配套带锯机、铣槽机、双边铣、开榫机等木工机械，但编程方式都采用与金属切削机床同样的 G 代码程序，单通道（轨迹）运行，这样对用户的编程水平就要求越来越高，特别是开榫机，一般有圆榫、梯形榫、腰圆榫 3 种类型，编程更为复杂，工作效率偏低。

随着机床行业对零件多样化和加工工艺的复合化需求不断增长，面向复合加工的多轴、多通道控制已经成为数控技术的重要技术特征。本项目研制的木工双端铣榫数控系统正是基于数控双通道控制技术的产物，同时，为简化操作人员编程的难易度和复杂度，研制了图形填空式编程功能，使一些原来必须雇用高级技术工人的岗位现在只用一般工人即可操作。木工双端铣榫数控系统的推出，不仅提高了加工效率，而且减轻了编程的难度和复杂度，大大降低了产品成本，提高了市场竞争力。

二、主要研究内容

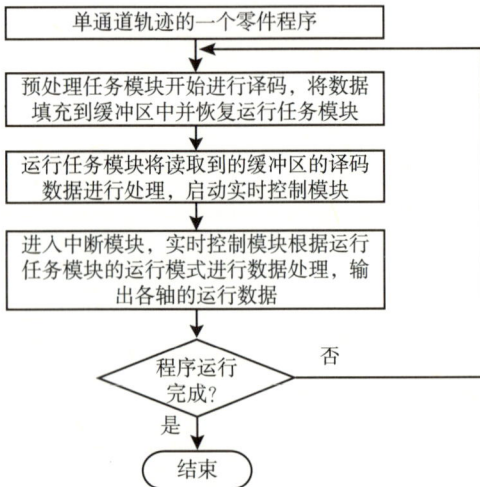

图 1　单通道流程图

本项目研制的木工双端铣榫数控系统是专门应用于木工铣榫机械的，主要研究内容包括简易双通道控制功能和图形填空式编程功能的研发。

1. 简易双通道控制技术研究

（1）数控系统的单/双通道控制技术。

在数控系统中，所谓单通道就是在同一时刻只能运行一个程序，流程如图 1 所示，控制方法中包括一个主程序、预处理任务模块及若干个运行任务模块、中断模块。具体流程：当触发单通道轨迹的一个零件程序后，当前程序运行进入预处理任务模块进行译码，然后将译码后的数据送到运行任务模块，数据的初始化进行插补前的准备，根据系统分析得到的数据启动实时控制模块，控制模块根据运行任务模块的运行模式进行数据插补，并输出各轴运行数据。

而多通道实质是并行处理，它可以使多个程序在同一时刻同时运行或分别运行，互不影响。但现有多通道技术，如图2所示，它的软件组成部分中的任务程序部分都需要增加 *n* 个相同的任务处理，每个任务的优先级不同。一般流程是：选择某几个通道的程序后，操作系统根据通道预处理任务优先级别进入到对应通道的预处理任务译码，译码后的数据送到运行任务，运行

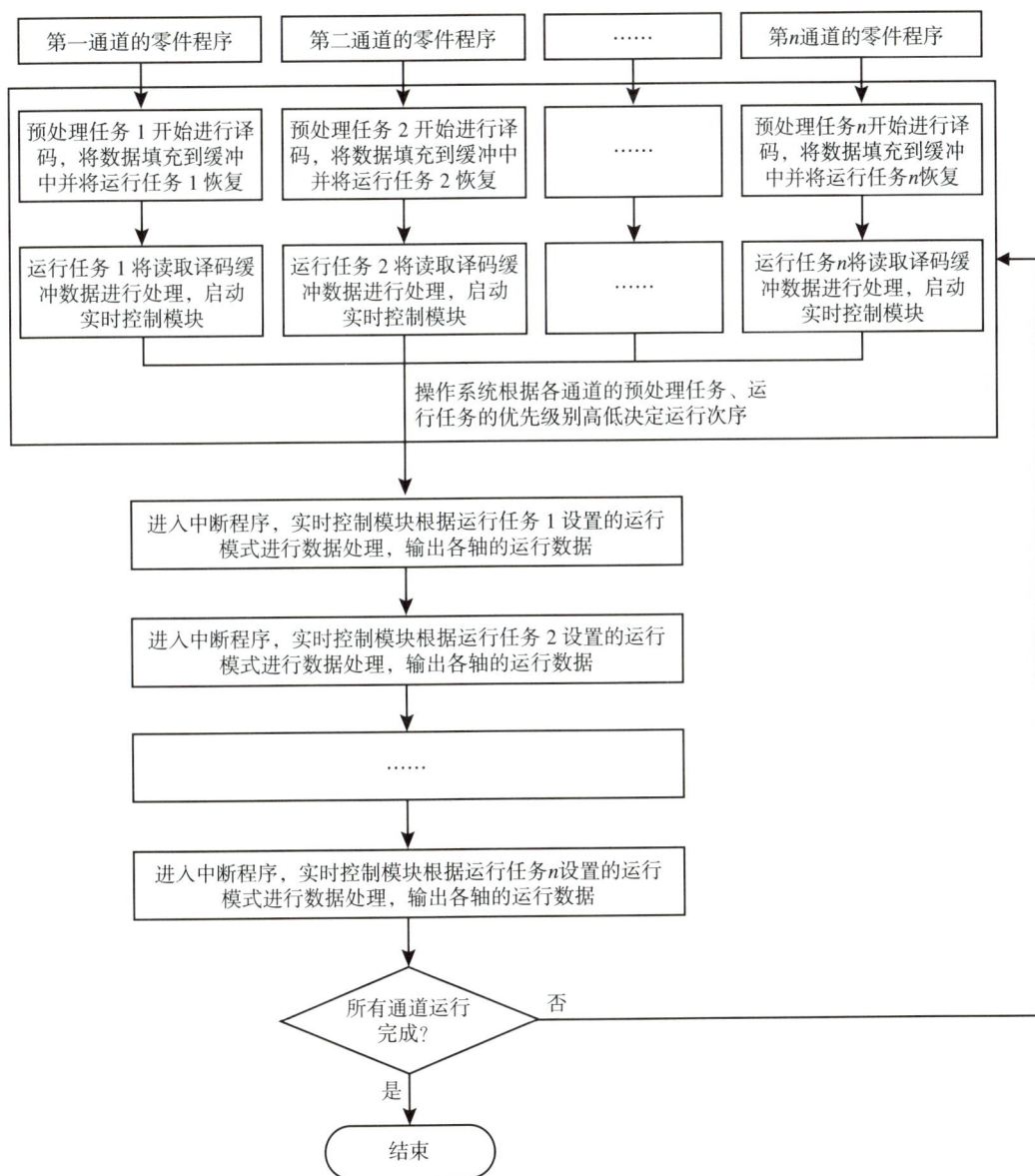

图 2　双通道流程图

257

任务根据优先级别高低进入，对数据进行初始化处理并启动实时控制模块函数，实时控制模块函数顺序对每个通道的数据进行插补，输出各通道轴的运行数据。

而此种多通道方法需要每个通道都增加一套任务处理，任务数量较多增加了数控系统调度的压力和难度；同时每个通道还得有一套对应的刀补数据、报警信息、参数及 G、F 信号等，这也就增加了修改软件代码、测试软件架构的稳定性的工作量，导致开发周期、验证测试周期长，同时双通道控制技术一般都是在高档数控系统上实现，具有使用范围窄、成本高等缺点。

（2）数控系统单/双通道切换控制实现。

本项目研制了一种数控系统中单通道与多通道的切换控制技术，该技术是在基于单通道数控结构上进行的二次开发，能够快速实现单通道和多通道的随意切换控制，且不需增加硬件成本。该方法包括以下步骤：

步骤 1：对于输入的、尚未进行译码的、包含若干个通道运行轨迹的 CNC 零件程序，先进入预处理任务开始译码，在 CNC 零件程序中设置有若干对多通道标识符和多通道终止符，一旦译码过程中出现此多通道标识符，则认为当前为多通道控制，进入步骤 2；如果没有，则认为是单通道控制，进入步骤 5；

步骤 2：对该多通道标识符和其之后第一个多通道终止符之间的所有 CNC 零件程序进行译码，待译码完成后，将译码数据填充到对应通道的数据缓冲区中，然后进入步骤 3；

步骤 3：启动多通道调度控制即顺序将每个通道的缓冲数据读出，进行插补前的准备：分配每个轴的总的移动量、将插补用到的数据赋值或清零，然后进入步骤 4；

步骤 4：当所有通道的准备工作完成后，再顺序将每个通道的数据取出进行插补，即计算出每个轴的运动量，将此运动量输出至外部机械控制装置，然后进入步骤 6；

步骤 5：单通道的控制：将此多通道标识符之前的、尚未译码的 CNC 零件程序进行译码，将译码数据填充到数据缓冲区中，在需运行时读出译码数据，进行插补前的准备，然后进行插补，输出每个轴的运动量至外部机械控制装置，然后进入步骤 6；

步骤 6：判断输入的 CNC 零件程序是否译码完毕，如果没有则回到步骤 1，如果完毕则退出控制。

上述 CNC 零件程序中的多通道标识符和多通道终止符是在自动生成多通道控制的程序时自动生成的。例如可在编辑多通道程序向导中自动生成，当然实际中也可以手动输入。

多通道控制时的数据缓存区和单通道控制时的数据缓存区为不同位置。这样便于随时切换。

本方法的具体流程如图 3 所示。

2. 图形填空式编程

为解决客户对木工榫编程的烦恼，在 CNC 上开发出了人性化的操作界面，用户只需在专用界面选择榫头类型，同时还可根据用户的需求对榫头类型进行扩展，并根据不同的榫型在

尚未进行译码的、包含若干个通道运行轨迹的CNC零件程序

是否出现多
通道标识符?

是 → 对该多通道标识符和其之后第一个多通道终止符
之间的所有CNC零件程序进行译码

否 → 采用单通道控制

填充第1通道数据缓冲

填充第2通道数据缓冲

......

填充第n通道数据缓冲

启动多通道调度控制

读取第1通道数据

读取第2通道数据

......

读取第n通道数据

对第1通道数据进行处理

对第2通道数据进行处理

......

对第n通道数据进行处理

得到各个通道所计算出的每个轴的运动量

此段多通道控制中所有
通道运行完成?

否
是

输入的CNC零件程序
是否译码完毕?

否
是

结束

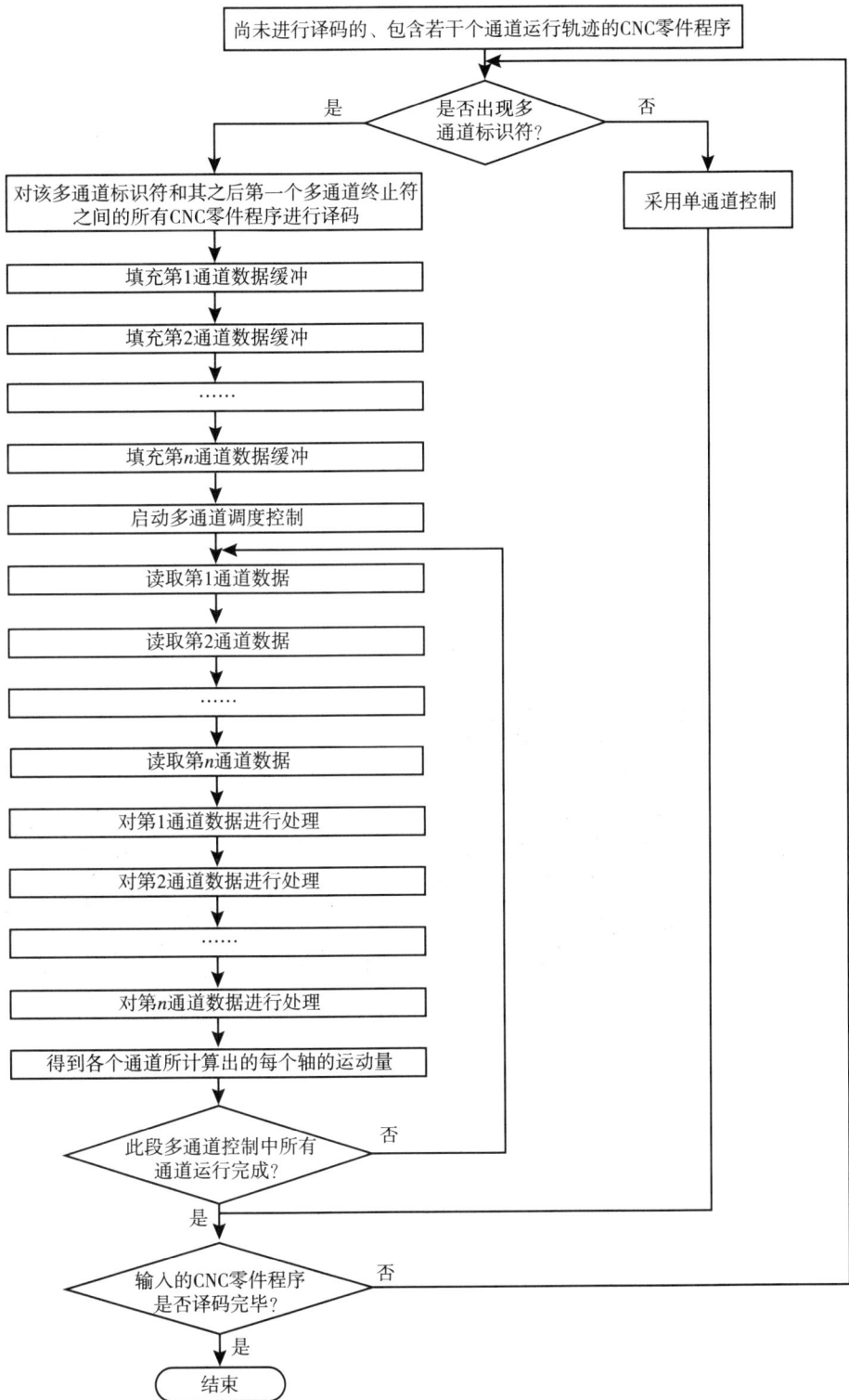

图3 单双通道切换流程图

对话框中来填写工艺参数，见图4、图5，保存后自动生成程序，即可加工。

在工艺参数填写好后，可预先预览轨迹，见图6；在工件加工时，能同时对两边榫的轨迹进行实施监测，见图7。

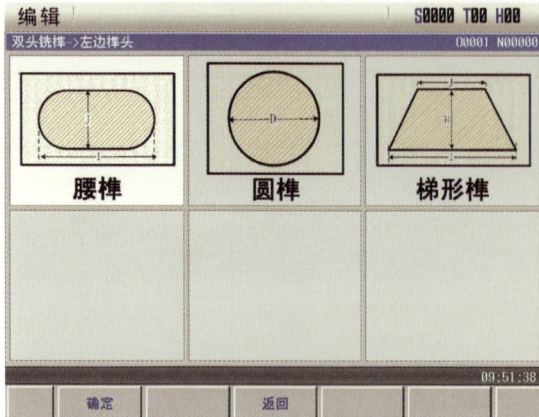

图4 榫型选择界面

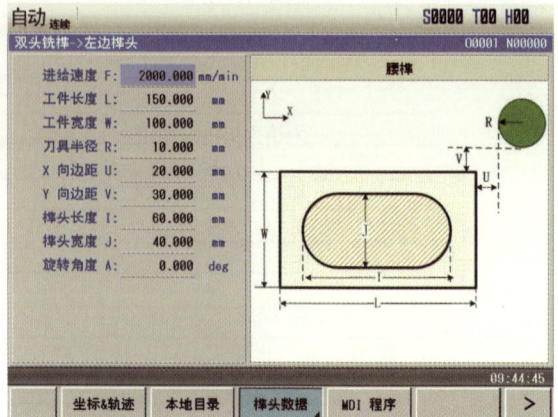

图5 榫型工艺数据填写界面

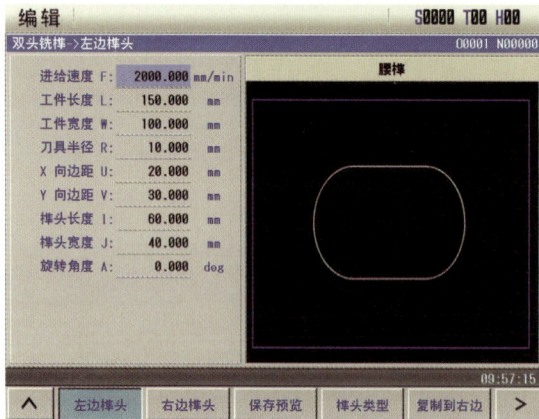

图6 预览轨迹界面

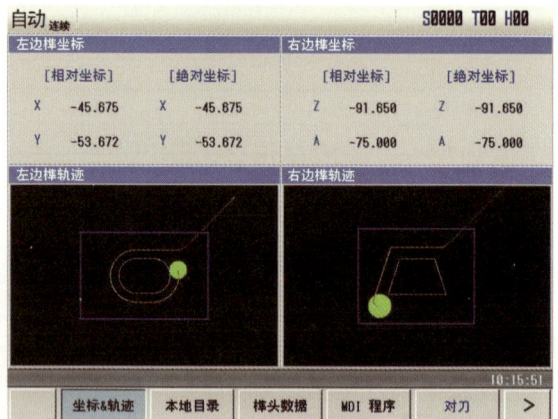

图7 实时监控见面

三、应用与成果

1. 木工双端铣榫输系统的应用

目前，本项目研制的木工双端铣榫数控系统已在国内多家木工机械公司配套使用。图8为顺德某公司木工双端铣榫机床及其所加工出的零件。

该机床含 X1、Y1、X2、Y2 等 4 个进给轴。X1、Y1 轴伺服电机经滚珠丝杆驱动左动力头分别作垂直和水平运动，X2、Y2 轴伺服电机经滚珠丝杆驱动右动力头分别作垂直和水平运动，左、右动力头对置于夹具两侧，X1、Y1 轴插补和X2、Y2 轴插补分别驱动左右动力头完成工件左右两端榫头铣削。

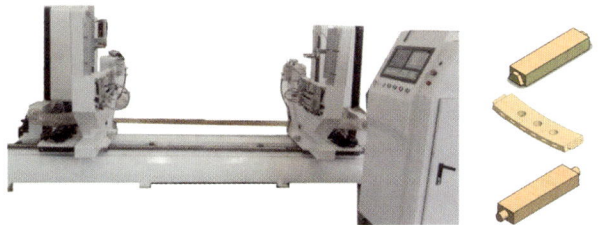

图 8　加工机床和工件

工件实现一次装夹，在 CNC 界面可完成对刀、输入零件参数，然后自动生成程序，即可加工，大大降低了操作者对系统指令的了解；并且两端榫头同时加工，提高了加工效率。

2. 取得的成果

（1）专利。木工双端铣榫数控系统研究的关键技术"一种数控系统中单通道与多通道的切换控制方法"已经获取了专利授权。

（2）经济、社会、环境效益。

1）经济效益。

木工双端铣榫系统是在单通道数控结构上进行研制的产品，但其功能已基本达到了市场上双通道数控系统所具备的功能。目前，木工双端铣榫系统售价约为 1.5 万元人民币，而一套进口双通道数控系统市场价格约为 4 万元人民币。在中国市场上，木工铣榫机以每年 1000套计算，每年可节省采购成本 2500 万元人民币。

一般的木工铣榫机在木料安装好后，需要工人进行干预，且 1 台机床需要 1 人进行操作。采用木工双端铣榫数控系统后，无须人工进行干预，双端同时进行加工，且 1 人可兼顾多台机床。在人力资源减少 1 倍以上的情况下，加工效率可提高 3 倍以上。

以一个公司有 20 台木工铣榫机计算，采用传统方案时，20 台木工铣榫机需要 20 个操作工人。在加工同样数量的零件时，使用木工双端铣榫数控系统后，生产设备数量只需 7 台即可（减少设备 13 台），操作管理 7 台设备只需 3 个操作工人（减少操作工人 17 人）。以此计算，每年减少生产设备投入 260 万元人民币，减少人工支出约 85 万元人民币。

2）社会效益。

木工双端铣榫系统的研发和推广，提高了木工机械制造行业在国内外核心技术的竞争力，打破了国外对木工数控机械的垄断地位，拓宽了数控产业的应用领域，为木工行业的工业制造做出了较大的贡献。

3）环境效益。

木工机械行业数控化研究的课题，旨在为木工数控行业提供更高质量、更稳定的数控系统。传统的机床因为加工精度不高，生产的木工产品极容易出现废料，这种生产势必造成较大资源浪费。数控系统的控制精度能达到 0.1μm，提高了木工机的加工精度和产品的合格率，也大大减少了木料的浪费。当下，我国经济发展的腾飞的同时，环境的破坏也不容小觑。从点滴做起，从节约做起，减少木料浪费，意味着减少树木的砍伐。因此，木工双端铣榫系统的研制，将给发展中的中国带来巨大的环境效益。

四、结论

　　木工机械行业数控化的发展和实施，具有广阔的应用市场。首先是传统的木工机床已经不再满足市场的需求，数控行业的进入必将给整个木工行业注入新的元素。与传统木工机床相比，数控化可以减少许多辅助模具和夹具，可以简单地连线和自动化；一台计算机控制多台设备，一些原来必须雇用高级技术工人的岗位现在只用一般操作工人即可，大幅度降低了产品成本，提高劳动生产率。因此我国木工机械的数控化已经具有充分的背景，具有广阔的应用前景。

　　当前中国国民生产总值大幅提升，国人对生活的品质逐步提高，对木工产品的需求，如家具行业市场不断扩大，木工机械制造行业的需求相应会水涨船高。因此，市场上需要更高效、高质量的木工数控机床。在这个大的前提下，推动木工机械行业数控化具备较好的产业化前景。

木工机械专用数控系统的开发与应用

深圳众为兴技术股份有限公司

随着人们生活水平的逐渐提高，对木工的精度、难度和产量的需求也不断上升，与我国目前木工自动化水平低、产量落后和精度差形成矛盾。众为兴针对需求将木材锯削、木材铣削、木材雕铣成型的加工制造装备融合数控技术，基本上解决了原来木材加工设备存在的质量稳定性差、生产成本高、生产效率低、人员安全事故频发等问题。

一、导言

我国作为家具生产制造和出口大国，只有不到 5% 的家具企业拥有数控化、自动化木工机械装备，这严重影响了产品的加工质量以及家具生产企业的形象。智能化、数控化家具生产线及木材加工设备数控化、自动化、智能化开发的滞后限制了我国家具工业的进一步发展。

深圳众为兴通过对国内外木工机械装备市场及家具制造企业的实际应用状况进行充分的考察和调研，对比国内外木工机械数控装备技术，对家具制造生产的关键工序——木材锯削、木材铣削、木材雕铣成型的加工制造装备进行数控技术导入及关键技术开发应用进行立项。将数控系统、伺服控制系统与传统的木材加工设备进行整合创新，基本上解决了原来木材加工设备存在的质量稳定性差、生产成本高、生产效率低、人员安全事故频发等问题。在给家具制造企业带来上亿元经济效益的同时，也推动着我国木工机械装备业及家具制造业向数控化、自动化、智能化方向发展。

二、主要研究内容

本项目通过多通道控制技术、DXF 解析技术、速度前瞻技术以及通讯拓展技术在木工机械装备领域的研究，建立了木工机械专用数控系统。与传统加工设备相比，其具有生产效率高、加工质量稳定、生产成本低、安全性高等特点，与国外类似加工设备对比，具有加工量大、操作界面可视化、实用性强、设备成本低廉的优势。

1. 多通道控制技术

传统数控的特点是从用户选择一个 G 代码文件，到加工期间各个工序进行，直至最终的加工完成。随着经济全球化、产品的市场竞争日益激烈，单一工序的加工机床已不能满足市场需求，越来越多的家具制造业和木材加工业转而选择复合加工机床。通过多通道控制技术可以使机床实现复合控制功能，让某些工艺之间协同控制，从而提高加工效率。

本项目的数控系统在搭建软件架构时，采用了开放式模块化的软件结构，这种结构的优势是功能模块利用率非常高。多通道 CNC 系统支持四通道并行运行，也可以通过协调方式高效完成复杂工序产品一次装夹加工，有效提高工作效率与加工精度。

图 1 为众为兴 CNC4960 木工机械专用数控系统的双工作台、双工位木工雕铣加工中心示范案例。CNC4960 六轴运动控制器是一款高性能、多功能的运动控制系统。具备以下特点：

（1）6+1 轴控制，第 7 轴可以用于伺服主轴，也可以用于线性或旋转轴参于轨迹加工；

（2）具备双通道刀库换刀功能，支持自动对刀；

（3）具备动态轴映射，支持双或多轴同步驱动；

（4）支持单轴、多轴运动控制，可以通过用户参数配置是线性轴还是旋转轴；

（5）支持任意 2 ～ 3 轴直线插补；

（6）X、Y、Z、X1、Y1、Z1 双通道三轴微米级插补精度；

（7）具有扩展总线及网络接口，支持 I/O 卡扩展，可接通过以太网互联进行远程管理。

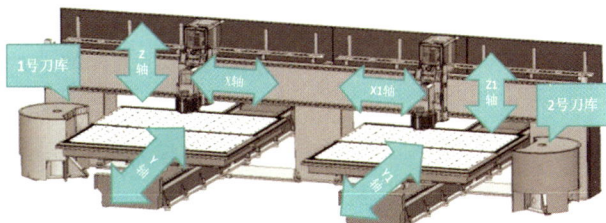

图 1　双工作台双工位木工雕铣加工中心工作示意图

2. DXF 解析技术

过去在数控系统中编辑木雕图形相当麻烦，工程师需要在画完 DXF 后，人工根据图形将代码一条一条地编入系统，既费时又费力，同时也难免会出现编程错误。

本项目的木工机械专用数控系统具备 CAD 图形自动识别以及 AUTOCAD DXF 文件解释功能，用户可以通过 CAD 软件绘图，然后保存成 DXF 文件，系统再针对 DXF 文件解释编写成一套优化算法，这样一来，既可以大大优化输出的轨迹顺序，缩短加工执行时间，又可以节省人工编程的时间成本。独创的 CAD 解释配置脚本文件，可以让用户使用起来更加方便灵活。同时，系统内置 CAM 模块，对于已知的加工工艺与图形特征，系统内可以增加相应的图形 CMA 向导来简化编程。此外，系统还提供 CAM 开发接口，终端用户如家具制造商和木材加工商等，可以根据需要自行增加图形，设备制造商也可以通过开发接口自行设计有特色的图形 CAM 来增强整机的功能从而提升设备的卖点，提高设备的价值。为了满足一些客户需要使用超大文件来实现复杂图形加工的需求，同时保障数据处理速度，系统内置 8G 超大存贮空间，独特的文件分页管理模块，单个加工文件大小可以达到系统存贮空间的上限。

3. 速度前瞻技术

木工行业数控加工过程中，往往注重两方面指标：

第一，为了提高加工精度，刀位点越密集约好，连接刀位点的微线段越短越好；

第二，为了保障加工速度，刀具进给速度越快越好，短时间内可以走更多的空间微线段。

然而，高速多点位加工难免会带来大的加减速变化，引起机床震动，对机床结构产生巨大冲击，而且还会影响实际加工速度和精度。通过速度前瞻技术可以根据运动轨迹的特点，预估可能发生的突变，并对进给速度进行有效的控制。

速度前瞻是系统预先读取加工的程序段，分析建立速度自适应模型，对连续轨迹进行速度优化，达到降低振动动平滑运行的目的，保证了设备在高速运行过程中的高精。本项目产品具有多达 2000 段的前瞻及轨迹平滑处理能力，0.2ms 插补周期，插补精度达到 0.1μm，具有微小线段拟合功能，可以大大提高加工的效率。图 2 为运用速度前瞻技术进行速度处理的过程展示图，经过处理后的速度曲线更加平滑。

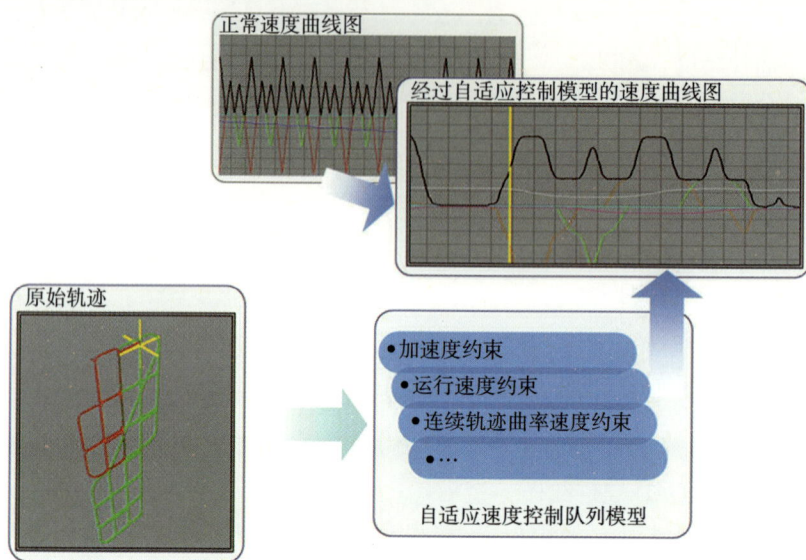

图 2　运用速度前瞻技术进行速度处理的过程展示图

4. 通讯拓展技术

随着工业 4.0 的提出以及"互联网 +"的兴起，工业发展越来越趋向网络化和智能化，通过开放式平台构建和网络化控制管理，可以大大提升产品的应用性和生产管理的有效性，实现人工智能。

本项目专注于实现木工机械专用数控系统的开放化和联网化。项目产品内部资源均对外开放，具有 RS485 总线、MODBUS 总线及 USB 通讯功能，具备 RFID 及条码设备通讯接口，支持 I/O 卡扩展和联网控制，可以满足客户各种特殊需求（见图 3）。具体功能包括：

1）可用于多设备协同作业及一些特殊工艺用途，用户可根据设备的大小选用相应尺寸的 HMI 自行设计交互界面；

2）可以扩展基于 MODEBUS 总线的外设，如视觉检测设备，激光测量设备等；

3）可接通过以太网互联进行远程管理；

4）可与 ERP 的生产管理模块接口；

5）灵活的 I/O 可满足用户的二次开发要求；

6）可模拟电子硬盘进行数据读取、编辑与加工，满足各种大程序工件的加工。

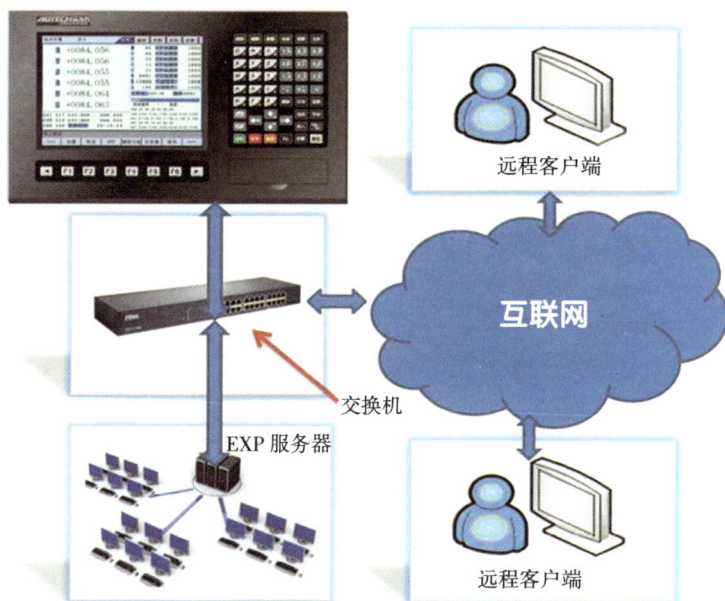

图 3　通讯拓展示意图

三、项目成果

通过进行木工机械专用系统产品研发收获以下成果：

1. 软件著作权

（1）软著登字第 126184 号，证书名称：CNC4860 4–6 轴数控铣床控制软件 V1.00，GMC4140 G 代码用户自编程控制软件 V1.0；

（2）软著登字第 078879 号，证书名称：CNC 铣床控制软件 V1.0；

（3）软著登字第 0232116 号，证书名称：CNC4240 数控铣床控制软件 V1.0。

2. 准备申请的专利

（1）一种基于 ARM7 和 FPGA 的嵌入式数控系统；

（2）一种基于 FPGA 的 FIFO 实现连续插补运动的控制方法；

（3）一种对嵌入式程序进行无损压制的装置和方法；

（4）一种系统文字的多语言翻译装置及翻译方法。

四、实施效果

1. 客户收益分析

本项目的最终成果是木工机械专用数控系统和数控化木工机械装备产品。其中，专用数控系统的服务对象主要是木工机械行业的制造企业，在进行示范应用推广后，年销售可达到200台，销售产值10000万元，新增利税1000万元，产生较高的经济效益。数控化木工机械装备产品的服务对象主要是国内家具制造业和木材加工业，由于该项目应用于木工机械中最常用的3个品种系列的装备产品，这些装备产品的边际贡献率都在30%以上，远高于目前企业生产传统木工机械装备产品平均11.9%的边际贡献率，产品获利能力高，所以客户对产品的需求也很大。本项目的成功实施，有效提升下游产业的生产效率，大大降低了生产成本，使家具产业和木工行业的经济效益得到显著提升。

2. 社会收益分析

在传统家具制造业和木材加工业的生产过程中，由于手工机械作业，造成了很多工伤事故，数控化木工机械装备可以极大程度地减少由于锯切、铣削工艺手工作业所带来的安全隐患，降低生产员工的劳动强度，保护员工的身心健康。同时，在项目产品实现产业化生产后，还可以使项目承担单位新增40～50个就业岗位，对促进社会稳定，增加社会财富都有十分积极的影响。

3. 生态收益分析

项目产品在节约木材资源方面，与传统的木材加工工艺相比更加卓越。项目产品采用最优化的排样加工模式，可最大化地利用木材使用面积，节约木材30%以上。按全球每年消耗6000万立方米的木材资源计算，每年需要进行锯床、铣削工艺加工的木材占1/6左右，采用该木工曲线锯切工艺加工后，可节约木材300万立方米，价值金额10多亿元，对日益紧缺的木材资源的充分利用具有重要意义。

案例 **33**

轮胎模具数字化智能车间

巨轮智能装备股份有限公司

　　为解决高端制造装备短缺和产业工人不足等产业发展问题，巨轮智能立足工业机器人和智能制造系统产业化，开展工业机器人、单元控制系统和智能车间生产调度系统等核心关键技术的研究，针对巨轮智能有限公司模具生产需求，进行机器人单元成线，自主设计由模块化制造单元组成的智能车间，开发出制造单元控制系统、车间管控系统、调度系统等，实现轮胎模具智能化自动加工生产，并进行应用示范。

一、导言

随着轮胎模具产品的精度、质量、交货期和人工成本要求越来越高，简单的数控生产已经不能满足要求。针对轮胎模具单间小批量、工艺复杂的特点，面向广东省模具与装备制造、电子信息、汽车、建筑材料等支柱产业转型升级发展的需求，为解决高端制造装备短缺和产业工人不足等产业发展问题，巨轮智能立足工业机器人和智能制造系统产业化，开展工业机器人、单元控制系统和智能车间生产调度系统等核心关键技术的研究，针对巨轮智能有限公司模具生产需求，进行机器人单元成线，自主设计由模块化制造单元组成的智能车间，开发出制造单元控制系统、车间管控系统、调度系统等，实现轮胎模具智能化自动加工生产，并进行应用示范。

巨轮智能装备股份有限公司是目前国内规模最大、技术领先和首家获准国内上市的轮胎制造装备开发制造企业，目前公司已形成轮胎模具、轮胎硫化机、工业机器人、精密机床4大业务，并先后在印度、欧洲、美国设立子公司，形成崭新的国际化发展态势。产品畅销全国并远销美国、欧洲、东南亚、南美等国家和地区，被美国固特异、英国邓录普、法国米其林、日本普利司通、意大利皮列里等国际轮胎巨头列入全球采购供应体系，成为国内外高端客户的主流供应商。

二、主要内容

轮胎模具智能车间将新一代信息化技术应用到生产制造的管理调度环节，将进一步提高生产率、提高产品质量、降低劳动强度、改善劳动条件，将信息技术、数控技术和工业机器人有机结合，整理和完善生产流程，优化生产工序，进而达到智能化生产的目的。轮胎模具智能车间生产方式在一定程度上能保证订单完成时间和订单完成质量，对提升国内制造企业的行业竞争力有重大的推进作用。智能生产制造技术将推动制造业生产方式发生新的革命。未来制造业会是以信息为主导，运用先进管理模式、先进生产组织方式、高程度自动化方式和智能制造系统的制造业。

1. 工业机器人的研制

工业机器人应用于搬运、焊接、喷涂、组装、打磨等，广泛应用于汽车、电器、电子、陶瓷、五金等不同工业生产领域。巨轮智能自主研发 20kg、50kg、165kg、300kg 的工业机器人系列。图 1 为本项目开发的六自由度通用型工业机器人。针对以往在机器人设计过程中只进行单领域仿真的不足，开展机、电、磁、控多领域统一建模的仿真。完成仿真平台总体方案及体系结构的搭建，如图2所示。基于 Modelica 语言的多领域模型统一表达规范，建立机器人整机的多领域模型，并通过集成技术，将有限元分析的结果和多领域模型互联，依靠

图1　巨轮智能机器人系列

Mworks 强大的编译、分析、仿真求解能力，在机、电、磁、控等多个领域，对整体系统进行仿真优化。

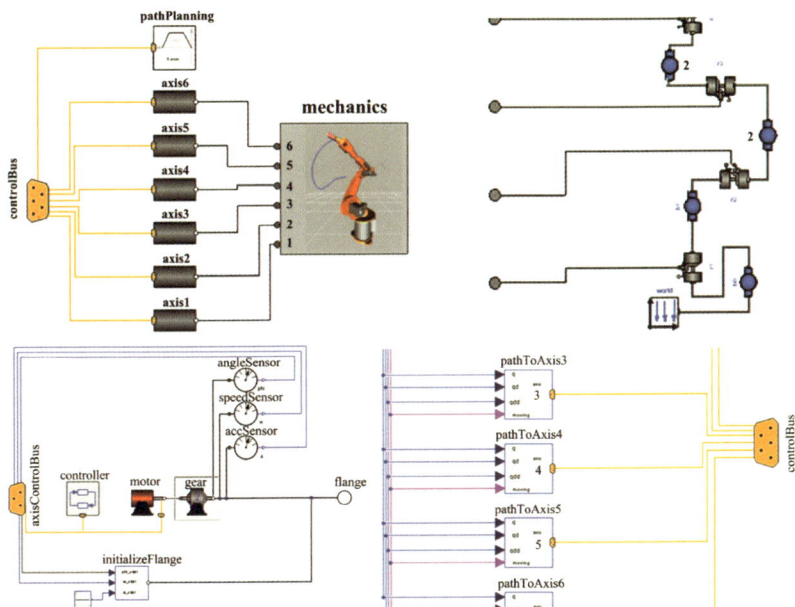

图2　搭建的机器人多领域模型

自主研发的 RV 减速器，如图3所示。针对机器人高速重载的运动需求，通过仿真分析优化 RV 减速器设计，从材料、制造工艺、装配工艺、检测等方面完善减速器质量，提升减速器可靠性和使用寿命，打破国外 RV 减速器的长期垄断，大幅度降低机器人本体的生产成本。

研发基于"工业 PC+ Linux 实时系统 + EtherCAT 总线"的机器人控制系统，如图4所示，控制器能够充分利

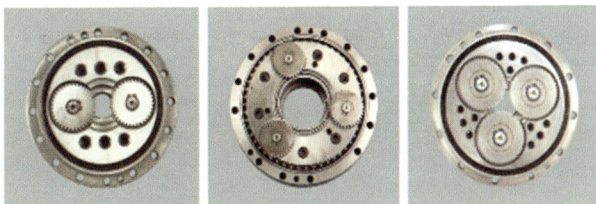

图3　减速器

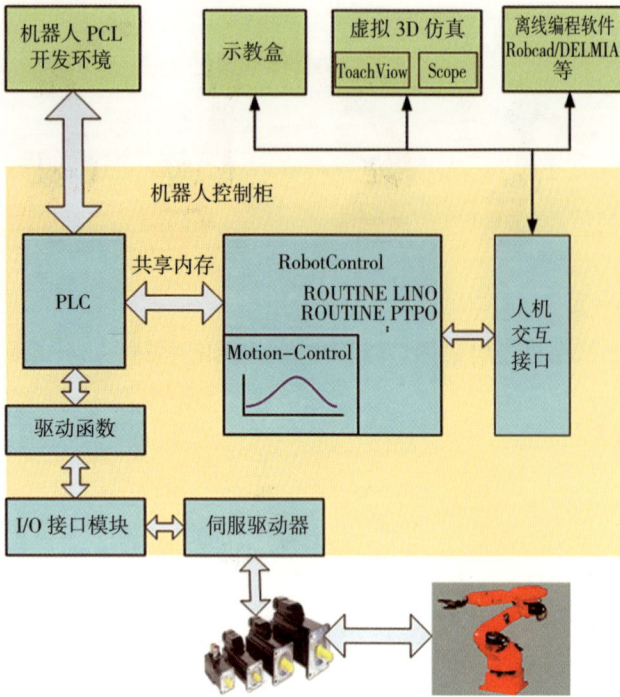

图 4　机器人控制系统架构

用 PC 开放程度高、通用性好、扩展能力强，实时系统处理能力强，实时响应等特点；基于实时系统的控制器运算速度快、实时性能好、控制能力强等特点，控制器的运动规划、插补运算、伺服调节算法、动力学算法能够保证机器人的定位精度和重复定位精度。

工业机器人特点：

高可控性——系统提供有好的人机界面，操作界面简洁直观，能够实现高性能的动作控制和时序控制。

高稳定性——采用高性能伺服驱动器电机，通过高精度 RV 减速器连接，重复定位精度达到行业领先水平。

高扩展性——根据生产实际需求可以增加多个外部轴，利用内部 PLC 功能，可实现整线系统控制。

2. 单元控制系统设计与运行控制

针对模具单件小批量、工艺复杂的加工特点，以自主研发的机器人为基础，设计机器人柔性制造生产线，开发机器人制造单元控制系统软件，实现单元制造过程的自动化与智能化。

机器人单元设计目标是实现机器人单元内资源的优化配置，机器人单元的资源配置，如图 5 所示。

机器人单元设计主要任务是确定可采用机器人单元制造生产的零件类型、单元的设备及其机器人等资源的优化配置、单元结构及其搬运系统设计、单元运行过程仿真优化等。具体按照如下步骤进行：

（1）按照构成产品的零件类型，从相似工艺的角度，确定可组成单元

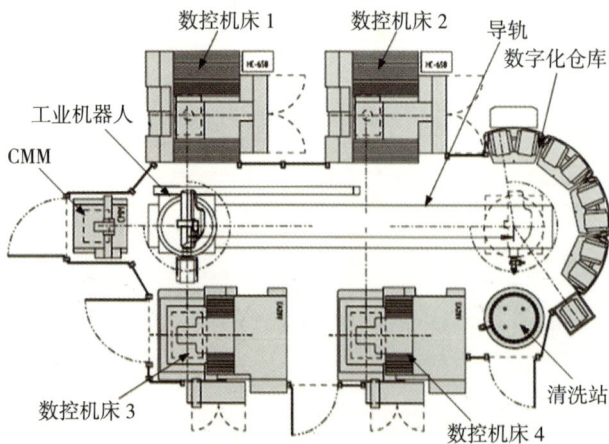

图 5　机器人单元资源配置示意图

的零件类型。

（2）根据产品的需求预测与产品结构，确定各成组零件的需求分布，并进一步求出单元的产能需求。

（3）根据单元产能需求预测，建立整数规划模型，初步确定组成单元的各类设备及其机器人的数量。

（4）根据单元的空间尺寸，确定单元中各类设施的布局方式，物料搬运及其上下料位置，以及单元内暂存区及刀库的规模与位置。

（5）建立仿真模型，开发仿真系统，建立评价指标，采用基于仿真的优化算法（simulation-based optimization，SBO），进一步优化资源配置和物流路径。

3. 单元控制系统的基本构成与原理

单元控制系统是机器人单元运行控制的核心，本项目研发的单元控制系统的基本构成与原理，如图 6 所示。

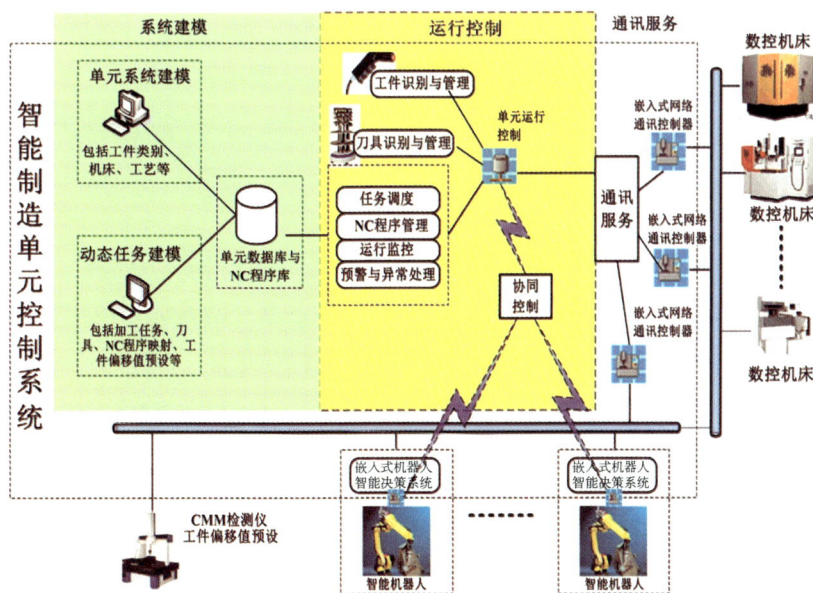

图 6　单元控制系统基本构成与原理

单元控制系统采用嵌入式网络通讯控制器实现单元内数控装备、智能机器人等异构设备与单元控制系统的通讯，采用嵌入式智能决策系统和视觉系统与机器人进行集成形成具备一定决策能力的智能机器人。单元控制系统下达设备加工任务至智能机器人，并通过 NC 程序管理系统将加工零件的 NC 程序传输给机床；机器人根据加工任务，通过自身的决策系统优化搬运路径，实现物料在单元内的运输；机器人通过视觉系统监视加工状况（如图 7 所示），

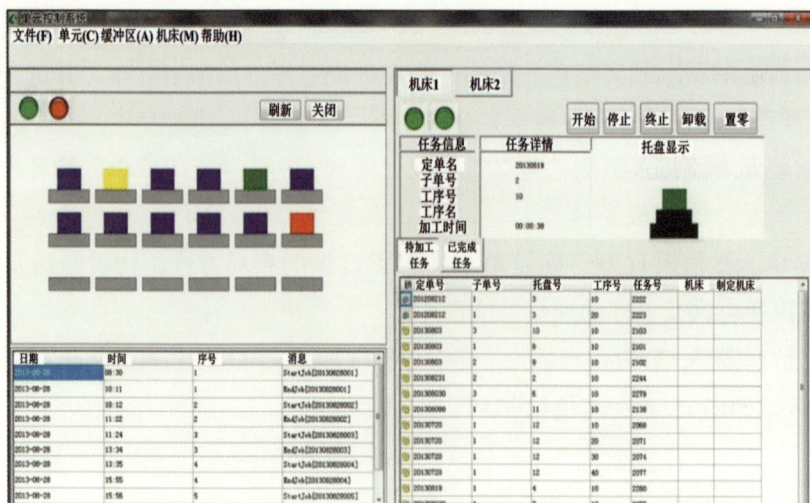

图 7　制造单元监控界面

并及时向单元控制系统汇报是否有异常情况；单元控制系统综合各种信息，对异常状况发出预警信号，并形成处理方案；机器人接到异常处理指令后，将根据单元当前的状态，规划并执行相应的处理步骤。通过上述步骤，实现集工件准备、搬运、换刀、加工、检测、清洗等于一体的多工序或全工序智能化制造过程控制。

单元控制系统由系统建模、运行控制、通讯服务、嵌入式机器人智能决策系统由 4 大部分构成：

（1）系统建模：实现系统运行中所需的静态资源数据建模及动态任务建模。主要包括工件类别建模、机床设备建模、加工工艺建模、工件偏移值预设等；

（2）运行控制：实现制造单元的高效、稳定运行与实时监控。主要功能包括工件识别与管理、刀具识别与管理、任务调度、NC 程序管理、运行监控、预警与异常处理、协同控制等功能；

（3）通讯服务：采用嵌入式网络通讯控制器实现智能机器人、加工设备、CMM 检测等异构设备快速接入智能制造单元。支持 RS232、现场总线、以太网等多种形式，支持 FUNAC、西门子、海德汉等异构数控系统；

（4）嵌入式机器人智能决策系统：包括零件类型识别、最优路径规划、基于视觉的在线过程监控等功能。

单元控制系统技术指标：①组线能力：支持 5 种以上的主流数控系统，具备总线通讯功能，支持包括 Fanuc、海德汉、Fagor、广州数控等国内外主流数控系统；单元可控制 1 ~ 2 台机器人；②动态性能：单元具备优化调度系统；单元设备利用率达到 75% 以上；单元任务等待时间比例小于 20%；单元任务延误率小于 10%；③支持可变工艺路线、工件类型和动态加工任务。

基于单元控制系统平台，根据不同加工单元物理模型进行系统配置即可实现多做制造单元的自动化管理控制。目前已在巨轮智能应用的单元，主要包括模套零件制造单元、模具雕花制造单元、基础模制造单元、石墨电极制造单元、胎侧板字体花纹雕刻制造单、翻胎模具加工单元、快速钻攻单元等，并在轮胎制造行业进行机器人单元应用的推广，如图8所示。

图8　机器人制造单元生产线

4．智能车间

智能车间占地面积达 50000 多平方米，年产 6000 套模具，研究基于三维虚拟仿真和工业以太网的多机器人单元构建技术，开展机器人单元系统化、层次化、集成化的总体布局成套技术研究。轮胎模具数字化智能车间集成了数控机床、工业机器人、制造物联网、智能车间管控技术等，是提高轮胎模具加工效率、精度和质量的有效手段。

针对模具制造企业的单件小批量、工艺复杂等特点，配合上述各机器人制造单元的使用，轮胎模具数字化智能车间的布局形式采用单元制生产布局。根据不同零部件的工艺求，在车间内设计多种制造单元，通过物流系统把各个单元连接成整个系统。车间布局示意图如图9所示。

智能车间的构建采用三维虚拟仿真和工业以太网技术相结合，研究基于三维虚拟仿真和工业以

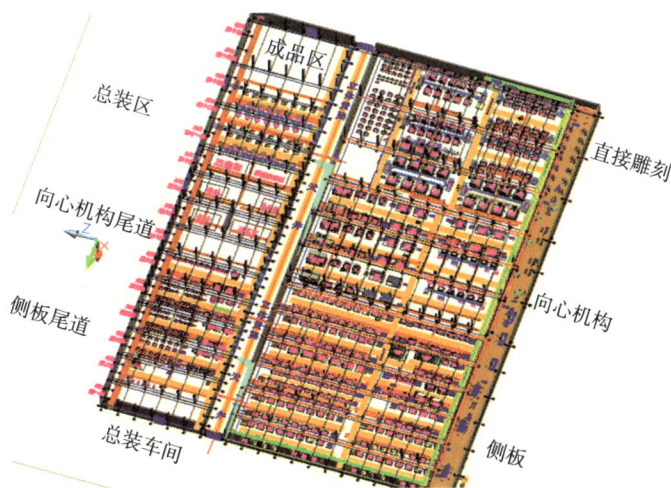
图9　智能车间布局图

太网的多机器人单元构建技术，开展机器人单元系统化、层次化、集成化的总体布局成套技术研究。

轮胎模具智能车间管控系统体系层次如图10所示，可分为以下3层：

一是，信息智能部件层。智能部件是构建智能车间的基础，主要包括 RFID 芯片、扫描器、自动感应开关、NC 系统、检测设备、工业机器人等。信息采集包括工件信息采集、质量信息采集、加工进度信息采集、设备实时数据采集和刀具信息采集等。

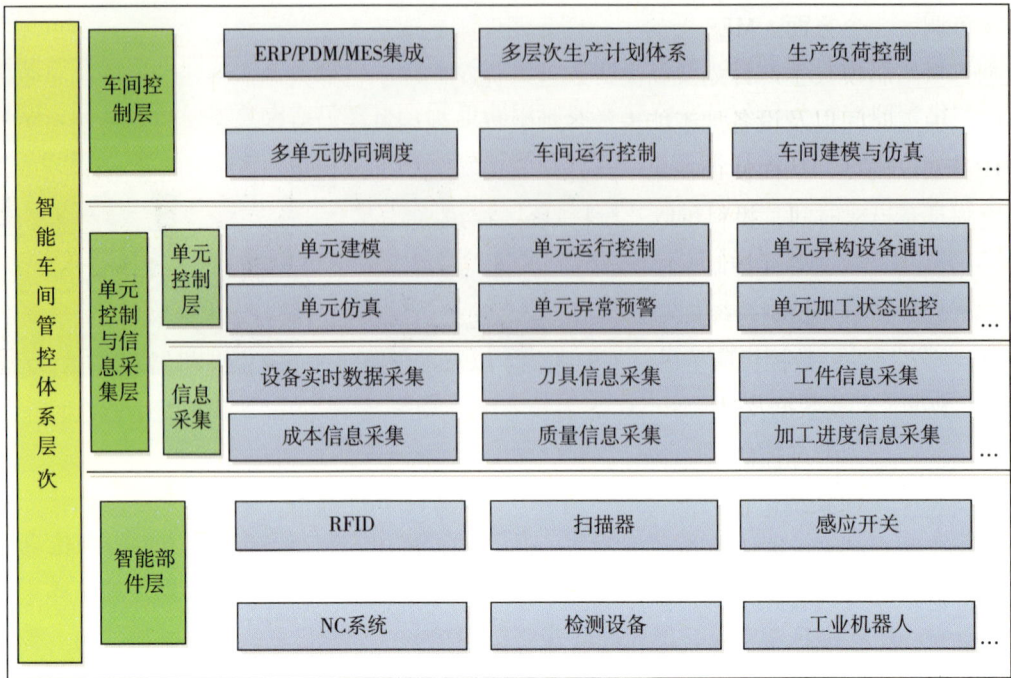

图 10　智能车间管控体系层次图

二是，单元控制与信息采集层。单元控制与信息采集层是智能车间管控的核心，单元层管控包括单元建模、单元运行控制、单元异构设备通讯、单元仿真、单元异常预警、单元加工装备监控等；车间层管控包括 ERP/PDM/MES 集成、多层次生产计划体系、生产负荷控制、多单元协同调度、车间运行控制、车间建模与仿真等。

三是，车间控制层。该层管控包括 ERP/PDM/MES 集成、多层次生产计划体系、生产负荷控制、多单元协同调度、车间运行控制、车间建模与仿真等。

具体实施方案：

（1）MES 系统。

采用先进的自动化、数字化、远程化和标准化技术，利用已有的信息化平台，融合 RFID 技术，无线网络通讯等各种软硬件技术，使得智能车间管理变得透明、高效、规整和统一，为企业的各个部门提供更为精确的生产数据。

（2）监控系统。

轮胎模具数字化智能车间拥有全天候的闭路监控系统，监控数据实时采集并存储至数据库中，方便相关人员调阅。同时在智能车间的监控看板等终端上，工作人员依权限能够方便地获取到整条生产线及生产线周边的信息。

（3）调度系统。

调度系统主要包含 MES 上的生产任务调度、机器人制造单元上的单元生产调度和立体仓库的物流调度 3 个方面。MES 上的生产任务调度，是通过大量的历史数据与各制造单元的经验数据，对轮胎模具生产计划及物流计划进行优化调度。机器人制造单元的调度则是依据加工工序、加工时间以及设备加工能力等各项数据，利用算法对分配到每个机器人制造单元的生产任务加以调度，从而使得在单个制造单元的生产周期、加工成本达到最优。而立体仓库的调度则是对投料时间，投料量以及投料路径规划的综合优化。

（4）机器人制造单元控制系统。

机器人制造单元控制系统将分配到制造单元的轮胎模具生产任务细化为单元生产计划，并安排相应的机器人、数控机床等设备的加工工序以及加工路径。同时采集机器人制造单元的生产的实时数据，并将数据及时反馈至 MES 系统，帮助 MES 系统更好地实现智能车间的生产管理。

（5）立体仓库管理控制系统。

立体仓库管理系统包括物流管理和仓库管理。立体仓库通过大量运用物联网技术，根据物料存放数据通过优化算法来安排搬运机器人或 AGV 小车等运输设备进行搬运作业，同时能够及时地记录和更改货架上的物品信息，从而实现产品从零件到成品的整个生产周期的动态管理和可视化。

（6）标识与识别系统。

通过在物料托盘上安装的 RFID 标签，工件和产品上的二维码或者条码以及各种专用的打码设备，仓库进出口以及运输传送设备和加工设备上的 RFID 读取器等来实现获取工件以及成品的信息，使得产品能够追溯到每一个加工环节。

（7）质检系统。

质检系统可以集成在 MES 系统中，质检人员通过手持终端（平板电脑等）利用无线网络等通讯手段将质检信息实时录入系统，系统将数据分类统计，便于技术部门等相关部门或人员总结和进行技术分析。

5. 创新点

（1）机器人制造单元，取代人工，提高了生产效率，产品质量的稳定性，将人为的不可控因素降到最低。

（2）物联网技术的运用，促进了信息的实时传递，使得生产信息能够及时准确的传递。

（3）移动手持终端的使用，进一步实现无纸化办公，提高了信息的可读性和传递速度。

（4）MES 系统应用，在传统的制造系统基础上，能够实现一定的动态管理，统一管理，将上层计划与底层实施有机的融合起来，提高效率，节约了成本，将不可控的人为因素降到最低。

6. 实施结果

本项目针对不同需求的产品生产单元，构建了多个机器人制造单元系统，适应模具企业单件小批量生产模式。目前制造单元式生产已在企业的到得到广泛应用。研制开发出了国内先进水平的智能制造示范车间，智能制造车间以机器人制造单元为基础，建立具有快速反应、柔性化、智能化特征的轮胎模具智能车间控制系统，该生产模式可以在模具制造行业大量推广。

巨轮智能自主研制的轮胎模具智能化单元将能够满足我国轮胎模具高质量、高效率、高可靠性加工制造要求，达到提升我国高性能子午线乘用车轮胎及各类特种轮胎的研发设计能力和制造技术水平目的。1台工业机器人或柔性制造单元可以完成3～4个工人的工作量，通常情况下，2～3年可以收回投资。同时，智能制造单元有助于提高制造业产业附加值、提高产品品质和保证质量统一。巨轮智能自主研发的自动化生产单元以及自动化生产线，可实现花纹块、基模、提升块、导向条等轮胎模具关键零部件的自动化制造。减少人力40%以上，提高生产效率30%以上，提高产品质量稳定性20%以上。

三、主要成果

本项目面对制造业的需求，根据智能制造车间的配置要求，开展工业机器人、单元控制系统和智能车间的研究，具体的技术成果如下：

（1）开发多个型号六自由度工业机器人具体性能指标见表1。

表1　机器人性能参数

负载		20 kg	50 kg	165 kg	300 kg
控制轴数		6	6	4	6
重复定位精度		± 0.05 mm	± 0.07 mm	± 0.3 mm	± 0.3 mm
动作范围	1轴	−170°～170°	−180°～180°	−170°～170°	−180°～180°
	2轴	−30°～170°	−70°～90°	−60°～80°	−80°～60°
	3轴	−85°～146°	−90°～70°	−190°～85°	−45°～120°
	4轴	−180°～180°	−180°～180°	−360°～360°	−360°～360°
	5轴	−120°～120°	−110°～110°	−115°～115°	−105°～105°
	6轴	−360°～360°	−360°～360°	−360°～360°	−360°～360°

续表

单轴 最大速度	1 轴	190°/s	220°/s	180°/s	160°/s
	2 轴	190°/s	200°/s	180°/s	160°/s
	3 轴	200°/s	200°/s	200°/s	160°/s
	4 轴	360°/s	360°/s	240°/s	200°/s
	5 轴	360°/s	360°/s	240°/s	200°/s
	6 轴	600°/s	360°/s	360°/s	360°/s
本体重量		260 kg	600 kg	1280 kg	2600 kg

（2）开发基于设备互联协议的单元控制系统。

项目研发的单元控制系统支持多类设备、多类数控系统，可实现单机或群控运行模式，支持多种工艺路线，能够满足多类具有相似特征，不同型面和尺寸的零件加工。① 支持 3 种以上的数控系统；② 具备总线通讯功能。

本项目研发的单元控制系统的性能参数如表 2。①设备利用率：在加工任务饱和的情况下，单元内各台设备的平均利用率；②等待时间比例：在加工任务饱和的情况下，各工件平均等待时间与平均加工时间的比例；③任务延误率：在合理的任务交期设置下，拖期任务的数量与总任务数的比例。

表 2　产品性能参数

组线能力	设备类型	支持国内外各类主流数控装备
	异构数控系统	支持 Fanuc、西门子、海德汉等国外主流数控系统；支持广州数控、华中数控等国内主流数控系统
	机器人数量	1 ~ 2 台
	优化调度系统	有
动态性能	设备利用率	>75%
	等待时间比例	<20%
	任务延误率	<10%
柔性指标	工艺路线变化	工艺路线可变
	工件类型变化	一定尺寸范围内 的可变工件类型
	加工任务变化	加工任务可变

（3）开发智能车间生产调度系统。① 最大能同时支持 100 个节点的调度；② 具备总线通讯功能。

（4）申请发明专利 4 项、授权 1 项。

（5）申请实用新型专利 16 项、授权 14 项。

（6）申请软件著作权 5 项。

（7）发表论文 12 篇。

（8）培养机器人及制造业信息化专业技术人才 68 人。

四、展望

轮胎模具的成套智能生产线及装备在国内尚属空白，模具智能制造单元基本被国外供应商所垄断，结合轮胎模具加工工艺的需求，研制轮胎模具制造单元和智能车间关键技术，实现装备的工程化开发及产业化，对于提高我国在高速高精轮胎模具领域的整体水平，促进我国模具行业自动化、智能化装备的发展具有重要意义。同时，所完成的轮胎模具精密加工智能化成套装备及集成技术将在市场中具有强有力的竞争力。由于本项目所研制的机器人制造单元系统、智能车间管控系统，除了应用在汽车轮胎模具外，研究成果可拓展应用其他行业，如汽配、五金、电子产品等行业。